COLLECTION

DES AUTEURS CLASSIQUES

FRANÇOIS ET LATINS.

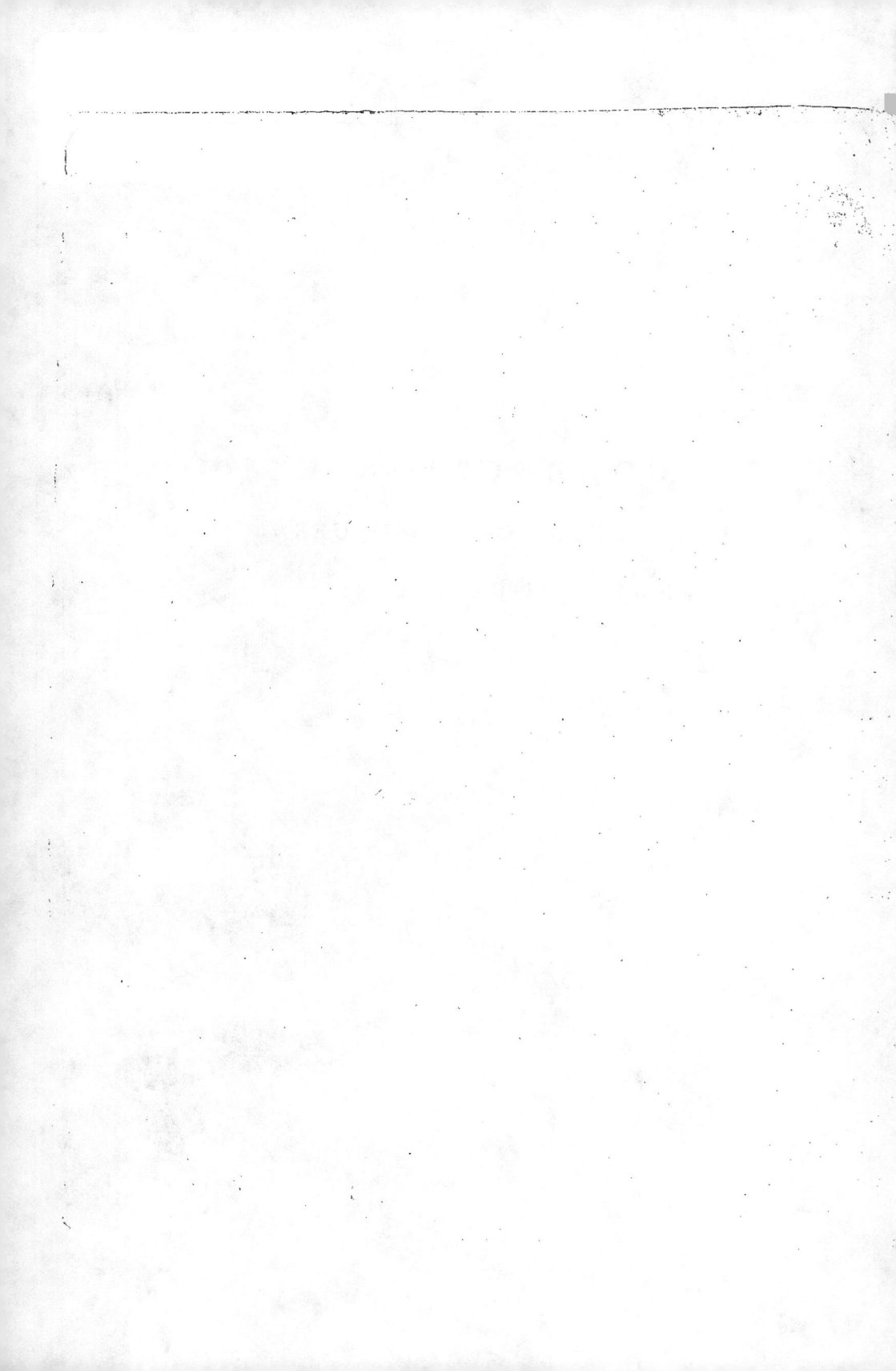

ŒUVRES

DE

JEAN RACINE.

TOME TROISIEME.

IMPRIMÉ PAR ORDRE DU ROI

POUR L'ÉDUCATION

DE MONSEIGNEUR LE DAUPHIN.

A PARIS,

DE L'IMPRIMERIE DE FRANÇ. AMBR. DIDOT L'AINÉ.

M. DCC. LXXXIII.

ESTHER,

TRAGÉDIE

TIRÉE DE L'ÉCRITURE SAINTE.

1689.

PRÉFACE.

La célebre maison de Saint-Cyr ayant été principalement établie pour élever dans la piété un fort grand nombre de jeunes demoiselles rassemblées de tous les endroits du royaume, on n'y a rien oublié de tout ce qui pouvoit contribuer à les rendre capables de servir Dieu dans les différents états où il lui plaira de les appeller. Mais, en leur montrant les choses essentielles et nécessaires, on ne néglige pas de leur apprendre celles qui peuvent servir à leur polir l'esprit, et à leur former le jugement. On a imaginé pour cela plusieurs moyens, qui, sans les détourner de leur travail et de leurs exercices ordinaires, les instruisent en les divertissant : on leur met, pour ainsi dire, à profit leurs heures de récréation. On leur fait faire entre elles, sur leurs principaux devoirs, des conversations ingénieuses qu'on leur a composées exprès, ou qu'elles-mêmes composent sur-le-champ. On les fait parler sur les histoires qu'on leur a lues, ou sur les importantes vérités qu'on leur a enseignées. On leur fait réciter par cœur et déclamer les plus beaux endroits des meilleurs poëtes; et cela leur sert sur-tout à les défaire de quantité de mauvaises prononciations qu'elles pourroient avoir apportées de leurs provinces. On a soin aussi de faire apprendre à chanter à celles qui ont de la voix, et on ne leur laisse pas perdre un talent qui les peut amuser innocemment, et qu'elles peuvent employer un jour à chanter les louanges de Dieu.

Mais la plupart des plus excellents vers de notre langue ayant été composés sur des matieres fort profanes, et nos plus beaux airs étant sur des paroles extrêmement molles et efféminées, capables de faire des impressions dangereuses sur de jeunes esprits, les personnes illustres qui ont bien voulu prendre la principale direction de cette maison ont souhaité qu'il y eût quelque ouvrage qui, sans avoir tous ces défauts, pût produire une partie de ces bons effets. Elles me firent l'honneur de me communiquer leur dessein, et même de me demander si je ne pourrois pas faire sur quelque sujet de piété et de morale une espece de poëme où le chant fût mêlé avec le récit; le tout lié par une action qui rendît la chose plus vive et moins capable d'ennuyer.

Je leur proposai le sujet d'Esther, qui les frappa d'abord, cette histoire leur paroissant pleine de grandes leçons d'amour de Dieu, et de détachement du monde au milieu du monde même. Et je crus de mon côté que je trouverois assez de facilité à traiter ce sujet; d'autant plus qu'il me sembla que, sans altérer aucune des circonstances tant soit peu considérables de l'Écriture-Sainte, ce qui seroit, à mon avis, une espece de sacrilege, je pourrois remplir toute mon action avec les seules scenes que Dieu lui-même, pour ainsi dire, a préparées.

J'entrepris donc la chose, et je m'apperçus qu'en travaillant sur le plan qu'on m'avoit donné, j'exécutois en quelque sorte un dessein qui m'avoit souvent passé dans l'esprit; qui étoit de lier, comme dans les anciennes tragédies grecques, le chœur et le chant avec l'action, et d'employer à chanter les louanges du vrai Dieu cette partie du chœur que les païens employoient à chanter les louanges de leurs fausses divinités.

A dire vrai, je ne pensois guere que la chose dût être aussi publique qu'elle l'a été. Mais les grandes vérités de l'Écriture, et la maniere sublime dont elles y sont énoncées, pour peu qu'on les présente, même imparfaitement, aux yeux des hommes, sont si propres à les frapper, et d'ailleurs ces jeunes demoiselles ont déclamé et chanté cet ouvrage avec tant de grace, tant de modestie, et tant de piété, qu'il n'a pas été possible qu'il demeurât renfermé dans le secret de leur maison: de sorte qu'un divertissement d'enfants est devenu le sujet de l'empressement de toute la cour; le roi lui-même, qui en avoit été touché, n'ayant pu refuser à tout ce qu'il y a de plus grands seigneurs de les y mener, et ayant eu la satisfaction de voir, par le plaisir qu'ils y ont pris, qu'on se peut aussi bien divertir aux choses de piété, qu'à tous les spectacles profanes.

Au reste, quoique j'aie évité soigneusement de mêler le profane avec le sacré, j'ai cru néanmoins que je pouvois emprunter deux ou trois traits d'Hérodote,

pour mieux peindre Assuérus : car j'ai suivi le sentiment de plusieurs savants interpretes de l'Écriture, qui
tiennent que ce roi est le même que le fameux Darius,
fils d'Hystaspe, dont parle cet historien. En effet, ils
en rapportent quantité de preuves, dont quelques unes
me paroissent des démonstrations. Mais je n'ai pas jugé
à propos de croire ce même Hérodote sur sa parole,
lorsqu'il dit que les Perses n'élevoient ni temples, ni
autels, ni statues à leurs dieux, et qu'ils ne se servoient
point de libations dans leurs sacrifices. Son témoignage
est expressément détruit par l'Écriture, aussi-bien que
par Xénophon, beaucoup mieux instruit que lui des
mœurs et des affaires de la Perse, et enfin par Quinte-
Curce.

On peut dire que l'unité de lieu est observée dans
cette piece, en ce que toute l'action se passe dans le
palais d'Assuérus. Cependant, comme on vouloit rendre ce divertissement plus agréable à des enfants en
jettant quelque variété dans les décorations, cela a été
cause que je n'ai pas gardé cette unité avec la même
rigueur que j'ai fait autrefois dans mes tragédies.

Je crois qu'il est bon d'avertir ici que bien qu'il y
ait dans Esther des personnages d'hommes, ces personnages n'ont pas laissé d'être représentés par des filles
avec toute la bienséance de leur sexe. La chose leur a
été d'autant plus aisée, qu'anciennement les habits des

Persans et des Juifs étoient de longues robes qui tomboient jusqu'à terre.

Je ne puis me résoudre à finir cette préface sans rendre à celui qui a fait la musique la justice qui lui est due, et sans confesser franchement que ses chants ont fait un des plus grands agréments de la piece. Tous les connoisseurs demeurent d'accord que depuis long-temps on n'a point entendu d'airs plus touchants ni plus convenables aux paroles. Quelques personnes ont trouvé la musique du dernier chœur un peu longue, quoique très belle. Mais qu'auroit-on dit de ces jeunes Israélites qui avoient tant fait de vœux à Dieu pour être délivrées de l'horrible péril où elles étoient, si, ce péril étant passé, elles lui en avoient rendu de médiocres actions de graces? Elles auroient directement péché contre la louable coutume de leur nation, où l'on ne recevoit de Dieu aucun bienfait signalé, qu'on ne l'en remerciât sur-le-champ par de fort longs cantiques; témoin ceux de Marie sœur de Moïse, de Débora et de Judith, et tant d'autres dont l'Écriture est pleine. On dit même que les Juifs, encore aujourd'hui, célebrent par de grandes actions de graces le jour où leurs ancêtres furent délivrés par Esther de la cruauté d'Aman.

PROLOGUE.

La Piété.

ACTEURS.

Assuérus, roi de Perse.

Esther, reine de Perse.

Mardochée, oncle d'Esther.

Aman, favori d'Assuérus.

Zarès, femme d'Aman.

Hydaspe, officier du palais intérieur d'Assuérus.

Asaph, autre officier d'Assuérus.

Élise, confidente d'Esther.

Thamar, Israélite de la suite d'Esther.

Gardes du roi Assuérus.

Chœur de jeunes filles israélites.

La scene est à Suse, dans le palais d'Assuérus.

PROLOGUE.

LA PIÉTÉ.

Du séjour bienheureux de la divinité
Je descends dans ce lieu [1] par la Grace habité :
L'Innocence s'y plaît, ma compagne éternelle,
Et n'a point sous les cieux d'asyle plus fidele.
Ici, loin du tumulte, aux devoirs les plus saints
Tout un peuple naissant est formé par mes mains :
Je nourris dans son cœur la semence féconde
Des vertus dont il doit sanctifier le monde.
Un roi qui me protege, un roi victorieux,
A commis à mes soins ce dépôt précieux.
C'est lui qui rassembla ces colombes timides,
Éparses en cent lieux, sans secours et sans guides :
Pour elles, à sa porte, élevant ce palais,
Il leur y fit trouver l'abondance et la paix.

Grand Dieu, que cet ouvrage ait place en ta mémoire !
Que tous les soins qu'il prend pour soutenir ta gloire
Soient gravés de ta main au livre où sont écrits
Les noms prédestinés des rois que tu chéris !

[1] La maison de Saint-Cyr.

Tu m'écoutes : ma voix ne t'est point étrangere ;

Je suis la Piété, cette fille si chere,

Qui t'offre de ce roi les plus tendres soupirs :

Du feu de ton amour j'allume ses desirs.

Du zele qui pour toi l'enflamme et le dévore

La chaleur se répand du couchant à l'aurore :

Tu le vois tous les jours, devant toi prosterné,

Humilier ce front de splendeur couronné ;

Et, confondant l'orgueil par d'augustes exemples,

Baiser avec respect le pavé de tes temples.

De ta gloire animé, lui seul de tant de rois

S'arme pour ta querelle, et combat pour tes droits.

Le perfide intérêt, l'aveugle jalousie,

S'unissent contre toi pour l'affreuse hérésie ;

La discorde en fureur frémit de toutes parts ;

Tout semble abandonner tes sacrés étendards ;

Et l'enfer, couvrant tout de ses vapeurs funebres,

Sur les yeux les plus saints a jetté ses ténebres :

Lui seul invariable, et fondé sur la foi,

Ne cherche, ne regarde, et n'écoute que toi ;

Et bravant du démon l'impuissant àrtifice,

De la religion soutient tout l'édifice.

Grand Dieu, juge ta cause, et déploie aujourd'hui
Ce bras, ce même bras qui combattoit pour lui
Lorsque des nations à sa perte animées
Le Rhin vit tant de fois disperser les armées.
Des mêmes ennemis je reconnois l'orgueil;
Ils viennent se briser contre le même écueil:
Déja rompant par-tout leurs plus fermes barrieres,
Du débris de leurs forts il couvre ses frontieres.

Tu lui donnes un fils prompt à le seconder,
Qui sait combattre, plaire, obéir, commander;
Un fils qui, comme lui suivi de la victoire,
Semble à gagner son cœur borner toute sa gloire;
Un fils à tous ses vœux avec amour soumis,
L'éternel désespoir de tous ses ennemis:
Pareil à ces esprits que ta justice envoie,
Quand son roi lui dit, Pars, il s'élance avec joie;
Du tonnerre vengeur s'en va tout embraser,
Et tranquille à ses pieds revient le déposer.

Mais, tandis qu'un grand roi venge ainsi mes injures,
Vous qui goûtez ici des délices si pures,
S'il permet à son cœur un moment de repos,
A vos jeux innocents appellez ce héros;

Retracez-lui d'Esther l'histoire glorieuse,
Et sur l'impiété la foi victorieuse.

    Et vous, qui vous plaisez aux folles passions
Qu'allument dans vos cœurs les vaines fictions,
Profanes amateurs de spectacles frivoles,
Dont l'oreille s'ennuie au son de mes paroles,
Fuyez de mes plaisirs la sainte austérité:
Tout respire ici Dieu, la paix, la vérité.

ESTHER,

TRAGÉDIE.

ACTE PREMIER.

Le théâtre représente l'appartement d'Esther.

SCENE I.

ESTHER, ÉLISE.

ESTHER.

Est-ce toi, chere Élise? Ô jour trois fois heureux!
Que béni soit le ciel qui te rend à mes vœux!
Toi, qui, de Benjamin comme moi descendue,
Fus de mes premiers ans la compagne assidue;
Et qui, d'un même joug souffrant l'oppression,
M'aidois à soupirer les malheurs de Sion.
Combien ce temps encore est cher à ma mémoire!
Mais toi, de ton Esther ignorois-tu la gloire?
Depuis plus de six mois que je te fais chercher,
Quel climat, quel désert a donc pu te cacher?

ÉLISE.

Au bruit de votre mort justement éplorée,
Du reste des humains je vivois séparée,

Et de mes tristes jours n'attendois que la fin,
Quand tout-à-coup, madame, un prophete divin :
« C'est pleurer trop long-temps une mort qui t'abuse,
« Leve-toi, m'a-t-il dit, prends ton chemin vers Suse :
« Là tu verras d'Esther la pompe et les honneurs,
« Et sur le trône assis le sujet de tes pleurs.
« Rassure, ajouta-t-il, tes tribus alarmées.
« Sion, le jour approche, où le Dieu des armées
« Va de son bras puissant faire éclater l'appui ;
« Et le cri de son peuple est monté jusqu'à lui. »
Il dit : et moi, de joie et d'horreur pénétrée,
Je cours. De ce palais j'ai su trouver l'entrée,
Ô spectacle ! ô triomphe admirable à mes yeux,
Digne en effet du bras qui sauva nos aïeux !
Le fier Assuérus couronne sa captive,
Et le Persan superbe est aux pieds d'une Juive.
Par quels secrets ressorts, par quel enchaînement
Le ciel a-t-il conduit ce grand événement ?

ESTHER.

Peut-être on t'a conté la fameuse disgrace
De l'altiere Vasthi, dont j'occupe la place,
Lorsque le roi, contre elle enflammé de dépit,
La chassa de son trône, ainsi que de son lit.
Mais il ne put sitôt en bannir la pensée :
Vasthi régna long-temps dans son ame offensée.
Dans ses nombreux états il fallut donc chercher

Quelque nouvel objet qui l'en pût détacher.
De l'Inde à l'Hellespont ses esclaves coururent:
Les filles de l'Égypte à Suse comparurent;
Celles même du Parthe et du Scythe indomté
Y briguerent le sceptre offert à la beauté.
On m'élevoit alors, solitaire et cachée,
Sous les yeux vigilants du sage Mardochée:
Tu sais combien je dois à ses heureux secours.
La mort m'avoit ravi les auteurs de mes jours:
Mais lui, voyant en moi la fille de son frere,
Me tint lieu, chere Élise, et de pere et de mere.
Du triste état des Juifs jour et nuit agité,
Il me tira du sein de mon obscurité;
Et, sur mes foibles mains fondant leur délivrance,
Il me fit d'un empire accepter l'espérance.
A ses desseins secrets, tremblante, j'obéis;
Je vins : mais je cachai ma race et mon pays.
Qui pourroit cependant t'exprimer les cabales
Que formoit en ces lieux ce peuple de rivales,
Qui toutes, disputant un si grand intérêt,
Des yeux d'Assuérus attendoient leur arrêt?
Chacune avoit sa brigue et de puissants suffrages:
L'une d'un sang fameux vantoit les avantages;
L'autre, pour se parer de superbes atours,
Des plus adroites mains empruntoit le secours:
Et moi, pour toute brigue et pour tout artifice,

De mes larmes au ciel j'offrois le sacrifice.

    Enfin on m'annonça l'ordre d'Assuérus.

Devant ce fier monarque, Élise, je parus.

Dieu tient le cœur des rois entre ses mains puissantes;

Il fait que tout prospere aux ames innocentes,

Tandis qu'en ses projets l'orgueilleux est trompé.

De mes foibles attraits le roi parut frappé:

Il m'observa long-temps dans un sombre silence;

Et le ciel, qui pour moi fit pencher la balance,

Dans ce temps-là, sans doute, agissoit sur son cœur.

Enfin, avec des yeux où régnoit la douceur:

Soyez reine, dit-il; et, dès ce moment même,

De sa main sur mon front posa son diadême.

Pour mieux faire éclater sa joie et son amour,

Il combla de présents tous les grands de sa cour;

Et même ses bienfaits, dans toutes ses provinces,

Inviterent le peuple aux noces de leurs princes.

Hélas! durant ces jours de joie et de festins,

Quelle étoit en secret ma honte et mes chagrins!

Esther, disois-je, Esther dans la pourpre est assise;

La moitié de la terre à son sceptre est soumise:

Et de Jérusalem l'herbe cache les murs!

Sion, repaire affreux de reptiles impurs,

Voit de son temple saint les pierres dispersées!

Et du Dieu d'Israel les fêtes sont cessées!

É L I S E.

N'avez-vous point au roi confié vos ennuis?

E S T H E R.

Le roi, jusqu'à ce jour, ignore qui je suis.
Celui par qui le ciel regle ma destinée
Sur ce secret encor tient ma langue enchaînée.

É L I S E.

Mardochée? Hé! peut-il approcher de ces lieux?

E S T H E R.

Son amitié pour moi le rend ingénieux.
Absent je le consulte; et ses réponses sages
Pour venir jusqu'à moi trouvent mille passages:
Un pere a moins de soin du salut de son fils.
Déja même, déja, par ses secrets avis,
J'ai découvert au roi les sanglantes pratiques
Que formoient contre lui deux ingrats domestiques.
　　Cependant mon amour pour notre nation
A rempli ce palais de filles de Sion:
Jeunes et tendres fleurs, par le sort agitées,
Sous un ciel étranger comme moi transplantées.
Dans un lieu séparé de profanes témoins,
Je mets à les former mon étude et mes soins;
Et c'est là que fuyant l'orgueil du diadême,
Lasse de vains honneurs, et me cherchant moi-même,
Aux pieds de l'Éternel je viens m'humilier,
Et goûter le plaisir de me faire oublier.

Mais à tous les Persans je cache leurs familles.
Il faut les appeller. Venez, venez, mes filles,
Compagnes autrefois de ma captivité,
De l'antique Jacob jeune postérité.

SCENE II.

ESTHER, ÉLISE, LE CHŒUR.

UNE ISRAÉLITE, chantant derriere le théâtre.

Ma sœur, quelle voix nous appelle?

UNE AUTRE.

J'en reconnois les agréables sons:
C'est la reine.

TOUTES DEUX.

Courons, mes sœurs, obéissons.
La reine nous appelle:
Allons, rangeons-nous auprès d'elle.

TOUT LE CHŒUR,
entrant sur la scene par plusieurs endroits différents.

La reine nous appelle:
Allons, rangeons-nous auprès d'elle.

ÉLISE.

Ciel! quel nombreux essaim d'innocentes beautés
S'offre à mes yeux en foule, et sort de tous côtés!

Quelle aimable pudeur sur leur visage est peinte!
Prospérez, cher espoir d'une nation sainte.
Puissent jusques au ciel vos soupirs innocents
Monter comme l'odeur d'un agréable encens!
Que Dieu jette sur vous des regards pacifiques!

ESTHER.

Mes filles, chantez-nous quelqu'un de ces cantiques
Où vos voix si souvent se mêlant à mes pleurs
De la triste Sion célebrent les malheurs.

UNE ISRAÉLITE chante seule.

Déplorable Sion, qu'as-tu fait de ta gloire?
    Tout l'univers admiroit ta splendeur:
Tu n'es plus que poussiere; et de cette grandeur
Il ne nous reste plus que la triste mémoire.

Sion, jusques au ciel élevée autrefois,
    Jusqu'aux enfers maintenant abaissée,
        Puissé-je demeurer sans voix,
    Si dans mes chants ta douleur retracée
Jusqu'au dernier soupir n'occupe ma pensée!

TOUT LE CHŒUR.

Ô rives du Jourdain! ô champs aimés des cieux!
    Sacrés monts, fertiles vallées
    Par cent miracles signalées!
    Du doux pays de nos aïeux
    Serons-nous toujours exilées?

UNE ISRAÉLITE, seule.

Quand verrai-je, ô Sion! relever tes remparts,
   Et de tes tours les magnifiques faîtes?
     Quand verrai-je de toutes parts
Tes peuples en chantant accourir à tes fêtes?

TOUT LE CHŒUR.

Ô rives du Jourdain! ô champs aimés des cieux!
    Sacrés monts, fertiles vallées
    Par cent miracles signalées!
    Du doux pays de nos aïeux
    Serons-nous toujours exilées?

SCENE III.

ESTHER, MARDOCHÉE, ÉLISE, LE CHŒUR.

ESTHER.

Quel profane en ce lieu s'ose avancer vers nous?
Que vois-je! Mardochée! O mon pere, est-ce vous?
Un ange du seigneur sous son aile sacrée
A donc conduit vos pas, et caché votre entrée?
Mais d'où vient cet air sombre, et ce cilice affreux,
Et cette cendre enfin qui couvre vos cheveux?
Que nous annoncez-vous?

MARDOCHÉE.

Ô reine infortunée!

Ô d'un peuple innocent barbare destinée!

Lisez, lisez l'arrêt détestable, cruel.

Nous sommes tous perdus, et c'est fait d'Israel.

ESTHER.

Juste ciel! tout mon sang dans mes veines se glace!

MARDOCHÉE.

On doit de tous les Juifs exterminer la race.

Au sanguinaire Aman nous sommes tous livrés;

Les glaives, les couteaux sont déja préparés:

Toute la nation à la fois est proscrite.

Aman, l'impie Aman, race d'Amalécite,

A pour ce coup funeste armé tout son crédit;

Et le roi trop crédule a signé cet édit.

Prévenu contre nous par cette bouche impure,

Il nous croit en horreur à toute la nature:

Ses ordres sont donnés, et dans tous ses états

Le jour fatal est pris pour tant d'assassinats.

Cieux, éclairerez-vous cet horrible carnage!

Le fer ne connoîtra ni le sexe ni l'âge;

Tout doit servir de proie aux tigres, aux vautours:

Et ce jour effroyable arrive dans dix jours.

ESTHER.

Ô Dieu, qui vois former des desseins si funestes,

As-tu donc de Jacob abandonné les restes?

UNE DES PLUS JEUNES ISRAÉLITES.

Ciel, qui nous défendra, si tu ne nous défends?

MARDOCHÉE.

Laissez les pleurs, Esther, à ces jeunes enfants.
En vous est tout l'espoir de vos malheureux freres;
Il faut les secourir : mais les heures sont cheres;
Le temps vole, et bientôt amenera le jour
Où le nom des Hébreux doit périr sans retour.
Toute pleine du feu de tant de saints prophêtes,
Allez, osez au roi déclarer qui vous êtes.

ESTHER.

Hélas! ignorez-vous quelles séveres loix
Aux timides mortels cachent ici les rois?
Au fond de leur palais leur majesté terrible
Affecte à leurs sujets de se rendre invisible;
Et la mort est le prix de tout audacieux
Qui sans être appellé se présente à leurs yeux,
Si le roi dans l'instant, pour sauver le coupable,
Ne lui donne à baiser son sceptre redoutable.
Rien ne met à l'abri de cet ordre fatal,
Ni le rang, ni le sexe; et le crime est égal.
Moi-même, sur son trône à ses côtés assise,
Je suis à cette loi, comme une autre, soumise;
Et sans le prévenir, il faut, pour lui parler,
Qu'il me cherche, ou du moins qu'il me fasse appeller.

MARDOCHÉE.

Quoi! lorsque vous voyez périr votre patrie,
Pour quelque chose, Esther, vous comptez votre vie!
Dieu parle; et d'un mortel vous craignez le courroux!
Que dis-je? votre vie, Esther, est-elle à vous?
N'est-elle pas au sang dont vous êtes issue?
N'est-elle pas à Dieu dont vous l'avez reçue?
Et qui sait, lorsqu'au trône il conduisit vos pas,
Si pour sauver son peuple il ne vous gardoit pas?
Songez-y bien; ce Dieu ne vous a pas choisie
Pour être un vain spectacle aux peuples de l'Asie,
Ni pour charmer les yeux des profanes humains:
Pour un plus noble usage il réserve ses saints.
S'immoler pour son nom et pour son héritage,
D'un enfant d'Israel voilà le vrai partage:
Trop heureuse pour lui de hasarder vos jours!
Et quel besoin son bras a-t-il de nos secours?
Que peuvent contre lui tous les rois de la terre?
En vain ils s'uniroient pour lui faire la guerre:
Pour dissiper leur ligue il n'a qu'à se montrer;
Il parle, et dans la poudre il les fait tous rentrer.
Au seul son de sa voix la mer fuit, le ciel tremble:
Il voit comme un néant tout l'univers ensemble;
Et les foibles mortels, vains jouets du trépas,
Sont tous devant ses yeux comme s'ils n'étoient pas.
      S'il a permis d'Aman l'audace criminelle,

Sans doute qu'il vouloit éprouver votre zele.
C'est lui qui, m'excitant à vous oser chercher,
Devant moi, chere Esther, a bien voulu marcher:
Et s'il faut que sa voix frappe en vain vos oreilles,
Nous n'en verrons pas moins éclater ses merveilles.
Il peut confondre Aman, il peut briser nos fers
Par la plus foible main qui soit dans l'univers:
Et vous, qui n'aurez point accepté cette grace,
Vous périrez peut-être et toute votre race.

ESTHER.

Allez : que tous les Juifs dans Suse répandus,
A prier avec vous jour et nuit assidus,
Me prêtent de leurs vœux le secours salutaire,
Et pendant ces trois jours gardent un jeûne austere.
Déja la sombre nuit a commencé son tour;
Demain, quand le soleil rallumera le jour,
Contente de périr s'il faut que je périsse,
J'irai pour mon pays m'offrir en sacrifice.
    Qu'on s'éloigne un moment.

(Le chœur se retire vers le fond du théâtre.)

SCENE IV.

ESTHER, ÉLISE, LE CHŒUR.

ESTHER.

Ô mon souverain roi,
Me voici donc tremblante et seule devant toi!
Mon pere mille fois m'a dit dans mon enfance
Qu'avec nous tu juras une sainte alliance,
Quand, pour te faire un peuple agréable à tes yeux,
Il plut à ton amour de choisir nos aïeux:
Même tu leur promis de ta bouche sacrée
Une postérité d'éternelle durée.
Hélas! ce peuple ingrat a méprisé ta loi.
La nation chérie a violé sa foi;
Elle a répudié son époux et son pere,
Pour rendre à d'autres dieux un honneur adultere:
Maintenant elle sert sous un maître étranger.
Mais c'est peu d'être esclave, on la veut égorger:
Nos superbes vainqueurs, insultant à nos larmes,
Imputent à leurs dieux le bonheur de leurs armes,
Et veulent aujourd'hui qu'un même coup mortel
Abolisse ton nom, ton peuple et ton autel.
Ainsi donc un perfide, après tant de miracles,
Pourroit anéantir la foi de tes oracles;

TOME III. 4

Raviroit aux mortels le plus cher de tes dons;
Le saint que tu promets, et que nous attendons?
Non, non, ne souffre pas que ces peuples farouches,
Ivres de notre sang, ferment les seules bouches
Qui dans tout l'univers célebrent tes bienfaits;
Et confonds tous ces dieux qui ne furent jamais.
    Pour moi, que tu retiens parmi ces infideles,
Tu sais combien je hais leurs fêtes criminelles,
Et que je mets au rang des profanations
Leur table, leurs festins, et leurs libations;
Que même cette pompe où je suis condamnée,
Ce bandeau dont il faut que je paroisse ornée
Dans ces jours solemnels à l'orgueil dédiés,
Seule et dans le secret je le foule à mes pieds;
Qu'à ces vains ornements je préfere la cendre,
Et n'ai de goût qu'aux pleurs que tu me vois répandre.
J'attendois le moment marqué dans ton arrêt,
Pour oser de ton peuple embrasser l'intérêt:
Ce moment est venu; ma prompte obéissance
Va d'un roi redoutable affronter la présence.
C'est pour toi que je marche : accompagne mes pas
Devant ce fier lion qui ne te connoît pas;
Commande en me voyant que son courroux s'appaise,
Et prête à mes discours un charme qui lui plaise.
Les orages, les vents, les cieux te sont soumis;
Tourne enfin sa fureur contre nos ennemis.

SCENE V.

Toute cette scene est chantée.

LE CHŒUR.

UNE ISRAÉLITE, seule.

Pleurons et gémissons, mes fideles compagnes;
A nos sanglots donnons un libre cours:
Levons les yeux vers les saintes montagnes
D'où l'innocence attend tout son secours.

Ô mortelles alarmes!
Tout Israel périt. Pleurez, mes tristes yeux:
Il ne fut jamais sous les cieux
Un si juste sujet de larmes.

TOUT LE CHŒUR.

Ô mortelles alarmes!

UNE AUTRE ISRAÉLITE.

N'étoit-ce pas assez qu'un vainqueur odieux
De l'auguste Sion eût détruit tous les charmes,
Et traîné ses enfants captifs en mille lieux?

TOUT LE CHŒUR.

Ô mortelles alarmes!

LA MÊME ISRAÉLITE.

Foibles agneaux livrés à des loups furieux,
Nos soupirs sont nos seules armes.

TOUT LE CHŒUR.

Ô mortelles alarmes!

UNE ISRAÉLITE.

Arrachons, déchirons tous ces vains ornements
Qui parent notre tête.

UNE AUTRE.

Revêtons-nous d'habillements
Conformes à l'horrible fête
Que l'impie Aman nous apprête.

TOUT LE CHŒUR.

Arrachons, déchirons tous ces vains ornements
Qui parent notre tête.

UNE ISRAÉLITE.

Quel carnage de toutes parts!
On égorge à la fois les enfants, les vieillards,
Et la sœur et le frere,
Et la fille et la mere,
Le fils dans les bras de son pere!
Que de corps entassés, que de membres épars,
Privés de sépulture!
Grand Dieu, tes saints sont la pâture
Des tigres et des léopards!

UNE DES PLUS JEUNES ISRAÉLITES.

Hélas! si jeune encore,
Par quel crime ai-je pu mériter mon malheur?
Ma vie à peine a commencé d'éclore:

Je tomberai comme une fleur
Qui n'a vu qu'une aurore.
Hélas ! si jeune encore,
Par quel crime ai-je pu mériter mon malheur ?

UNE AUTRE.

Des offenses d'autrui malheureuses victimes,
Que nous servent, hélas ! ces regrets superflus ?
Nos peres ont péché, nos peres ne sont plus,
Et nous portons la peine de leurs crimes.

TOUT LE CHŒUR.

Le Dieu que nous servons est le Dieu des combats :
Non, non, il ne souffrira pas
Qu'on égorge ainsi l'innocence.

UNE ISRAÉLITE, seule.

Hé quoi ! diroit l'impiété,
Où donc est-il ce Dieu si redouté
Dont Israel nous vantoit la puissance ?

UNE AUTRE.

Ce Dieu jaloux, ce Dieu victorieux,
Frémissez, peuples de la terre,
Ce Dieu jaloux, ce Dieu victorieux,
Est le seul qui commande aux cieux :
Ni les éclairs ni le tonnerre
N'obéissent point à vos dieux.

UNE AUTRE.

Il renverse l'audacieux.

UNE AUTRE.

Il prend l'humble sous sa défense.

TOUT LE CHŒUR.

Le Dieu que nous servons est le Dieu des combats :
Non, non, il ne souffrira pas
Qu'on égorge ainsi l'innocence.

DEUX ISRAÉLITES.

Ô Dieu, que la gloire couronne,
Dieu, que la lumiere environne,
Qui voles sur l'aile des vents,
Et dont le trône est porté par les anges ;

DEUX AUTRES DES PLUS JEUNES.

Dieu, qui veux bien que de simples enfants
Avec eux chantent tes louanges ;

TOUT LE CHŒUR.

Tu vois nos pressants dangers :
Donne à ton nom la victoire ;
Ne souffre point que ta gloire
Passe à des dieux étrangers.

UNE ISRAÉLITE, seule.

Arme-toi, viens nous défendre :
Descends, tel qu'autrefois la mer te vit descendre.
Que les méchants apprennent aujourd'hui
A craindre ta colere :
Qu'ils soient comme la poudre et la paille légere
Que le vent chasse devant lui.

TOUT LE CHŒUR.

Tu vois nos pressants dangers:
Donne à ton nom la victoire;
Ne souffre point que ta gloire
Passe à des dieux étrangers.

FIN DU PREMIER ACTE.

ACTE SECOND.

Le théâtre représente la chambre où est le trône d'Assuérus.

SCENE I.

AMAN, HYDASPE.

AMAN.

Hé quoi ! lorsque le jour ne commence qu'à luire,
Dans ce lieu redoutable oses-tu m'introduire ?

HYDASPE.

Vous savez qu'on s'en peut reposer sur ma foi ;
Que ces portes, seigneur, n'obéissent qu'à moi.
Venez. Par-tout ailleurs on pourroit nous entendre.

AMAN.

Quel est donc le secret que tu me veux apprendre ?

HYDASPE.

Seigneur, de vos bienfaits mille fois honoré,
Je me souviens toujours que je vous ai juré
D'exposer à vos yeux, par des avis sinceres,
Tout ce que ce palais renferme de mysteres.
Le roi d'un noir chagrin paroît enveloppé ;
Quelque songe effrayant cette nuit l'a frappé.
Pendant que tout gardoit un silence paisible,
Sa voix s'est fait entendre avec un cri terrible.

J'ai couru. Le désordre étoit dans ses discours :
Il s'est plaint d'un péril qui menaçoit ses jours ;
Il parloit d'ennemi, de ravisseur farouche ;
Même le nom d'Esther est sorti de sa bouche.
Il a dans ces horreurs passé toute la nuit.
Enfin, las d'appeller un sommeil qui le fuit,
Pour écarter de lui ces images funebres,
Il s'est fait apporter ces annales célebres
Où les faits de son regne, avec soin amassés,
Par de fideles mains chaque jour sont tracés ;
On y conserve écrits le service et l'offense :
Monuments éternels d'amour et de vengeance.
Le roi, que j'ai laissé plus calme dans son lit,
D'une oreille attentive écoute ce récit.

AMAN.

De quel temps de sa vie a-t-il choisi l'histoire ?

HYDASPE.

Il revoit tous ces temps si remplis de sa gloire,
Depuis le fameux jour qu'au trône de Cyrus
Le choix du sort plaça l'heureux Assuérus.

AMAN.

Ce songe, Hydaspe, est donc sorti de son idée ?

HYDASPE.

Entre tous les devins fameux dans la Chaldée,
Il a fait assembler ceux qui savent le mieux
Lire en un songe obscur les volontés des cieux.

Mais quel trouble vous-même aujourd'hui vous agite?
Votre ame en m'écoutant paroît toute interdite:
L'heureux Aman a-t-il quelques secrets ennuis?

AMAN.

Peux-tu le demander dans la place où je suis?
Haï, craint, envié, souvent plus misérable
Que tous les malheureux que mon pouvoir accable!

HYDASPE.

Hé! qui jamais du ciel eut des regards plus doux?
Vous voyez l'univers prosterné devant vous.

AMAN.

L'univers! Tous les jours un homme... un vil esclave,
D'un front audacieux me dédaigne et me brave.

HYDASPE.

Quel est cet ennemi de l'état et du roi?

AMAN.

Le nom de Mardochée est-il connu de toi?

HYDASPE.

Qui? ce chef d'une race abominable, impie?

AMAN.

Oui, lui-même.

HYDASPE.

Hé, seigneur! d'une si belle vie
Un si foible ennemi peut-il troubler la paix?

AMAN.

L'insolent devant moi ne se courba jamais.

En vain de la faveur du plus grand des monarques
Tout révere à genoux les glorieuses marques;
Lorsque d'un saint respect tous les Persans touchés
N'osent lever leurs fronts à la terre attachés,
Lui, fièrement assis, et la tête immobile,
Traite tous ces honneurs d'impiété servile,
Présente à mes regards un front séditieux,
Et ne daigneroit pas au moins baisser les yeux.
Du palais cependant il assiege la porte:
A quelque heure que j'entre, Hydaspe, ou que je sorte,
Son visage odieux m'afflige et me poursuit;
Et mon esprit troublé le voit encor la nuit.
Ce matin j'ai voulu devancer la lumiere:
Je l'ai trouvé couvert d'une affreuse poussiere,
Revêtu de lambeaux, tout pâle; mais son œil
Conservoit sous la cendre encor le même orgueil.
D'où lui vient, cher ami, cette impudente audace?
Toi, qui dans ce palais vois tout ce qui se passe,
Crois-tu que quelque voix ose parler pour lui?
Sur quel roseau fragile a-t-il mis son appui?

HYDASPE.

Seigneur, vous le savez, son avis salutaire
Découvrit de Tharès le complot sanguinaire.
Le roi promit alors de le récompenser:
Le roi, depuis ce temps, paroît n'y plus penser.

AMAN.

Non, il faut à tes yeux dépouiller l'artifice.
J'ai su de mon destin corriger l'injustice:
Dans les mains des Persans jeune enfant apporté,
Je gouverne l'empire où je fus acheté;
Mes richesses des rois égalent l'opulence;
Environné d'enfants, soutiens de ma puissance,
Il ne manque à mon front que le bandeau royal:
Cependant (des mortels aveuglement fatal!)
De cet amas d'honneurs la douceur passagere
Fait sur mon cœur à peine une atteinte légere;
Mais Mardochée, assis aux portes du palais,
Dans ce cœur malheureux enfonce mille traits;
Et toute ma grandeur me devient insipide,
Tandis que le soleil éclaire ce perfide.

HYDASPE.

Vous serez de sa vue affranchi dans dix jours:
La nation entiere est promise aux vautours.

AMAN.

Ah! que ce temps est long à mon impatience!
C'est lui, je te veux bien confier ma vengeance,
C'est lui qui, devant moi refusant de ployer,
Les a livrés au bras qui les va foudroyer.
C'étoit trop peu pour moi d'une telle victime:
La vengeance trop foible attire un second crime.
Un homme tel qu'Aman, lorsqu'on l'ose irriter,

Dans sa juste fureur ne peut trop éclater.
Il faut des châtiments dont l'univers frémisse;
Qu'on tremble en comparant l'offense et le supplice;
Que les peuples entiers dans le sang soient noyés.
Je veux qu'on dise un jour aux siecles effrayés:
Il fut des Juifs; il fut une insolente race;
Répandus sur la terre ils en couvroient la face:
Un seul osa d'Aman attirer le courroux;
Aussitôt de la terre ils disparurent tous.

HYDASPE.

Ce n'est donc pas, seigneur, le sang amalécite
Dont la voix à les perdre en secret vous excite?

AMAN.

Je sais que, descendu de ce sang malheureux,
Une éternelle haine a dû m'armer contre eux;
Qu'ils firent d'Amalec un indigne carnage;
Que, jusqu'aux vils troupeaux, tout éprouva leur rage;
Qu'un déplorable reste à peine fut sauvé:
Mais, crois-moi, dans le rang où je suis élevé,
Mon ame, à ma grandeur toute entiere attachée,
Des intérêts du sang est foiblement touchée.
Mardochée est coupable; et que faut-il de plus?
Je prévins donc contre eux l'esprit d'Assuérus;
J'inventai des couleurs; j'armai la calomnie;
J'intéressai sa gloire; il trembla pour sa vie:
Je les peignis puissants, riches, séditieux;

Leur dieu même ennemi de tous les autres dieux.
Jusqu'à quand souffre-t-on que ce peuple respire,
Et d'un culte profane infecte votre empire?
Étrangers dans la Perse, à nos loix opposés,
Du reste des humains ils semblent divisés,
N'aspirent qu'à troubler le repos où nous sommes,
Et détestés par-tout détestent tous les hommes.
Prévenez, punissez leurs insolents efforts;
De leur dépouille enfin grossissez vos trésors.
Je dis; et l'on me crut. Le roi, dès l'heure même,
Mit dans ma main le sceau de son pouvoir suprême:
Assure, me dit-il, le repos de ton roi;
Va, perds ces malheureux: leur dépouille est à toi.
Toute la nation fut ainsi condamnée.
Du carnage avec lui je réglai la journée.
Mais de ce traître enfin le trépas différé
Fait trop souffrir mon cœur de son sang altéré.
Un je ne sais quel trouble empoisonne ma joie.
Pourquoi dix jours encor faut-il que je le voie?

HYDASPE.

Et ne pouvez-vous pas d'un mot l'exterminer?
Dites au roi, seigneur, de vous l'abandonner.

AMAN.

Je viens pour épier le moment favorable.
Tu connois, comme moi, ce prince inexorable:
Tu sais combien terrible en ses soudains transports

De nos desseins souvent il rompt tous les ressorts.
Mais à me tourmenter ma crainte est trop subtile:
Mardochée à ses yeux est une ame trop vile.

HYDASPE.

Que tardez-vous? Allez, et faites promptement
Élever de sa mort le honteux instrument.

AMAN.

J'entends du bruit; je sors. Toi, si le roi m'appelle...

HYDASPE.

Il suffit.

SCENE II.

ASSUÉRUS, HYDASPE, ASAPH,

SUITE D'ASSUÉRUS.

ASSUÉRUS.

Ainsi donc, sans cet avis fidele,
Deux traîtres dans son lit assassinoient leur roi?
Qu'on me laisse; et qu'Asaph seul demeure avec moi.

S C E N E   I I I.

A S S U É R U S,   A S A P H.

A S S U É R U S, assis sur son trône.

Je veux bien l'avouer : de ce couple perfide
J'avois presque oublié l'attentat parricide ;
Et j'ai pâli deux fois au terrible récit
Qui vient d'en retracer l'image à mon esprit.
Je vois de quel succès leur fureur fut suivie,
Et que dans les tourments ils laisserent la vie :
Mais ce sujet zélé qui, d'un œil si subtil,
Sut de leur noir complot développer le fil,
Qui me montra sur moi leur main déja levée,
Enfin par qui la Perse avec moi fut sauvée,
Quel honneur pour sa foi, quel prix a-t-il reçu ?

A S A P H.

On lui promit beaucoup : c'est tout ce que j'ai su.

A S S U É R U S.

Ô d'un si grand service oubli trop condamnable !
Des embarras du trône effet inévitable !
De soins tumultueux un prince environné
Vers de nouveaux objets est sans cesse entraîné ;
L'avenir l'inquiete, et le présent le frappe :
Mais plus prompt que l'éclair le passé nous échappe ;
Et de tant de mortels à toute heure empressés

A nous faire valoir leurs soins intéressés,
Il ne s'en trouve point qui, touchés d'un vrai zele,
Prennent à notre gloire un intérêt fidele,
Du mérite oublié nous fassent souvenir,
Trop prompts à nous parler de ce qu'il faut punir.
Ah! que plutôt l'injure échappe à ma vengeance,
Qu'un si rare bienfait à ma reconnoissance!
Et qui voudroit jamais s'exposer pour son roi?
Ce mortel qui montra tant de zele pour moi
Vit-il encore?

A S A P H.

Il voit l'astre qui vous éclaire.

A S S U É R U S.

Et que n'a-t-il plutôt demandé son salaire?
Quel pays reculé le cache à mes bienfaits?

A S A P H.

Assis le plus souvent aux portes du palais,
Sans se plaindre de vous ni de sa destinée,
Il y traîne, seigneur, sa vie infortunée.

A S S U É R U S.

Et je dois d'autant moins oublier la vertu,
Qu'elle-même s'oublie. Il se nomme, dis-tu?

A S A P H.

Mardochée est le nom que je viens de vous lire.

A S S É R U S.

Et son pays?

ASAPH.

Seigneur, puisqu'il faut vous le dire,
C'est un de ces captifs à périr destinés,
Des rives du Jourdain sur l'Euphrate amenés.

ASSUÉRUS.

Il est donc Juif? Ô ciel! sur le point que la vie
Par mes propres sujets m'alloit être ravie,
Un Juif rend par ses soins leurs efforts impuissants!
Un Juif m'a préservé du glaive des Persans!
Mais, puisqu'il m'a sauvé, quel qu'il soit, il n'importe.
Holà, quelqu'un.

SCENE IV.

ASSUÉRUS, HYDASPE, ASAPH.

HYDASPE.

Seigneur.

ASSUÉRUS.

Regarde à cette porte;
Vois s'il s'offre à tes yeux quelque grand de ma cour.

HYDASPE.

Aman à votre porte a devancé le jour.

ASSUÉRUS.

Qu'il entre. Ses avis m'éclaireront peut-être.

SCENE V.

ASSUÉRUS, AMAN, HYDASPE, ASAPH.

ASSUÉRUS.

Approche, heureux appui du trône de ton maître,
Ame de mes conseils, et qui seul tant de fois
Du sceptre dans ma main as soulagé le poids.
Un reproche secret embarrasse mon ame.
Je sais combien est pur le zele qui t'enflamme:
Le mensonge jamais n'entra dans tes discours;
Et mon intérêt seul est le but où tu cours.
Dis-moi donc : que doit faire un prince magnanime
Qui veut combler d'honneurs un sujet qu'il estime?
Par quel gage éclatant, et digne d'un grand roi,
Puis-je récompenser le mérite et la foi?
Ne donne point de borne à ma reconnoissance;
Mesure tes conseils sur ma vaste puissance.

AMAN, à part.

C'est pour toi-même, Aman, que tu vas prononcer:
Et quel autre que toi peut-on récompenser?

ASSUÉRUS.

Que penses-tu?

AMAN.

Seigneur, je cherche, j'envisage

Des monarques persans la conduite et l'usage :
Mais à mes yeux en vain je les rappelle tous ;
Pour vous régler sur eux, que sont-ils près de vous ?
Votre regne aux neveux doit servir de modele.
Vous voulez d'un sujet reconnoître le zele :
L'honneur seul peut flatter un esprit généreux.
Je voudrois donc, seigneur, que ce mortel heureux,
De la pourpre aujourd'hui paré comme vous-même,
Et portant sur le front le sacré diadême,
Sur un de vos coursiers pompeusement orné,
Aux yeux de vos sujets dans Suse fût mené ;
Que, pour comble de gloire et de magnificence,
Un seigneur éminent en richesse, en puissance,
Enfin de votre empire après vous le premier,
Par la bride guidât son superbe coursier ;
Et lui-même marchant en habits magnifiques
Criât à haute voix dans les places publiques :
« Mortels, prosternez-vous : c'est ainsi que le roi
« Honore le mérite, et couronne la foi. »

ASSUÉRUS.

Je vois que la sagesse elle-même t'inspire :
Avec mes volontés ton sentiment conspire.
Va, ne perds point de temps ; ce que tu m'as dicté,
Je veux de point en point qu'il soit exécuté :
La vertu dans l'oubli ne sera plus cachée.
Aux portes du palais prends le Juif Mardochée,

C'est lui que je prétends honorer aujourd'hui :
Ordonne son triomphe, et marche devant lui ;
Que Suse par ta voix de son nom retentisse,
Et fais à son aspect que tout genou fléchisse.
Sortez tous.

A M A N , à part.

Dieux !

S C E N E   V I.

A S S U É R U S.

Le prix est sans doute inoui ;
Jamais d'un tel honneur un sujet n'a joui :
Mais plus la récompense est grande et glorieuse,
Plus même de ce Juif la race est odieuse,
Plus j'assure ma vie, et montre avec éclat
Combien Assuérus redoute d'être ingrat.
On verra l'innocent discerné du coupable :
Je n'en perdrai pas moins ce peuple abominable ;
Leur crime...

SCENE VII.

ASSUÉRUS, ESTHER, ÉLISE, THAMAR, UNE PARTIE DU CHŒUR.

(Esther entre s'appuyant sur Élise : quatre Israélites soutiennent sa robe.)

ASSUÉRUS.

Sans mon ordre on porte ici ses pas !
Quel mortel insolent vient chercher le trépas?
Gardes. C'est vous, Esther? quoi ! sans être attendue?

ESTHER.

Mes filles, soutenez votre reine éperdue.
Je me meurs.   (Elle tombe évanouie.)

ASSUÉRUS.

Dieux puissants ! quelle étrange pâleur
De son teint tout-à-coup efface la couleur !
Esther, que craignez-vous? suis-je pas votre frere?.
Est-ce pour vous qu'est fait un ordre si sévere?
Vivez : le sceptre d'or que vous tend cette main
Pour vous de ma clémence est un gage certain.

ESTHER.

Quelle voix salutaire ordonne que je vive,
Et rappelle en mon sein mon ame fugitive?

ASSUÉRUS.

Ne connoissez-vous pas la voix de votre époux ?
Encore un coup, vivez, et revenez à vous.

ESTHER.

Seigneur, je n'ai jamais contemplé qu'avec crainte
L'auguste majesté sur votre front empreinte ;
Jugez combien ce front irrité contre moi
Dans mon ame troublée a dû jetter d'effroi :
Sur ce trône sacré qu'environne la foudre
J'ai cru vous voir tout prêt à me réduire en poudre.
Hélas ! sans frissonner, quel cœur audacieux
Soutiendroit les éclairs qui sortoient de vos yeux ?
Ainsi du Dieu vivant la colere étincele...

ASSUÉRUS.

Ô soleil ! ô flambeaux de lumiere immortelle !
Je me trouble moi-même ; et sans frémissement
Je ne puis voir sa peine et son saisissement.
Calmez, reine, calmez la frayeur qui vous presse.
Du cœur d'Assuérus souveraine maîtresse,
Éprouvez seulement son ardente amitié.
Faut-il de mes états vous donner la moitié ?

ESTHER.

Hé ! se peut-il qu'un roi craint de la terre entiere,
Devant qui tout fléchit et baise la poussiere,
Jette sur son esclave un regard si serein,
Et m'offre sur son cœur un pouvoir souverain ?

Croyez-moi, chere Esther, ce sceptre, cet empire,
Et ces profonds respects que la terreur inspire,
A leur pompeux éclat mêlent peu de douceur,
Et fatiguent souvent leur triste possesseur.
Je ne trouve qu'en vous je ne sais quelle grace
Qui me charme toujours et jamais ne me lasse.
De l'aimable vertu doux et puissants attraits!
Tout respire en Esther l'innocence et la paix.
Du chagrin le plus noir elle écarte les ombres,
Et fait des jours sereins de mes jours les plus sombres;
Que dis-je? sur ce trône assis auprès de vous,
Des astres ennemis j'en crains moins le courroux,
Et crois que votre front prête à mon diadême
Un éclat qui le rend respectable aux dieux même.
Osez donc me répondre, et ne me cachez pas
Quel sujet important conduit ici vos pas.
Quel intérêt, quels soins vous agitent, vous pressent?
Je vois qu'en m'écoutant vos yeux au ciel s'adressent.
Parlez : de vos desirs le succès est certain,
Si ce succès dépend d'une mortelle main.

Ô bonté qui m'assure autant qu'elle m'honore!
Un intérêt pressant veut que je vous implore :
J'attends ou mon malheur ou ma félicité;
Et tout dépend, seigneur, de votre volonté.

Un mot de votre bouche, en terminant mes peines,
Peut rendre Esther heureuse entre toutes les reines.

ASSUÉRUS.

Ah! que vous enflammez mon desir curieux!

ESTHER.

Seigneur, si j'ai trouvé grace devant vos yeux,
Si jamais à mes vœux vous fûtes favorable,
Permettez, avant tout, qu'Esther puisse à sa table
Recevoir aujourd'hui son souverain seigneur,
Et qu'Aman soit admis à cet excès d'honneur.
J'oserai devant lui rompre ce grand silence;
Et j'ai pour m'expliquer besoin de sa présence.

ASSUÉRUS.

Dans quelle inquiétude, Esther, vous me jettez!
Toutefois qu'il soit fait comme vous souhaitez.

(à ceux de sa suite.)

Vous, que l'on cherche Aman; et qu'on lui fasse entendre
Qu'invité chez la reine il ait soin de s'y rendre.

S C E N E V I I I.

ASSUÉRUS, ESTHER, ÉLISE, THAMAR,
HYDASPE, UNE PARTIE DU CHŒUR.

H Y D A S P E.

Les savants Chaldéens, par votre ordre appellés,
Dans cet appartement, seigneur, sont assemblés.

A S S U É R U S.

Princesse, un songe étrange occupe ma pensée :
Vous-même en leur réponse êtes intéressée.
Venez, derriere un voile écoutant leurs discours,
De vos propres clartés me prêter le secours.
Je crains pour vous, pour moi, quelque ennemi perfide

E S T H E R.

Suis-moi, Thamar. Et vous, troupe jeune et timide,
Sans craindre ici les yeux d'une profane cour,
A l'abri de ce trône attendez mon retour.

S C E N E I X.

Cette scene est partie déclamée et partie chantée.

ÉLISE, UNE PARTIE DU CHŒUR.

É L I S E.

Que vous semble, mes sœurs, de l'état où nous sommes?
D'Esther, d'Aman, qui le doit emporter?
Est-ce Dieu, sont-ce les hommes,
Dont les œuvres vont éclater?
Vous avez vu quelle ardente colere
Allumoit de ce roi le visage sévere.

U N E I S R A É L I T E.

Des éclairs de ses yeux l'œil étoit ébloui.

U N E A U T R E.

Et sa voix m'a paru comme un tonnerre horrible.

É L I S E.

Comment ce courroux si terrible
En un moment s'est-il évanoui?

U N E I S R A É L I T E chante.

Un moment a changé ce courage inflexible:
Le lion rugissant est un agneau paisible.
Dieu, notre Dieu sans doute a versé dans son cœur
Cet esprit de douceur.

LE CHŒUR chante.

Dieu, notre Dieu sans doute a versé dans son cœur
Cet esprit de douceur.

LA MÊME ISRAÉLITE chante.

Tel qu'un ruisseau docile
Obéit à la main qui détourne son cours,
Et, laissant de ses eaux partager le secours,
Va rendre tout un champ fertile:
Dieu, de nos volontés arbitre souverain,
Le cœur des rois est ainsi dans ta main.

ÉLISE.

Ah! que je crains, mes sœurs, les funestes nuages
Qui de ce prince obscurcissent les yeux!
Comme il est aveuglé du culte de ses dieux!

UNE ISRAÉLITE.

Il n'atteste jamais que leurs noms odieux.

UNE AUTRE.

Aux feux inanimés dont se parent les cieux
Il rend de profanes hommages.

UNE AUTRE.

Tout son palais est plein de leurs images.

LE CHŒUR chante.

Malheureux, vous quittez le maître des humains
Pour adorer l'ouvrage de vos mains!

UNE ISRAÉLITE chante.

Dieu d'Israel, dissipe enfin cette ombre:

Des larmes de tes saints quand seras-tu touché?
     Quand sera le voile arraché
Qui sur tout l'univers jette une nuit si sombre?
     Dieu d'Israel, dissipe enfin cette ombre:
     Jusqu'à quand seras-tu caché?

UNE DES PLUS JEUNES ISRAÉLITES.

Parlons plus bas, mes sœurs. Ciel! si quelque infidele,
Écoutant nos discours, nous alloit déceler!

ÉLISE.

Quoi! fille d'Abraham, une crainte mortelle
     Semble déja vous faire chanceler!
Hé! si l'impie Aman, dans sa main homicide
Faisant luire à vos yeux un glaive menaçant,
     A blasphémer le nom du Tout-puissant
     Vouloit forcer votre bouche timide!

UNE AUTRE ISRAÉLITE.

Peut-être Assuérus, frémissant de courroux,
     Si nous ne courbons les genoux
     Devant une muette idole,
     Commandera qu'on nous immole.
     Chere sœur, que choisirez-vous?

LA JEUNE ISRAÉLITE.

Moi, je pourrois trahir le Dieu que j'aime!
J'adorerois un dieu sans force et sans vertu,
     Reste d'un tronc par les vents abattu,
     Qui ne peut se sauver lui-même!

LE CHŒUR chante.

Dieux impuissants, dieux sourds, tous ceux qui vous implo[
Ne seront jamais entendus :
Que les démons, et ceux qui les adorent,
Soient à jamais détruits et confondus !

UNE ISRAÉLITE chante.

Que ma bouche et mon cœur, et tout ce que je suis,
Rendent honneur au Dieu qui m'a donné la vie.
Dans les craintes, dans les ennuis,
En ses bontés mon ame se confie.
Veut-il par mon trépas que je le glorifie ?
Que ma bouche et mon cœur, et tout ce que je suis,
Rendent honneur au Dieu qui m'a donné la vie.

ÉLISE.

Je n'admirai jamais la gloire de l'impie.

UNE AUTRE ISRAÉLITE.

Au bonheur du méchant qu'un autre porte envie.

ÉLISE.

Tous ses jours paroissent charmants ;
L'or éclate en ses vêtements ;
Son orgueil est sans borne ainsi que sa richesse ;
Jamais l'air n'est troublé de ses gémissements ;
Il s'endort, il s'éveille au son des instruments ;
Son cœur nage dans la mollesse.

UNE AUTRE ISRAÉLITE.

Pour comble de prospérité,

Il espere revivre en sa postérité;
Et d'enfants à sa table une riante troupe
Semble boire avec lui la joie à pleine coupe.

(Tout le reste est chanté.)

LE CHŒUR.

Heureux, dit-on, le peuple florissant
Sur qui ces biens coulent en abondance.
Plus heureux le peuple innocent
Qui dans le Dieu du ciel a mis sa confiance!

UNE ISRAÉLITE, seule.

Pour contenter ses frivoles desirs
L'homme insensé vainement se consume:
Il trouve l'amertume
Au milieu des plaisirs.

UNE AUTRE, seule.

Le bonheur de l'impie est toujours agité:
Il erre à la merci de sa propre inconstance.
Ne cherchons la félicité
Que dans la paix de l'innocence.

LA MÊME, avec une autre.

Ô douce paix!
Ô lumiere éternelle!
Beauté toujours nouvelle!
Heureux le cœur épris de tes attraits!
Ô douce paix!
Ô lumiere éternelle!

Heureux le cœur qui ne te perd jamais !

LE CHŒUR.

Ô douce paix !

Ô lumiere éternelle !

Beauté toujours nouvelle !

Ô douce paix !

Heureux le cœur qui ne te perd jamais !

LA MÊME, seule.

Nulle paix pour l'impie. Il la cherche, elle fuit ;

Et le calme en son cœur ne trouve point de place :

Le glaive au dehors le poursuit ;

Le remords au dedans le glace.

UNE AUTRE.

La gloire des méchants en un moment s'éteint :

L'affreux tombeau pour jamais les dévore.

Il n'en est pas ainsi de celui qui te craint ;

Il renaîtra, mon Dieu, plus brillant que l'aurore,

LE CHŒUR.

Ô douce paix !

Heureux le cœur qui ne te perd jamais !

ÉLISE, sans chanter.

Mes sœurs, j'entends du bruit dans la chambre prochain

On nous appelle ; allons rejoindre notre reine.

FIN DU SECOND ACTE.

ACTE TROISIEME.

Le théâtre représente les jardins d'Esther, et un des côtés du salon où se fait le festin.

SCENE I.

AMAN, ZARÈS.

ZARÈS.

C'est donc ici d'Esther le superbe jardin,
Et ce salon pompeux est le lieu du festin?
Mais, tandis que la porte en est encor fermée,
Écoutez les conseils d'une épouse alarmée.
Au nom du sacré nœud qui me lie avec vous,
Dissimulez, seigneur, cet aveugle courroux;
Éclaircissez ce front où la tristesse est peinte:
Les rois craignent sur-tout le reproche et la plainte.
Seul entre tous les grands par la reine invité,
Ressentez donc aussi cette félicité.
Si le mal vous aigrit; que le bienfait vous touche.
Je l'ai cent fois appris de votre propre bouche:
Quiconque ne sait pas dévorer un affront,
Ni de fausses couleurs se déguiser le front,
Loin de l'aspect des rois qu'il s'écarte, qu'il fuie.
Il est des contretemps qu'il faut qu'un sage essuie:

Souvent avec prudence un outrage enduré
Aux honneurs les plus hauts a servi de degré.

AMAN.

Ô douleur! ô supplice affreux à la pensée!
Ô honte, qui jamais ne peut être effacée!
Un exécrable Juif, l'opprobre des humains,
S'est donc vu de la pourpre habillé par mes mains!
C'est peu qu'il ait sur moi remporté la victoire;
Malheureux, j'ai servi de héraut à sa gloire!
Le traître! il insultoit à ma confusion;
Et tout le peuple même, avec dérision
Observant la rougeur qui couvroit mon visage,
De ma chûte certaine en tiroit le présage.
Roi cruel, ce sont là les jeux où tu te plais!
Tu ne m'as prodigué tes perfides bienfaits
Que pour me faire mieux sentir ta tyrannie,
Et m'accabler enfin de plus d'ignominie.

ZARÈS.

Pourquoi juger si mal de son intention?
Il croit récompenser une bonne action.
Ne faut-il pas, seigneur, s'étonner au contraire
Qu'il en ait si long-temps différé le salaire?
Du reste, il n'a rien fait que par votre conseil.
Vous-même avez dicté tout ce triste appareil:
Vous êtes après lui le premier de l'empire.
Sait-il toute l'horreur que ce Juif vous inspire?

AMAN.

Il sait qu'il me doit tout, et que, pour sa grandeur,
J'ai foulé sous les pieds remords, crainte, pudeur;
Qu'avec un cœur d'airain exerçant sa puissance
J'ai fait taire les loix, et gémir l'innocence;
Que pour lui, des Persans bravant l'aversion,
J'ai chéri, j'ai cherché la malédiction :
Et pour prix de ma vie à leur haine exposée,
Le barbare aujourd'hui m'expose à leur risée!

ZARÈS.

Seigneur, nous sommes seuls. Que sert de se flatter?
Ce zele que pour lui vous fîtes éclater,
Ce soin d'immoler tout à son pouvoir suprême,
Entre nous, avoient-ils d'autre objet que vous-même?
Et, sans chercher plus loin, tous ces Juifs désolés,
N'est-ce pas à vous seul que vous les immolez?
Et ne craignez-vous point que quelque avis funeste...
Enfin la cour nous hait, le peuple nous déteste.
Ce Juif même, il le faut confesser malgré moi,
Ce Juif, comblé d'honneurs, me cause quelque effroi:
Les malheurs sont souvent enchaînés l'un à l'autre,
Et sa race toujours fut fatale à la vôtre.
De ce léger affront songez à profiter.
Peut-être la fortune est prête à vous quitter;
Aux plus affreux excès son inconstance passe:
Prévenez son caprice, avant qu'elle se lasse.

Où tendez-vous plus haut? Je frémis quand je voi
Les abîmes profonds qui s'offrent devant moi:
La chûte désormais ne peut être qu'horrible.
Osez chercher ailleurs un destin plus paisible:
Regagnez l'Hellespont et ces bords écartés
Où vos aïeux errants jadis furent jettés
Lorsque des Juifs contre eux la vengeance allumée
Chassa tout Amalec de la triste Idumée.
Aux malices du sort enfin dérobez-vous.
Nos plus riches trésors marcheront devant nous:
Vous pouvez du départ me laisser la conduite;
Sur-tout de vos enfants j'assurerai la fuite.
N'ayez soin cependant que de dissimuler.
Contente, sur vos pas vous me verrez voler:
La mer la plus terrible et la plus orageuse
Est plus sûre pour nous que cette cour trompeuse.
Mais à grands pas vers vous je vois quelqu'un marcher;
C'est Hydaspe.

SCENE II.

AMAN, ZARÈS, HYDASPE.

HYDASPE.

Seigneur, je courois vous chercher.
Votre absence en ces lieux suspend toute la joie;

Et pour vous y conduire Assuérus m'envoie.

A M A N.

Et Mardochée est-il aussi de ce festin?

H Y D A S P E.

A la table d'Esther portez-vous ce chagrin?
Quoi! toujours de ce Juif l'image vous désole?
Laissez-le s'applaudir d'un triomphe frivole.
Croit-il d'Assuérus éviter la rigueur?
Ne possédez-vous pas son oreille et son cœur?
On a payé le zele, on punira le crime;
Et l'on vous a, seigneur, orné votre victime.
Je me trompe, ou vos vœux par Esther secondés
Obtiendront plus encor que vous ne demandez.

A M A N.

Croirai-je le bonheur que ta bouche m'annonce?

H Y D A S P E.

J'ai des savants devins entendu la réponse:
Ils disent que la main d'un perfide étranger
Dans le sang de la reine est prête à se plonger.
Et le roi, qui ne sait où trouver le coupable,
N'impute qu'aux seuls Juifs ce projet détestable.

A M A N.

Oui, ce sont, cher ami, des monstres furieux:
Il faut craindre sur-tout leur chef audacieux.
La terre avec horreur dès long-temps les endure;
Et l'on n'en peut trop tôt délivrer la nature.

Ah! je respire enfin. Chere Zarès, adieu.

HYDASPE.

Les compagnes d'Esther s'avancent vers ce lieu:
Sans doute leur concert va commencer la fête.
Entrez, et recevez l'honneur qu'on vous apprête.

SCENE III.

ÉLISE, LE CHŒUR.

Ceci se récite sans chant.

UNE DES ISRAÉLITES.

C'est Aman.

UNE AUTRE.

C'est lui-même, et j'en frémis, ma sœur.

LA PREMIERE.

Mon cœur de crainte et d'horreur se resserre.

L'AUTRE.

C'est d'Israel le superbe oppresseur.

LA PREMIERE.

C'est celui qui trouble la terre.

ÉLISE.

Peut-on, en le voyant, ne le connoître pas!
L'orgueil et le dédain sont peints sur son visage.

UNE ISRAÉLITE.

On lit dans ses regards sa fureur et sa rage.

UNE AUTRE.

Je croyois voir marcher la mort devant ses pas.

UNE DES PLUS JEUNES.

Je ne sais si ce tigre a reconnu sa proie :
Mais, en nous regardant, mes sœurs, il m'a semblé
Qu'il avoit dans les yeux une barbare joie
 Dont tout mon sang est encore troublé.

ÉLISE.

Que ce nouvel honneur va croître son audace !
 Je le vois, mes sœurs, je le voi :
A la table d'Esther l'insolent près du roi
 A déja pris sa place.

UNE DES ISRAÉLITES.

Ministres du festin, de grace, dites-nous,
Quels mets à ce cruel, quel vin préparez-vous ?

UNE AUTRE.

Le sang de l'orphelin,

UNE TROISIEME.

 Les pleurs des misérables,

LA SECONDE.

Sont ses mets les plus agréables ;

LA TROISIEME.

C'est son breuvage le plus doux.

ÉLISE.

Cheres sœurs, suspendez la douleur qui vous presse.
Chantons, on nous l'ordonne ; et que puissent nos chants

Du cœur d'Assuérus adoucir la rudesse,
Comme autrefois David, par ses accords touchants,
Calmoit d'un roi jaloux la sauvage tristesse!

(Tout le reste de cette scene est chanté.)

UNE ISRAÉLITE.

Que le peuple est heureux,
Lorsqu'un roi généreux,
Craint dans tout l'univers, veut encore qu'on l'aime!
Heureux le peuple! heureux le roi lui-même!

TOUT LE CHŒUR.

Ô repos! ô tranquillité!
Ô d'un parfait bonheur assurance éternelle,
Quand la suprême autorité
Dans ses conseils a toujours auprès d'elle
La justice et la vérité!

Les quatre stances suivantes sont chantées alternativement par une voix
seule et par le chœur.

UNE ISRAÉLITE.

Rois, chassez la calomnie:
Ses criminels attentats
Des plus paisibles états
Troublent l'heureuse harmonie.

Sa fureur, de sang avide,
Poursuit par-tout l'innocent.
Rois, prenez soin de l'absent
Contre sa langue homicide.

De ce monstre si farouche
Craignez la feinte douceur :
La vengeance est dans son cœur,
Et la pitié dans sa bouche.

La fraude adroite et subtile
Seme de fleurs son chemin :
Mais sur ses pas vient enfin
Le repentir inutile.

UNE ISRAÉLITE, seule.

D'un souffle l'aquilon écarte les nuages,
   Et chasse au loin la foudre et les orages :
Un roi sage, ennemi du langage menteur,
Écarte d'un regard le perfide imposteur.

UNE AUTRE.

J'admire un roi victorieux,
Que sa valeur conduit triomphant en tous lieux :
   Mais un roi sage et qui hait l'injustice,
   Qui sous la loi du riche impérieux
Ne souffre point que le pauvre gémisse,
   Est le plus beau présent des cieux.

UNE AUTRE.

La veuve en sa défense espere ;

UNE AUTRE.

De l'orphelin il est le pere ;

TOUTES ENSEMBLE.

Et les larmes du juste implorant son appui
Sont précieuses devant lui.

UNE ISRAÉLITE, seule.

Détourne, roi puissant, détourne tes oreilles
De tout conseil barbare et mensonger.
Il est temps que tu t'éveilles :
Dans le sang innocent ta main va se plonger
Pendant que tu sommeilles.
Détourne, roi puissant, détourne tes oreilles
De tout conseil barbare et mensonger.

UNE AUTRE.

Ainsi puisse sous toi trembler la terre entiere !
Ainsi puisse à jamais contre tes ennemis
Le bruit de ta valeur te servir de barriere !
S'ils t'attaquent, qu'ils soient en un moment soumis ;
Que de ton bras la force les renverse ;
Que de ton nom la terreur les disperse :
Que tout leur camp nombreux soit devant tes soldats
Comme d'enfants une troupe inutile ;
Et si par un chemin il entre en tes états,
Qu'il en sorte par plus de mille.

SCENE IV.

ASSUÉRUS, ESTHER, AMAN, ÉLISE, LE CHŒUR.

ASSUÉRUS, à Esther.

Oui, vos moindres discours ont des graces secretes :
Une noble pudeur à tout ce que vous faites
Donne un prix que n'ont point ni la pourpre ni l'or.
Quel climat renfermoit un si rare trésor ?
Dans quel sein vertueux avez-vous pris naissance ?
Et quelle main si sage éleva votre enfance ?
Mais dites promptement ce que vous demandez :
Tous vos desirs, Esther, vous seront accordés ;
Dussiez-vous, je l'ai dit, et veux bien le redire,
Demander la moitié de ce puissant empire.

ESTHER.

Je ne m'égare point dans ces vastes desirs.
Mais puisqu'il faut enfin expliquer mes soupirs,
Puisque mon roi lui-même à parler me convie,

(Elle se jette aux pieds du roi.)

J'ose vous implorer, et pour ma propre vie,
Et pour les tristes jours d'un peuple infortuné
Qu'à périr avec moi vous avez condamné.

ASSUÉRUS, la relevant.

A périr ! Vous ! Quel peuple ? Et quel est ce mystere ?

A M A N, à part.

Je tremble.

E S T H E R.

Esther, seigneur, eut un Juif pour son pere
De vos ordres sanglants vous savez la rigueur.

A M A N, à part.

Ah dieux!

A S S U É R U S.

Ah! de quel coup me percez-vous le cœur
Vous la fille d'un Juif! Hé quoi! tout ce que j'aime,
Cette Esther, l'innocence et la sagesse même,
Que je croyois du ciel les plus cheres amours,
Dans cette source impure auroit puisé ses jours!
Malheureux!

E S T H E R.

Vous pourrez rejetter ma priere:
Mais je demande au moins que, pour grace derniere,
Jusqu'à la fin, seigneur, vous m'entendiez parler,
Et que sur-tout Aman n'ose point me troubler.

A S S U É R U S.

Parlez.

E S T H E R.

Ô Dieu, confonds l'audace et l'imposture!
Ces Juifs, dont vous voulez délivrer la nature,
Que vous croyez, seigneur, le rebut des humains,
D'une riche contrée autrefois souverains,

Pendant qu'ils n'adoroient que le Dieu de leurs peres
Ont vu bénir le cours de leurs destins prosperes.

 Ce Dieu, maître absolu de la terre et des cieux,
N'est point tel que l'erreur le figure à vos yeux.
L'Éternel est son nom; le monde est son ouvrage:
Il entend les soupirs de l'humble qu'on outrage,
Juge tous les mortels avec d'égales loix,
Et du haut de son trône interroge les rois:
Des plus fermes états la chûte épouvantable,
Quand il veut, n'est qu'un jeu de sa main redoutable.
Les Juifs à d'autres dieux oserent s'adresser:
Roi, peuples, en un jour tout se vit disperser;
Sous les Assyriens leur triste servitude
Devint le juste prix de leur ingratitude.

 Mais, pour punir enfin nos maîtres à leur tour,
Dieu fit choix de Cyrus avant qu'il vît le jour,
L'appella par son nom, le promit à la terre,
Le fit naître, et soudain l'arma de son tonnerre,
Brisa les fiers remparts et les portes d'airain,
Mit des superbes rois la dépouille en sa main,
De son temple détruit vengea sur eux l'injure:
Babylone paya nos pleurs avec usure.
Cyrus, par lui vainqueur, publia ses bienfaits,
Regarda notre peuple avec des yeux de paix,
Nous rendit et nos loix et nos fêtes divines;
Et le temple déja sortoit de ses ruines.

Mais, de ce roi si sage héritier insensé,
Son fils interrompit l'ouvrage commencé,
Fut sourd à nos douleurs. Dieu rejetta sa race,
Le retrancha lui-même, et vous mit en sa place.

   Que n'espérions-nous point d'un roi si généreux!
Dieu regarde en pitié son peuple malheureux,
Disions-nous; un roi regne, ami de l'innocence.
Par-tout du nouveau prince on vantoit la clémence:
Les Juifs par-tout de joie en pousserent des cris.
Ciel! verra-t-on toujours par de cruels esprits
Des princes les plus doux l'oreille environnée,
Et du bonheur public la source empoisonnée!
Dans le fond de la Thrace un barbare enfanté
Est venu dans ces lieux souffler la cruauté:
Un ministre ennemi de votre propre gloire...

A M A N.

De votre gloire! moi! Ciel! le pourriez-vous croire?
Moi, qui n'ai d'autre objet ni d'autre dieu...

A S S U É R U S.

Tais-toi

Oses-tu donc parler sans l'ordre de ton roi?

E S T H E R.

Notre ennemi cruel devant vous se déclare.
C'est lui; c'est ce ministre infidele et barbare
Qui, d'un zele trompeur à vos yeux revêtu,
Contre notre innocence arma votre vertu.

Et quel autre, grand Dieu! qu'un Scythe impitoyable,
Auroit de tant d'horreurs dicté l'ordre effroyable!
Par-tout l'affreux signal en même temps donné
De meurtres remplira l'univers étonné :
On verra, sous le nom du plus juste des princes,
Un perfide étranger désoler vos provinces;
Et dans ce palais même, en proie à son courroux,
Le sang de vos sujets regorger jusqu'à vous.
  Et que reproche aux Juifs sa haine envenimée?
Quelle guerre intestine avons-nous allumée?
Les a-t-on vus marcher parmi vos ennemis?
Fut-il jamais au joug esclaves plus soumis?
Adorant dans leurs fers le Dieu qui les châtie,
Pendant que votre main sur eux appesantie
A leurs persécuteurs les livroit sans secours,
Ils conjuroient ce Dieu de veiller sur vos jours,
De rompre des méchants les trames criminelles,
De mettre votre trône à l'ombre de ses ailes.
N'en doutez point, seigneur, il fut votre soutien:
Lui seul mit à vos pieds le Parthe et l'Indien,
Dissipa devant vous les innombrables Scythes,
Et renferma les mers dans vos vastes limites:
Lui seul aux yeux d'un Juif découvrit le dessein
De deux traîtres tout prêts à vous percer le sein.
Hélas! ce Juif jadis m'adopta pour sa fille.

A S S U É R U S.

Mardochée?

E S T H E R.

Il restoit seul de notre famille.
Mon pere étoit son frere. Il descend comme moi
Du sang infortuné de notre premier roi.
Plein d'une juste horreur pour un Amalécite,
Race que notre Dieu de sa bouche a maudite,
Il n'a devant Aman pu fléchir les genoux,
Ni lui rendre un honneur qu'il ne croit dû qu'à vous.
De là contre les Juifs et contre Mardochée
Cette haine, seigneur, sous d'autres noms cachée.
En vain de vos bienfaits Mardochée est paré :
A la porte d'Aman est déja préparé
D'un infâme trépas l'instrument exécrable ;
Dans une heure au plus tard ce vieillard vénérable
Des portes du palais par son ordre arraché,
Couvert de votre pourpre, y doit être attaché.

A S S U É R U S.

Quel jour mêlé d'horreur vient effrayer mon ame !
Tout mon sang de colere et de honte s'enflamme.
J'étois donc le jouet... Ciel, daigne m'éclairer !
Un moment sans témoins cherchons à respirer.
Appellez Mardochée, il faut aussi l'entendre.

              (Assuérus s'éloigne.)

U N E I S R A É L I T E.

Vérité, que j'implore, acheve de descendre !

S C E N E V.

ESTHER, AMAN, LE CHŒUR.

A M A N, à Esther.

D'un juste étonnement je demeure frappé.
Les ennemis des Juifs m'ont trahi, m'ont trompé :
J'en atteste du ciel la puissance suprême,
En les perdant, j'ai cru vous assurer vous-même.
Princesse, en leur faveur employez mon crédit :
Le roi, vous le voyez, flotte encore interdit.
Je sais par quels ressorts on le pousse, on l'arrête ;
Et fais, comme il me plaît, le calme et la tempête.
Les intérêts des Juifs déja me sont sacrés.
Parlez : vos ennemis aussitôt massacrés,
Victimes de la foi que ma bouche vous jure,
De ma fatale erreur répareront l'injure.
Quel sang demandez-vous ?

E S T H E R.

　　　　　　Va, traître, laisse-moi.
Les Juifs n'attendent rien d'un méchant tel que toi.
Misérable ! le Dieu vengeur de l'innocence,
Tout prêt à te juger, tient déja sa balance :
Bientôt son juste arrêt te sera prononcé.
Tremble : son jour approche, et ton regne est passé.

AMAN.

Oui, ce Dieu, je l'avoue, est un Dieu redoutable.
Mais veut-il que l'on garde une haine implacable?
C'en est fait : mon orgueil est forcé de plier ;
L'inexorable Aman est réduit à prier.

(Il se jette aux pieds d'Esther.)

Par le salut des Juifs, par ces pieds que j'embrasse,
Par ce sage vieillard, l'honneur de votre race,
Daignez d'un roi terrible appaiser le courroux :
Sauvez Aman, qui tremble à vos sacrés genoux.

SCENE VI.

ASSUÉRUS, ESTHER, AMAN, ÉLISE, LE CHŒUR, Gardes.

ASSUÉRUS.

Quoi! le traître sur vous porte ses mains hardies!
Ah! dans ses yeux confus je lis ses perfidies;
Et son trouble, appuyant la foi de vos discours,
De tous ses attentats me rappelle le cours.
Qu'à ce monstre à l'instant l'ame soit arrachée;
Et que devant sa porte, au lieu de Mardochée,
Appaisant par sa mort et la terre et les cieux,
De mes peuples vengés il repaisse les yeux.

(Aman est emmené par les gardes.)

SCENE VII.

ASSUÉRUS, ESTHER, MARDOCHÉE,
ÉLISE, LE CHŒUR.

ASSUÉRUS, à Mardochée.

Mortel chéri du ciel, mon salut et ma joie,
Aux conseils des méchants ton roi n'est plus en proie ;
Mes yeux sont déssillés, le crime est confondu :
Viens briller près de moi dans le rang qui t'est dû.
Je te donne d'Aman les biens et la puissance :
Possede justement son injuste opulence.
Je romps le joug funeste où les Juifs sont soumis ;
Je leur livre le sang de tous leurs ennemis :
A l'égal des Persans je veux qu'on les honore,
Et que tout tremble au nom du Dieu qu'Esther adore.
Rebâtissez son temple, et peuplez vos cités :
Que vos heureux enfants dans leurs solemnités
Consacrent de ce jour le triomphe et la gloire,
Et qu'à jamais mon nom vive dans leur mémoire.

S C E N E V I I I.

ASSUÉRUS, ESTHER, MARDOCHÉE, ASAPH, ÉLISE, LE CHŒUR.

ASSUÉRUS.

Que veut Asaph?

ASAPH.

Seigneur, le traître est expiré,
Par le peuple en fureur à moitié déchiré.
On traîne, on va donner en spectacle funeste
De son corps tout sanglant le misérable reste.

MARDOCHÉE.

Roi, qu'à jamais le ciel prenne soin de vos jours!
Le péril des Juifs presse, et veut un prompt secours.

ASSUÉRUS.

Oui, je t'entends. Allons par des ordres contraires
Révoquer d'un méchant les ordres sanguinaires.

ESTHER.

Ô Dieu, par quelle route inconnue aux mortels
Ta sagesse conduit ses desseins éternels!

SCENE IX.

LE CHŒUR.

TOUT LE CHŒUR.

Dieu fait triompher l'innocence;
Chantons, célébrons sa puissance.

UNE ISRAÉLITE.

Il a vu contre nous les méchants s'assembler,
Et notre sang prêt à couler;
Comme l'eau sur la terre ils alloient le répandre:
Du haut du ciel sa voix s'est fait entendre;
L'homme superbe est renversé,
Ses propres fleches l'ont percé.

UNE AUTRE.

J'ai vu l'impie adoré sur la terre;
Pareil au cedre il cachoit dans les cieux
Son front audacieux;
Il sembloit à son gré gouverner le tonnerre,
Fouloit aux pieds ses ennemis vaincus:
Je n'ai fait que passer, il n'étoit déja plus.

UNE AUTRE.

On peut des plus grands rois surprendre la justice:
Incapables de tromper,
Ils ont peine à s'échapper
Des pieges de l'artifice.

Un cœur noble ne peut soupçonner en autrui
La bassesse et la malice
Qu'il ne sent point en lui.

UNE AUTRE.

Comment s'est calmé l'orage?

UNE AUTRE.

Quelle main salutaire a chassé le nuage?

TOUT LE CHŒUR.

L'aimable Esther a fait ce grand ouvrage.

UNE ISRAÉLITE, seule.

De l'amour de son Dieu son cœur s'est embrasé;
Au péril d'une mort funeste
Son zele ardent s'est exposé;
Elle a parlé : le ciel a fait le reste.

DEUX ISRAÉLITES.

Esther a triomphé des filles des Persans:
La nature et le ciel à l'envi l'ont ornée.

L'UNE DES DEUX.

Tout ressent de ses yeux les charmes innocents.
Jamais tant de beauté fut-elle couronnée?

L'AUTRE.

Les charmes de son cœur sont encor plus puissants.
Jamais tant de vertu fut-elle couronnée?

TOUTES DEUX ensemble.

Esther a triomphé des filles des Persans:
La nature et le ciel à l'envi l'ont ornée.

UNE ISRAÉLITE, seule.

Ton Dieu n'est plus irrité,
Réjouis-toi, Sion, et sors de la poussiere;
Quitte les vêtements de ta captivité,
    Et reprends ta splendeur premiere.
Les chemins de Sion à la fin sont ouverts:
        Rompez vos fers,
        Tribus captives;
        Troupes fugitives,
Repassez les monts et les mers;
Rassemblez-vous des bouts de l'univers.

TOUT LE CHŒUR.

        Rompez vos fers,
        Tribus captives;
        Troupes fugitives,
Repassez les monts et les mers;
Rassemblez-vous des bouts de l'univers.

UNE ISRAÉLITE, seule.

Je reverrai ces campagnes si cheres.

UNE AUTRE.

J'irai pleurer au tombeau de mes peres.

TOUT LE CHŒUR.

Repassez les monts et les mers;
Rassemblez-vous des bouts de l'univers.

UNE ISRAÉLITE, seule.

Relevez, relevez les superbes portiques

Du temple où notre Dieu se plaît d'être adoré:
Que de l'or le plus pur son autel soit paré,
Et que du sein des monts le marbre soit tiré.
Liban, dépouille-toi de tes cedres antiques:
Prêtres sacrés, préparez vos cantiques.

UNE AUTRE.

Dieu descend et revient habiter parmi nous:
Terre, frémis d'alégresse et de crainte;
Et vous, sous sa majesté sainte,
Cieux, abaissez-vous.

UNE AUTRE.

Que le seigneur est bon! que son joug est aimable!
Heureux qui dès l'enfance en connoît la douceur!
Jeune peuple, courez à ce maître adorable:
Les biens les plus charmants n'ont rien de comparable
Aux torrents de plaisirs qu'il répand dans un cœur.
Que le seigneur est bon! que son joug est aimable!
Heureux qui dès l'enfance en connoît la douceur!

UNE AUTRE.

Il s'appaise, il pardonne;
Du cœur ingrat qui l'abandonne
Il attend le retour;
Il excuse notre foiblesse;
A nous chercher même il s'empresse:
Pour l'enfant qu'elle a mis au jour
Une mere a moins de tendresse,

Ah! qui peut avec lui partager notre amour!

T R O I S I S R A É L I T E S.

Il nous fait remporter une illustre victoire.

L'U N E D E S T R O I S.

Il nous a révélé sa gloire.

T O U T E S T R O I S ensemble.

Ah! qui peut avec lui partager notre amour!

T O U T L E C H Œ U R.

Que son nom soit béni; que son nom soit chanté;
Que l'on célebre ses ouvrages
Au-delà des temps et des âges,
Au-delà de l'éternité.

F I N.

A T H A L I E,

T R A G É D I E

TIRÉE DE L'ÉCRITURE SAINTE.

1691.

PRÉFACE.

Tout le monde sait que le royaume de Juda étoit composé des deux tribus de Juda et de Benjamin, et que les dix autres tribus qui se révolterent contre Roboam, composoient le royaume d'Israel. Comme les rois de Juda étoient de la maison de David, et qu'ils avoient dans leur partage la ville et le temple de Jérusalem, tout ce qu'il y avoit de prêtres et de lévites se retirerent auprès d'eux, et leur demeurerent toujours attachés : car, depuis que le temple de Salomon fut bâti, il n'étoit plus permis de sacrifier ailleurs ; et tous ces autres autels qu'on élevoit à Dieu sur des montagnes, appellés par cette raison dans l'Écriture les hauts lieux, ne lui étoient point agréables. Ainsi le culte légitime ne subsistoit plus que dans Juda. Les dix tribus, excepté un très petit nombre de personnes, étoient ou idolâtres, ou schismatiques.

Au reste ces prêtres et ces lévites faisoient eux-mêmes une tribu fort nombreuse. Ils furent partagés en diverses classes pour servir tour-à-tour dans le temple, d'un jour de sabbat à l'autre. Les prêtres étoient de la famille d'Aaron ; et il n'y avoit que ceux de cette famille lesquels pussent exercer la sacrificature. Les lévites leur étoient subordonnés, et avoient soin, entre autres choses, du chant, de la préparation des victimes et de la garde du temple. Ce nom de lévite ne laisse pas d'être donné quelquefois indifféremment à tous ceux de la tribu. Ceux qui étoient en semaine avoient, ainsi que le grand-prêtre, leur logement dans les portiques ou galeries dont le temple étoit environné et qui faisoient partie du temple même. Tout l'édifice s'appelloit en général le lieu saint : mais on appelloit plus particulièrement de ce nom cette partie du temple intérieur où étoit le chandelier d'or, l'autel des parfums, et les tables des pains de proposition ; et cette partie étoit encore distinguée du saint des saints où étoit l'arche, et où le grand-prêtre seul avoit droit d'entrer une fois l'année. C'étoit une tradition assez constante que la montagne sur laquelle le temple fut bâti étoit la même montagne où Abraham avoit autrefois offert en sacrifice son fils Isaac.

J'ai cru devoir expliquer ici ces particularités, afin que ceux à qui l'histoire de l'ancien testament ne sera pas assez présente n'en soient point arrêtés en lisant cette tragédie. Elle a pour sujet Joas reconnu et mis sur le trône ; et j'aurois dû, dans les regles, l'intituler Joas, mais la plupart du monde n'en ayant entendu parler que sous le nom d'Athalie, je n'ai pas jugé à propos de la leur présenter sous un autre titre, puisque d'ailleur

Athalie y joue un personnage si considérable, et que c'est sa mort qui termine la piece.

Voici une partie des principaux événements qui devancerent cette grande action.

Joram, roi de Juda, fils de Josaphat, et le septieme roi de la race de David, épousa Athalie, fille d'Achab et de Jézabel, qui régnoient en Israel, fameux l'un et l'autre, mais principalement Jézabel, par leurs sanglantes persécutions contre les prophetes. Athalie, non moins impie que sa mere, entraîna bientôt le roi son mari dans l'idolâtrie, et fit même construire dans Jérusalem un temple à Baal, qui étoit le dieu du pays de Tyr et de Sidon, où Jézabel avoit pris naissance. Joram, après avoir vu périr par les mains des Arabes et des Philistins tous les princes ses enfants, à la réserve d'Ochozias, mourut lui-même misérablement d'une longue maladie qui lui consuma les entrailles. Sa mort funeste n'empêcha pas Ochozias d'imiter son impiété et celle d'Athalie sa mere. Mais ce prince, après avoir régné seulement un an, étant allé rendre visite au roi d'Israel, frere d'Athalie, fut enveloppé dans la ruine de la maison d'Achab, et tué par l'ordre de Jéhu, que Dieu avoit fait sacrer par ses prophetes, pour régner sur Israel, et pour être le ministre de ses vengeances. Jéhu extermina toute la postérité d'Achab, et fit jetter

par les fenêtres Jézabel, qui, selon la prédiction d'É-
lie, fut mangée des chiens dans la vigne de ce même
Naboth qu'elle avoit fait mourir autrefois pour s'em-
parer de son héritage. Athalie, ayant appris à Jérusalem
tous ces massacres, entreprit de son côté d'éteindre entièrement la race royale de David, en faisant mourir
tous les enfants d'Ochozias, ses petits-fils. Mais heureusement Josabet, sœur d'Ochozias, et fille de Joram, mais
d'une autre mere qu'Athalie, étant arrivée lorsqu'on
égorgeoit les princes ses neveux, trouva moyen de dérober du milieu des morts le petit Joas encore à la mamelle, et le confia avec sa nourrice au grand-prêtre son
mari, qui les cacha tous deux dans le temple, où l'enfant fut élevé secrètement jusqu'au jour qu'il fut proclamé roi de Juda. L'histoire des rois dit que ce fut la
septieme année d'après. Mais le texte grec des Parali-
pomenes, que Sévere Sulpice a suivi, dit que ce fut la
huitieme. C'est ce qui m'a autorisé à donner à ce prince
neuf à dix ans, pour le mettre déja en état de répondre
aux questions qu'on lui fait.

Je crois ne lui avoir rien fait dire qui soit au-dessus
de la portée d'un enfant de cet âge qui a de l'esprit et
de la mémoire. Mais, quand j'aurois été un peu au
delà, il faut considérer que c'est ici un enfant tout ex-
traordinaire, élevé dans le temple par un grand-prêtre

qui, le regardant comme l'unique espérance de sa nation, l'avoit instruit de bonne heure dans tous les devoirs de la religion et de la royauté. Il n'en étoit pas de
même des enfants des Juifs, que de la plupart des nôtres:
on leur apprenoit les saintes lettres, non seulement
dès qu'ils avoient atteint l'usage de la raison, mais,
pour me servir de l'expression de S. Paul, dès la mamelle. Chaque Juif étoit obligé d'écrire une fois en sa
vie de sa propre main le volume de la loi tout entier.
Les rois étoient même obligés de l'écrire deux fois; et
il leur étoit enjoint de l'avoir continuellement devant
les yeux. Je puis dire ici que la France voit en la personne d'un prince de huit ans et demi, qui fait aujour-
d'hui ses plus cheres délices, un exemple illustre de ce
que peut dans un enfant un heureux naturel aidé d'une
excellente éducation; et que si j'avois donné au petit
Joas la même vivacité et le même discernement qui
brillent dans les reparties de ce jeune prince, on m'auroit accusé avec raison d'avoir péché contre les regles
de la vraisemblance.

L'âge de Zacharie, fils du grand-prêtre, n'étant
point marqué, on peut lui supposer, si l'on veut, deux
ou trois ans de plus qu'à Joas.

J'ai suivi l'explication de plusieurs commentateurs
fort habiles, qui prouvent par le texte même de l'Écri-

ture, que tous ces soldats à qui Joïada ou Joad, comme il est appellé dans Joseph, fit prendre les armes consacrées à Dieu par David, étoient autant de prêtres et de lévites, aussi-bien que les cinq centeniers qui les commandoient. En effet, disent ces interpretes, tout devoit être saint dans une si sainte action, et aucun profane n'y devoit être employé. Il s'y agissoit non seulement de conserver le sceptre dans la maison de David, mais encore de conserver à ce grand roi cette suite de descendants dont devoit naître le Messie. « Car ce Messie, « tant de fois promis comme fils d'Abraham, devoit « aussi être fils de David et de tous les rois de Juda ». De là vient que l'illustre et savant prélat [1] de qui j'ai emprunté ces paroles, appelle Joas le précieux reste de la maison de David. Joseph en parle dans les mêmes termes : et l'Écriture dit expressément que Dieu n'extermina pas toute la famille de Joram, voulant conserver à David la lampe qu'il lui avoit promise. Or cette lampe, qu'étoit-ce autre chose que la lumiere qui devoit être un jour révélée aux nations?

L'histoire ne spécifie point le jour où Joas fut proclamé. Quelques interpretes veulent que ce fût un jour de fête. J'ai choisi celle de la Pentecôte, qui étoit l'une

---

(1) M. de Meaux.

des trois grandes fêtes des Juifs. On y célébroit la mémoire de la publication de la loi sur le mont de Sinaï, et on y offroit aussi à Dieu les premiers pains de la nouvelle moisson ; ce qui faisoit qu'on la nommoit encore la fête des prémices. J'ai songé que ces circonstances me fourniroient quelque variété pour les chants du chœur.

Ce chœur est composé de jeunes filles de la tribu de Lévi, et je mets à leur tête une fille que je donne pour sœur à Zacharie. C'est elle qui introduit le chœur chez sa mere. Elle chante avec lui, porte la parole pour lui, et fait enfin les fonctions de ce personnage des anciens chœurs qu'on appelloit le coryphée. J'ai aussi essayé d'imiter des anciens cette continuité d'action qui fait que leur théâtre ne demeure jamais vuide, les intervalles des actes n'étant marqués que par des hymnes et par des moralités du chœur, qui ont rapport à ce qui se passe.

On me trouvera peut-être un peu hardi d'avoir osé mettre sur la scene un prophete inspiré de Dieu, et qui prédit l'avenir. Mais j'ai eu la précaution de ne mettre dans sa bouche que des expressions tirées des prophetes mêmes. Quoique l'Écriture ne dise pas en termes exprès que Joïada ait eu l'esprit de prophétie, comme elle le dit de son fils, elle le représente comme un

homme tout plein de l'esprit de Dieu. Et d'ailleurs ne
paroît-il pas par l'évangile, qu'il a pu prophétiser en
qualité de souverain pontife? Je suppose donc qu'il voit
en esprit le funeste changement de Joas, qui, après
trente années d'un regne fort pieux, s'abandonna aux
mauvais conseils des flatteurs, et se souilla du meurtre
de Zacharie, fils et successeur de ce grand-prêtre. Ce
meurtre, commis dans le temple, fut une des principales causes de la colere de Dieu contre les Juifs, et de
tous les malheurs qui leur arriverent dans la suite. On
prétend même que depuis ce jour-là les réponses de
Dieu cesserent entièrement dans le sanctuaire. C'est
ce qui m'a donné lieu de faire prédire tout de suite à
Joad et la destruction du temple et la ruine de Jérusalem. Mais comme les prophetes joignent d'ordinaire
les consolations aux menaces, et que d'ailleurs il s'agit
de mettre sur le trône un des ancêtres du Messie, j'ai
pris occasion de faire entrevoir la venue de ce conso-
lateur, après lequel tous les anciens justes soupiroient.
Cette scene, qui est une espece d'épisode, amene très
naturellement la musique, par là coutume qu'avoient
plusieurs prophetes d'entrer dans leurs saints transports
au son des instruments; témoin cette troupe de prophetes qui vinrent au-devant de Saül avec des harpes
et des lyres qu'on portoit devant eux; et témoin Élisée

lui-même, qui, étant consulté sur l'avenir par le roi de Juda et par le roi d'Israel, dit, comme fait ici Joad, *Adducite mihi psaltem*. Ajoutez à cela que cette prophétie sert beaucoup à augmenter le trouble dans la piece, par la consternation et par les différents mouvements où elle jette le chœur et les principaux acteurs.

ACTEURS.

JOAS, roi de Juda, fils d'Ochozias.

ATHALIE, veuve de Joram, aïeule de Joas.

JOAD, autrement JOÏADA, grand-prêtre.

JOSABET, tante de Joas, femme du grand-prêtre.

ZACHARIE, fils de Joad et de Josabet.

SALOMITH, sœur de Zacharie.

ABNER, l'un des principaux officiers des rois de Juda.

AZARIAS, ISMAEL, et les TROIS AUTRES CHEFS des prêtres et des lévites.

MATHAN, prêtre apostat, sacrificateur de Baal.

NABAL, confident de Mathan.

AGAR, femme de la suite d'Athalie.

TROUPE de prêtres et de lévites.

SUITE d'Athalie.

LA NOURRICE de Joas.

CHŒUR de jeunes filles de la tribu de Lévi.

La scene est dans le temple de Jérusalem, dans un vestibule de l'appartement du grand-prêtre.

ATHALIE,

TRAGÉDIE.

ACTE PREMIER.

SCENE I.

JOAD, ABNER.

ABNER.

Oui, je viens dans son temple adorer l'Éternel;
Je viens, selon l'usage antique et solemnel,
Célébrer avec vous la fameuse journée
Où sur le mont Sina la loi nous fut donnée.
Que les temps sont changés! Sitôt que de ce jour
La trompette sacrée annonçoit le retour,
Du temple, orné par-tout de festons magnifiques,
Le peuple saint en foule inondoit les portiques;
Et tous, devant l'autel avec ordre introduits,
De leurs champs dans leurs mains portant les nouveaux fruits,
Au Dieu de l'univers consacroient ces prémices:
Les prêtres ne pouvoient suffire aux sacrifices.
L'audace d'une femme, arrêtant ce concours,
En des jours ténébreux a changé ces beaux jours.

D'adorateurs zélés à peine un petit nombre
Ose des premiers temps nous retracer quelque ombre:
Le reste pour son Dieu montre un oubli fatal;
Ou même, s'empressant aux autels de Baal,
Se fait initier à ses honteux mysteres,
Et blasphême le nom qu'ont invoqué leurs peres.
Je tremble qu'Athalie, à ne vous rien cacher,
Vous-même de l'autel vous faisant arracher,
N'acheve enfin sur vous ses vengeances funestes,
Et d'un respect forcé ne dépouille les restes.

JOAD.

D'où vous vient aujourd'hui ce noir pressentiment?

ABNER.

Pensez-vous être saint et juste impunément?
Dès long-temps elle hait cette fermeté rare
Qui rehausse en Joad l'éclat de la tiare:
Dès long-temps votre amour pour la religion
Est traité de révolte et de sédition.
Du mérite éclatant cette reine jalouse
Hait sur-tout Josabet votre fidele épouse.
Si du grand-prêtre Aaron Joad est successeur,
De notre dernier roi Josabet est la sœur.
Mathan d'ailleurs, Mathan, ce prêtre sacrilege,
Plus méchant qu'Athalie, à toute heure l'assiege;
Mathan de nos autels infâme déserteur,
Et de toute vertu zélé persécuteur.

C'est peu que, le front ceint d'une mitre étrangere,
Ce lévite à Baal prête son ministere;
Ce temple l'importune, et son impiété
Voudroit anéantir le Dieu qu'il a quitté.
Pour vous perdre il n'est point de ressorts qu'il n'invente:
Quelquefois il vous plaint, souvent même il vous vante;
Il affecte pour vous une fausse douceur;
Et, par-là de son fiel colorant la noirceur,
Tantôt à cette reine il vous peint redoutable;
Tantôt, voyant pour l'or sa soif insatiable,
Il lui feint qu'en un lieu que vous seul connoissez
Vous cachez des trésors par David amassés.
Enfin, depuis deux jours, la superbe Athalie
Dans un sombre chagrin paroît ensevelie.
Je l'observois hier, et je voyois ses yeux
Lancer sur le lieu saint des regards furieux;
Comme si, dans le fond de ce vaste édifice,
Dieu cachoit un vengeur armé pour son supplice.
Croyez-moi, plus j'y pense, et moins je puis douter
Que sur vous son courroux ne soit près d'éclater;
Et que de Jézabel la fille sanguinaire
Ne vienne attaquer Dieu jusqu'en son sanctuaire.

J O A D.

Celui qui met un frein à la fureur des flots
Sait aussi des méchants arrêter les complots.
Soumis avec respect à sa volonté sainte,

Je crains Dieu, cher Abner, et n'ai point d'autre crainte
Cependant je rends grace au zele officieux
Qui sur tous mes périls vous fait ouvrir les yeux.
Je vois que l'injustice en secret vous irrite,
Que vous avez encor le cœur israélite.
Le ciel en soit béni! Mais ce secret courroux,
Cette oisive vertu, vous en contentez-vous?
La foi qui n'agit point, est-ce une foi sincere?
Huit ans déja passés, une impie étrangere
Du sceptre de David usurpe tous les droits,
Se baigne impunément dans le sang de nos rois,
Des enfants de son fils détestable homicide,
Et même contre Dieu leve son bras perfide:
Et vous, l'un des soutiens de ce tremblant état,
Vous, nourri dans les camps du saint roi Josaphat,
Qui sous son fils Joram commandiez nos armées,
Qui rassurâtes seul nos villes alarmées
Lorsque d'Ochozias le trépas imprévu
Dispersa tout son camp à l'aspect de Jéhu;
Je crains Dieu, dites-vous, sa vérité me touche.
Voici comme ce Dieu vous répond par ma bouche:
« Du zele de ma loi que sert de vous parer?
« Par de stériles vœux pensez-vous m'honorer?
« Quel fruit me revient-il de tous vos sacrifices?
« Ai-je besoin du sang des boucs et des génisses?
« Le sang de vos rois crie, et n'est point écouté.

« Rompez, rompez tout pacte avec l'impiété;
« Du milieu de mon peuple exterminez les crimes :
« Et vous viendrez alors m'immoler vos victimes.

ABNER.

Hé ! que puis-je au milieu de ce peuple abattu ?
Benjamin est sans force, et Juda sans vertu :
Le jour qui de leurs rois vit éteindre la race
Éteignit tout le feu de leur antique audace.
Dieu même, disent-ils, s'est retiré de nous :
De l'honneur des Hébreux autrefois si jaloux,
Il voit sans intérêt leur grandeur terrassée ;
Et sa miséricorde à la fin s'est lassée :
On ne voit plus pour nous ses redoutables mains
De merveilles sans nombre effrayer les humains :
L'arche sainte est muette, et ne rend plus d'oracles.

JOAD.

Et quel temps fut jamais si fertile en miracles ?
Quand Dieu par plus d'effets montra-t-il son pouvoir ?
Auras-tu donc toujours des yeux pour ne point voir,
Peuple ingrat ? quoi ! toujours les plus grandes merveilles
Sans ébranler ton cœur frapperont tes oreilles ?
Faut-il, Abner, faut-il vous rappeller le cours
Des prodiges fameux accomplis en nos jours :
Des tyrans d'Israel les célebres disgraces,
Et Dieu trouvé fidele en toutes ses menaces ;
L'impie Achab détruit, et de son sang trempé

Le champ que par le meurtre il avoit usurpé;
Près de ce champ fatal Jézabel immolée;
Sous les pieds des chevaux cette reine foulée;
Dans son sang inhumain les chiens désaltérés,
Et de son corps hideux les membres déchirés;
Des prophetes menteurs la troupe confondue,
Et la flamme du ciel sur l'autel descendue;
Élie aux éléments parlant en souverain,
Les cieux par lui fermés et devenus d'airain,
Et la terre trois ans sans pluie et sans rosée;
Les morts se ranimant à la voix d'Elisée?
Reconnoissez, Abner, à ces traits éclatants,
Un Dieu tel aujourd'hui qu'il fut dans tous les temps.
Il sait, quand il lui plaît, faire éclater sa gloire;
Et son peuple est toujours présent à sa mémoire.

ABNER.

Mais où sont ces honneurs à David tant promis,
Et prédits même encore à Salomon son fils?
Hélas! nous espérions que de leur race heureuse
Devoit sortir de rois une suite nombreuse;
Que sur toute tribu, sur toute nation,
L'un d'eux établiroit sa domination,
Feroit cesser par-tout la discorde et la guerre,
Et verroit à ses pieds tous les rois de la terre.

JOAD.

Aux promesses du ciel pourquoi renoncez-vous?

ABNER.

Ce roi, fils de David, où le chercherons-nous?
Le ciel même peut-il réparer les ruines
De cet arbre séché jusques dans ses racines?
Athalie étouffa l'enfant même au berceau.
Les morts, après huit ans, sortent-ils du tombeau?
Ah! si dans sa fureur elle s'étoit trompée;
Si du sang de nos rois quelque goutte échappée...

JOAD.

Hé bien? que feriez-vous?

ABNER.

Ô jour heureux pour moi!
De quelle ardeur j'irois reconnoître mon roi!
Doutez-vous qu'à ses pieds nos tribus empressées...
Mais pourquoi me flatter de ces vaines pensées?
Déplorable héritier de ces rois triomphants,
Ochozias restoit seul avec ses enfants:
Par les traits de Jéhu je vis percer le pere;
Vous avez vu les fils massacrés par la mere.

JOAD.

Je ne m'explique point: mais quand l'astre du jour
Aura sur l'horizon fait le tiers de son tour,
Lorsque la troisieme heure aux prieres rappelle,
Retrouvez-vous au temple avec ce même zele.
Dieu pourra vous montrer par d'importants bienfaits
Que sa parole est stable, et ne trompe jamais.

Allez : pour ce grand jour il faut que je m'apprête,
Et du temple déja l'aube blanchit le faîte.

ABNER.

Quel sera ce bienfait que je ne comprends pas ?
L'illustre Josabet porte vers vous ses pas :
Je sors, et vais me joindre à la troupe fidele
Qu'attire de ce jour la pompe solemnelle.

SCENE II.

JOAD, JOSABET.

JOAD.

Les temps sont accomplis, princesse : il faut parler ;
Et votre heureux larcin ne se peut plus celer.
Des ennemis de Dieu la coupable insolence,
Abusant contre lui de ce profond silence,
Accuse trop long-temps ses promesses d'erreur :
Que dis-je ? le succès animant leur fureur,
Jusques sur notre autel votre injuste marâtre
Veut offrir à Baal un encens idolâtre.
Montrons ce jeune roi que vos mains ont sauvé,
Sous l'aile du seigneur dans le temple élevé.
De nos princes hébreux il aura le courage,
Et déja son esprit a devancé son âge.
Avant que son destin s'explique par ma voix,

Je vais l'offrir au Dieu par qui regnent les rois:
Aussitôt assemblant nos lévites, nos prêtres,
Je leur déclarerai l'héritier de leurs maîtres.

J O S A B E T.

Sait-il déja son nom et son noble destin?

J O A D.

Il ne répond encor qu'au nom d'Éliacin,
Et se croit quelque enfant rejetté par sa mere,
A qui j'ai par pitié daigné servir de pere.

J O S A B E T.

Hélas! de quel péril je l'avois su tirer!
Dans quel péril encore il est près de rentrer!

J O A D.

Quoi! déja votre foi s'affoiblit et s'étonne?

J O S A B E T.

A vos sages conseils, seigneur, je m'abandonne.
Du jour que j'arrachai cet enfant à la mort,
Je remis en vos mains tout le soin de son sort;
Même, de mon amour craignant la violence,
Autant que je le puis j'évite sa présence,
De peur qu'en le voyant quelque trouble indiscret
Ne fasse avec mes pleurs échapper mon secret.
Sur-tout j'ai cru devoir aux larmes, aux prieres,
Consacrer ces trois jours et ces trois nuits entieres.
Cependant aujourd'hui puis-je vous demander
Quels amis vous avez prêts à vous seconder?

Abner, le brave Abner viendra-t-il nous défendre?
A-t-il près de son roi fait serment de se rendre?

JOAD.

Abner, quoiqu'on se pût assurer sur sa foi,
Ne sait pas même encor si nous avons un roi.

JOSABET.

Mais à qui de Joas confiez-vous la garde?
Est-ce Obed, est-ce Amnon que cet honneur regarde?
De mon pere sur eux les bienfaits répandus...

JOAD.

A l'injuste Athalie ils se sont tous vendus.

JOSABET.

Qui donc opposez-vous contre ses satellites?

JOAD.

Ne vous l'ai-je pas dit? nos prêtres, nos lévites.

JOSABET.

Je sais que, près de vous en secret assemblé,
Par vos soins prévoyants leur nombre est redoublé;
Que pleins d'amour pour vous, d'horreur pour Athalie
Un serment solemnel par avance les lie
A ce fils de David qu'on leur doit révéler.
Mais quelque noble ardeur dont ils puissent brûler,
Peuvent-ils de leur roi venger seuls la querelle?
Pour un si grand ouvrage est-ce assez de leur zele?
Doutez-vous qu'Athalie, au premier bruit semé
Qu'un fils d'Ochozias est ici renfermé,

De ses fiers étrangers assemblant les cohortes,
N'environne le temple, et n'en brise les portes?
Suffira-t-il contre eux de vos ministres saints,
Qui, levant au seigneur leurs innocentes mains,
Ne savent que gémir et prier pour nos crimes,
Et n'ont jamais versé que le sang des victimes?
Peut-être dans leurs bras Joas percé de coups...

JOAD.

Et comptez-vous pour rien Dieu qui combat pour nous?
Dieu, qui de l'orphelin protege l'innocence,
Et fait dans la foiblesse éclater sa puissance;
Dieu, qui hait les tyrans, et qui dans Jezrael
Jura d'exterminer Achab et Jézabel;
Dieu, qui, frappant Joram le mari de leur fille,
A jusques sur son fils poursuivi leur famille;
Dieu, dont le bras vengeur, pour un temps suspendu,
Sur cette race impie est toujours étendu?

JOSABET.

Et c'est sur tous ces rois sa justice sévere
Que je crains pour le fils de mon malheureux frere.
Qui sait si cet enfant, par leur crime entraîné,
Avec eux en naissant ne fut pas condamné?
Si Dieu, le séparant d'une odieuse race,
En faveur de David voudra lui faire grace?

Hélas! l'état horrible où le ciel me l'offrit
Revient à tout moment effrayer mon esprit.

De princes égorgés la chambre étoit remplie :
Un poignard à la main l'implacable Athalie
Au carnage animoit ses barbares soldats,
Et poursuivoit le cours de ses assassinats.
Joas, laissé pour mort, frappa soudain ma vue :
Je me figure encor sa nourrice éperdue,
Qui devant les bourreaux s'étoit jettée en vain,
Et, foible, le tenoit renversé sur son sein.
Je le pris tout sanglant. En baignant son visage
Mes pleurs du sentiment lui rendirent l'usage ;
Et, soit frayeur encore, ou pour me caresser,
De ses bras innocents je me sentis presser.
Grand Dieu, que mon amour ne lui soit point funeste !
Du fidele David c'est le précieux reste :
Nourri dans ta maison, en l'amour de ta loi,
Il ne connoît encor d'autre pere que toi.
Sur le point d'attaquer une reine homicide,
A l'aspect du péril si ma foi s'intimide,
Si la chair et le sang, se troublant aujourd'hui,
Ont trop de part aux pleurs que je répands pour lui ;
Conserve l'héritier de tes saintes promesses,
Et ne punis que moi de toutes mes foiblesses.

JOAD.

Vos larmes, Josabet, n'ont rien de criminel :
Mais Dieu veut qu'on espere en son soin paternel.
Il ne recherche point, aveugle en sa colere,

Sur le fils qui le craint l'impiété du pere.
Tout ce qui reste encor de fideles Hébreux
Lui viendront aujourd'hui renouveller leurs vœux :
Autant que de David la race est respectée,
Autant de Jézabel la fille est détestée.
Joas les touchera par sa noble pudeur,
Où semble de son sang reluire la splendeur :
Et Dieu, par sa voix même appuyant notre exemple,
De plus près à leur cœur parlera dans son temple.
Deux infideles rois tour-à-tour l'ont bravé :
Il faut que sur le trône un roi soit élevé,
Qui se souvienne un jour qu'au rang de ses ancêtres
Dieu l'a fait remonter par la main de ses prêtres,
L'a tiré par leur main de l'oubli du tombeau,
Et de David éteint rallumé le flambeau.
  Grand Dieu, si tu prévois qu'indigne de sa race
Il doive de David abandonner la trace :
Qu'il soit comme le fruit en naissant arraché,
Ou qu'un souffle ennemi dans sa fleur a séché !
Mais si ce même enfant, à tes ordres docile,
Doit être à tes desseins un instrument utile ;
Fais qu'au juste héritier le sceptre soit remis ;
Livre en mes foibles mains ses puissants ennemis ;
Confonds dans ses conseils une reine cruelle !
Daigne, daigne, mon Dieu, sur Mathan et sur elle
Répandre cet esprit d'imprudence et d'erreur,

De la chûte des rois funeste avant-coureur!

L'heure me presse : adieu. Des plus saintes familles
Votre fils et sa sœur vous amenent les filles.

SCENE III.

JOZABET, ZACHARIE, SALOMITH, LE CHŒUR.

JOSABET.

Cher Zacharie, allez, ne vous arrêtez pas;
De votre auguste pere accompagnez les pas.
Ô filles de Lévi, troupe jeune et fidele,
Que déja le seigneur embrase de son zele,
Qui venez si souvent partager mes soupirs,
Enfants, ma seule joie en mes longs déplaisirs;
Ces festons dans vos mains, et ces fleurs sur vos têtes,
Autrefois convenoient à nos pompeuses fêtes:
Mais, hélas! en ce temps d'opprobre et de douleurs,
Quelle offrande sied mieux que celle de nos pleurs!
J'entends déja, j'entends la trompette sacrée,
Et du temple bientôt on permettra l'entrée.
Tandis que je me vais préparer à marcher,
Chantez, louez le Dieu que vous venez chercher.

SCENE IV.

LE CHŒUR.

TOUT LE CHŒUR chante.

Tout l'univers est plein de sa magnificence;
Qu'on l'adore ce Dieu, qu'on l'invoque à jamais:
Son empire a des temps précédé la naissance;
    Chantons, publions ses bienfaits.

UNE VOIX seule.

    En vain l'injuste violence
Au peuple qui le loue imposeroit silence;
    Son nom ne périra jamais.
Le jour annonce au jour sa gloire et sa puissance;
Tout l'univers est plein de sa magnificence:
    Chantons, publions ses bienfaits.

TOUT LE CHŒUR répete.

Tout l'univers est plein de sa magnificence:
    Chantons, publions ses bienfaits.

UNE VOIX seule.

    Il donne aux fleurs leur aimable peinture;
      Il fait naître et mûrir les fruits;
    Il leur dispense avec mesure
Et la chaleur des jours et la fraîcheur des nuits:
Le champ qui les reçut les rend avec usure.

UNE AUTRE.

Il commande au soleil d'animer la nature,
Et la lumiere est un don de ses mains :
Mais sa loi sainte, sa loi pure
Est le plus riche don qu'il ait fait aux humains.

UNE AUTRE.

Ô mont de Sinaï, conserve la mémoire
De ce jour à jamais auguste et renommé,
Quand, sur ton sommet enflammé,
Dans un nuage épais le Seigneur enfermé
Fit luire aux yeux mortels un rayon de sa gloire.
Dis-nous pourquoi ces feux et ces éclairs,
Ces torrents de fumée, et ce bruit dans les airs,
Ces trompettes et ce tonnerre.
Venoit-il renverser l'ordre des éléments?
Sur ses antiques fondements
Venoit-il ébranler la terre?

UNE AUTRE.

Il venoit révéler aux enfants des Hébreux
De ses préceptes saints la lumiere immortelle;
Il venoit à ce peuple heureux
Ordonner de l'aimer d'une amour éternelle.

TOUT LE CHŒUR.

Ô divine, ô charmante loi!
Ô justice, ô bonté suprême!
Que de raisons, quelle douceur extrême

D'engager à ce Dieu son amour et sa foi!

UNE VOIX seule.

D'un joug cruel il sauva nos aïeux,
Les nourrit au désert d'un pain délicieux;
Il nous donne ses loix, il se donne lui-même:
   Pour tant de biens, il commande qu'on l'aime.

LE CHŒUR.

Ô justice, ô bonté suprême!

LA MÊME VOIX.

Des mers pour eux il entr'ouvrit les eaux;
D'un aride rocher fit sortir des ruisseaux;
Il nous donne ses loix, il se donne lui-même:
   Pour tant de biens il commande qu'on l'aime.

LE CHŒUR.

Ô divine, ô charmante loi!
Que de raisons, quelle douceur extrême
D'engager à ce Dieu son amour et sa foi!

UNE AUTRE VOIX seule.

Vous qui ne connoissez qu'une crainte servile,
Ingrats, un Dieu si bon ne peut-il vous charmer?
Est-il donc à vos cœurs, est-il si difficile
   Et si pénible de l'aimer?
L'esclave craint le tyran qui l'outrage;
Mais des enfants l'amour est le partage:
Vous voulez que ce Dieu vous comble de bienfaits,
   Et ne l'aimer jamais!

TOUT LE CHŒUR.

Ô divine, ô charmante loi!
Ô justice, ô bonté suprême!
Que de raisons, quelle douceur extrême
D'engager à ce Dieu son amour et sa foi!

FIN DU PREMIER ACTE.

ACTE SECOND.

SCENE I.

JOSABET, SALOMITH, LE CHŒUR.

JOSABET.

Mes filles, c'est assez; suspendez vos cantiques:
Il est temps de nous joindre aux prieres publiques.
Voici notre heure : allons célébrer ce grand jour,
Et devant le Seigneur paroître à notre tour.

SCENE II.

ZACHARIE, JOSABET, SALOMITH,
LE CHŒUR.

JOSABET.

Mais que vois-je! Mon fils, quel sujet vous ramene?
Où courez-vous ainsi tout pâle et hors d'haleine?

ZACHARIE.

Ô ma mere!

JOSABET.

Hé bien? quoi?

ZACHARIE.

Le temple est profané,

JOSABET.

Comment?

ZACHARIE.

et du Seigneur l'autel abandonné.

JOSABET.

Je tremble. Hâtez-vous d'éclaircir votre mere.

ZACHARIE.

Déja, selon la loi, le grand-prêtre mon pere,
Après avoir au Dieu qui nourrit les humains
De la moisson nouvelle offert les premiers pains,
Lui présentoit encore entre ses mains sanglantes
Des victimes de paix les entrailles fumantes;
Debout à ses côtés le jeune Éliacin
Comme moi le servoit en long habit de lin;
Et cependant du sang de la chair immolée
Les prêtres arrosoient l'autel et l'assemblée:
Un bruit confus s'éleve, et du peuple surpris
Détourne tout-à-coup les yeux et les esprits.
Une femme... peut-on la nommer sans blasphême!
Une femme... C'étoit Athalie elle-même.

JOSABET.

Ciel!

ZACHARIE.

Dans un des parvis aux hommes réservé

Cette femme superbe entre, le front levé,
Et se préparoit même à passer les limites
De l'enceinte sacrée ouverte aux seuls lévites.
Le peuple s'épouvante, et fuit de toutes parts.
Mon pere... ah! quel courroux animoit ses regards!
Moïse à Pharaon parut moins formidable:
« Reine, sors, a-t-il dit, de ce lieu redoutable,
« D'où te bannit ton sexe et ton impiété.
« Viens-tu du Dieu vivant braver la majesté?
La reine alors, sur lui jettant un œil farouche,
Pour blasphémer sans doute ouvroit déja la bouche:
J'ignore si de Dieu l'ange se dévoilant
Est venu lui montrer un glaive étincelant;
Mais sa langue en sa bouche à l'instant s'est glacée,
Et toute son audace a paru terrassée;
Ses yeux, comme effrayés, n'osoient se détourner:
Sur-tout Éliacin paroissoit l'étonner.

JOSABET.

Quoi donc! Eliacin a paru devant elle?

ZACHARIE.

Nous regardions tous deux cette reine cruelle,
Et d'une égale horreur nos cœurs étoient frappés:
Mais les prêtres bientôt nous ont enveloppés;
On nous a fait sortir. J'ignore tout le reste,
Et venois vous conter ce désordre funeste.

JOSABET.

Ah ! de nos bras sans doute elle vient l'arracher ;
Et c'est lui qu'à l'autel sa fureur vient chercher.
Peut-être en ce moment l'objet de tant de larmes...
Souviens-toi de David, Dieu, qui vois mes alarmes !

SALOMITH.

Quel est-il, cet objet des pleurs que vous versez ?

ZACHARIE.

Les jours d'Éliacin seroient-ils menacés ?

SALOMITH.

Auroit-il de la reine attiré la colere ?

ZACHARIE.

Que craint-on d'un enfant sans support et sans pere ?

JOSABET.

Ah ! la voici. Sortons : il la faut éviter.

SCENE III.

ATHALIE, AGAR, ABNER,

SUITE D'ATHALIE.

AGAR.

Madame, dans ces lieux pourquoi vous arrêter ?
Ici tous les objets vous blessent, vous irritent.
Abandonnez ce temple aux prêtres qui l'habitent ;

Fuyez tout ce tumulte, et dans votre palais
A vos sens agités venez rendre la paix.

ATHALIE.

Non, je ne puis : tu vois mon trouble et ma foiblesse.
Va, fais dire à Mathan qu'il vienne, qu'il se presse.
Heureuse, si je puis trouver par son secours
Cette paix que je cherche, et qui me fuit toujours !

(Elle s'assied.)

SCENE IV.

ATHALIE, ABNER, SUITE D'ATHALIE.

ABNER.

Madame, pardonnez si j'ose le défendre :
Le zele de Joad n'a point dû vous surprendre.
Du Dieu que nous servons tel est l'ordre éternel :
Lui-même il nous traça son temple et son autel,
Aux seuls enfants d'Aaron commit ses sacrifices,
Aux lévites marqua leur place et leurs offices,
Et sur-tout défendit à leur postérité
Avec tout autre dieu toute société.
Hé quoi ! vous de nos rois et la femme et la mere,
Êtes-vous à ce point parmi nous étrangere?
Ignorez-vous nos loix? et faut-il qu'aujourd'hui...
Voici votre Mathan; je vous laisse avec lui.

ATHALIE.

Votre présence, Abner, est ici nécessaire.
Laissons là de Joad l'audace téméraire,
Et tout ce vain amas de superstitions
Qui ferme votre temple aux autres nations :
Un sujet plus pressant excite mes alarmes.
Je sais que, dès l'enfance élevé dans les armes,
Abner a le cœur noble, et qu'il rend à la fois
Ce qu'il doit à son Dieu, ce qu'il doit à ses rois.
Demeurez.

SCENE V.

ATHALIE, MATHAN, ABNER,

SUITE D'ATHALIE.

MATHAN.

Grande reine, est-ce ici votre place?
Quel trouble vous agite, et quel effroi vous glace?
Parmi vos ennemis que venez-vous chercher?
De ce temple profane osez-vous approcher?
Avez-vous dépouillé cette haine si vive...

ATHALIE.

Prêtez-moi l'un et l'autre une oreille attentive.
Je ne veux point ici rappeller le passé,

Ni vous rendre raison du sang que j'ai versé :
Ce que j'ai fait, Abner, j'ai cru le devoir faire.
Je ne prends point pour juge un peuple téméraire :
Quoi que son insolence ait osé publier,
Le ciel même a pris soin de me justifier.
Sur d'éclatants succès ma puissance établie
A fait jusqu'aux deux mers respecter Athalie :
Par moi Jérusalem goûte un calme profond ;
Le Jourdain ne voit plus l'Arabe vagabond
Ni l'altier Philistin par d'éternels ravages
Comme au temps de vos rois désoler ses rivages ;
Le Syrien me traite et de reine et de sœur ;
Enfin de ma maison le perfide oppresseur,
Qui devoit jusqu'à moi pousser sa barbarie,
Jéhu, le fier Jéhu tremble dans Samarie ;
De toutes parts pressé par un puissant voisin,
Que j'ai su soulever contre cet assassin,
Il me laisse en ces lieux souveraine maîtresse.
Je jouissois en paix du fruit de ma sagesse :
Mais un trouble importun vient depuis quelques jours
De mes prospérités interrompre le cours.
Un songe (me devrois-je inquiéter d'un songe !)
Entretient dans mon cœur un chagrin qui le ronge :
Je l'évite par-tout ; par-tout il me poursuit.

    C'étoit pendant l'horreur d'une profonde nuit ;
Ma mere Jézabel devant moi s'est montrée,

Comme au jour de sa mort, pompeusement parée :
Ses malheurs n'avoient point abattu sa fierté ;
Même elle avoit encor cet éclat emprunté
Dont elle eut soin de peindre et d'orner son visage,
Pour réparer des ans l'irréparable outrage :
« Tremble, m'a-t-elle dit, fille digne de moi ;
« Le cruel Dieu des Juifs l'emporte aussi sur toi.
« Je te plains de tomber dans ses mains redoutables,
« Ma fille ». En achevant ces mots épouvantables,
Son ombre vers mon lit a paru se baisser :
Et moi, je lui tendois les mains pour l'embrasser ;
Mais je n'ai plus trouvé qu'un horrible mélange
D'os et de chair meurtris et traînés dans la fange,
Des lambeaux pleins de sang, et des membres affreux
Que des chiens dévorants se disputoient entre eux.

ABNER.

Grand Dieu !

ATHALIE.

Dans ce désordre à mes yeux se présente
Un jeune enfant couvert d'une robe éclatante,
Tels qu'on voit des Hébreux les prêtres revêtus.
Sa vue a ranimé mes esprits abattus :
Mais lorsque, revenant de mon trouble funeste,
J'admirois sa douceur, son air noble et modeste,
J'ai senti tout-à-coup un homicide acier
Que le traître en mon sein a plongé tout entier.

De tant d'objets divers le bizarre assemblage
Peut-être du hasard vous paroît un ouvrage :
Moi-même quelque temps, honteuse de ma peur,
Je l'ai pris pour l'effet d'une sombre vapeur.
Mais de ce souvenir mon ame possédée
A deux fois en dormant revu la même idée ;
Deux fois mes tristes yeux se sont vu retracer
Ce même enfant toujours tout prêt à me percer.
Lasse enfin des horreurs dont j'étois poursuivie,
J'allois prier Baal de veiller sur ma vie,
Et chercher du repos au pied de ses autels :
Que ne peut la frayeur sur l'esprit des mortels !
Dans le temple des Juifs un instinct m'a poussée,
Et d'appaiser leur Dieu j'ai conçu la pensée ;
J'ai cru que des présents calmeroient son courroux,
Que ce Dieu, quel qu'il soit, en deviendroit plus doux.
Pontife de Baal, excusez ma foiblesse.
J'entre. Le peuple fuit ; le sacrifice cesse ;
Le grand-prêtre vers moi s'avance avec fureur :
Pendant qu'il me parloit, ô surprise ! ô terreur !
J'ai vu ce même enfant dont je suis menacée,
Tel qu'un songe effrayant l'a peint à ma pensée.
Je l'ai vu ; son même air, son même habit de lin,
Sa démarche, ses yeux, et tous ses traits enfin :
C'est lui-même. Il marchoit à côté du grand-prêtre :
Mais bientôt à ma vue on l'a fait disparoître.

Voilà quel trouble ici m'oblige à m'arrêter,
Et sur quoi j'ai voulu tous deux vous consulter.
Que présage, Mathan, ce prodige incroyable?

MATHAN.

Ce songe et ce rapport, tout me semble effroyable.

ATHALIE.

Mais cet enfant fatal, Abner, vous l'avez vu:
Quel est-il? de quel sang? et de quelle tribu?

ABNER.

Deux enfants à l'autel prêtoient leur ministère:
L'un est fils de Joad, Josabet est sa mere;
L'autre m'est inconnu.

MATHAN.

               Pourquoi délibérer?
De tous les deux, madame, il se faut assurer.
Vous savez pour Joad mes égards, mes mesures;
Que je ne cherche point à venger mes injures;
Que la seule équité regne en tous mes avis:
Mais lui-même, après tout, fût-ce son propre fils,
Voudroit-il un moment laisser vivre un coupable?

ABNER.

De quel crime un enfant peut-il être capable?

MATHAN.

Le ciel nous le fait voir un poignard à la main:
Le ciel est juste et sage, et ne fait rien en vain.
Que cherchez-vous de plus?

ABNER.

Mais, sur la foi d'un songe,
Dans le sang d'un enfant voulez-vous qu'on se plonge?
Vous ne savez encor de quel pere il est né,
Quel il est.

MATHAN.

On le craint : tout est examiné.
A d'illustres parents s'il doit son origine,
La splendeur de son sort doit hâter sa ruine :
Dans le vulgaire obscur si le sort l'a placé,
Qu'importe qu'au hasard un sang vil soit versé?
Est-ce aux rois à garder cette lente justice?
Leur sûreté souvent dépend d'un prompt supplice.
N'allons point les gêner d'un soin embarrassant :
Dès qu'on leur est suspect, on n'est plus innocent.

ABNER.

Hé quoi, Mathan! d'un prêtre est-ce là le langage?
Moi, nourri dans la guerre aux horreurs du carnage,
Des vengeances des rois ministre rigoureux,
C'est moi qui prête ici ma voix au malheureux!
Et vous, qui lui devez des entrailles de pere,
Vous, ministre de paix dans les temps de colere,
Couvrant d'un zele faux votre ressentiment,
Le sang à votre gré coule trop lentement!
Vous m'avez commandé de vous parler sans feinte,
Madame : quel est donc ce grand sujet de crainte?

Un songe, un foible enfant, que votre œil prévenu
Peut-être sans raison croit avoir reconnu.

ATHALIE.

Je le veux croire, Abner, je puis m'être trompée:
Peut-être un songe vain m'a trop préoccupée
Hé bien, il faut revoir cet enfant de plus près;
Il en faut à loisir examiner les traits.
Qu'on les fasse tous deux paroître en ma présence.

ABNER.

Je crains...

ATHALIE.

Manqueroit-on pour moi de complaisance
De ce refus bizarre où seroient les raisons?
Il pourroit me jetter en d'étranges soupçons.
Que Josabet, vous dis-je, ou Joad les amene.
Je puis, quand je voudrai, parler en souveraine.
Vos prêtres, je veux bien, Abner, vous l'avouer,
Des bontés d'Athalie ont lieu de se louer.
Je sais sur ma conduite et contre ma puissance
Jusqu'où de leurs discours ils portent la licence:
Ils vivent cependant, et leur temple est debout.
Mais je sens que bientôt ma douceur est à bout.
Que Joad mette un frein à son zele sauvage,
Et ne m'irrite point par un second outrage.
Allez.

SCENE VI.

ATHALIE, MATHAN, SUITE D'ATHALIE.

MATHAN.

Enfin je puis parler en liberté;
Je puis dans tout son jour mettre la vérité.
Quelque monstre naissant dans ce temple s'éleve,
Reine : n'attendez pas que le nuage creve.
Abner chez le grand-prêtre a devancé le jour :
Pour le sang de ses rois vous savez son amour.
Et qui sait si Joad ne veut point en leur place
Substituer l'enfant dont le ciel vous menace,
Soit son fils, soit quelque autre?

ATHALIE.

Oui, vous m'ouvrez les yeux:
Je commence à voir clair dans cet avis des cieux.
Mais je veux de mon doute être débarrassée:
Un enfant est peu propre à trahir sa pensée;
Souvent d'un grand dessein un mot nous fait juger.
Laissez-moi, cher Mathan, le voir, l'interroger.
Vous cependant, allez; et, sans jetter d'alarmes,
A tous mes Tyriens faites prendre les armes.

SCENE VII.

JOAS, JOSABET, ATHALIE, ZACHARIE,
ABNER, SALOMITH, DEUX LÉVITES,
LE CHŒUR, SUITE D'ATHALIE.

JOSABET, aux deux lévites.

Ô vous, sur ces enfants si chers, si précieux,
Ministres du Seigneur, ayez toujours les yeux.

ABNER, à Josabet.

Princesse, assurez-vous, je les prends sous ma garde.

ATHALIE.

Ô ciel! plus j'examine, et plus je le regarde...
C'est lui! D'horreur encor tous mes sens sont saisis.

(montrant Joas.)

Épouse de Joad, est-ce là votre fils?

JOSABET.

Qui? lui, madame?

ATHALIE.

Lui.

JOSABET.

Je ne suis point sa mere.

(montrant Zacharie.)

Voilà mon fils.

ATHALIE, à Joas.

Et vous, quel est donc votre pere?
Jeune enfant, répondez.

JOSABET.

Le ciel jusqu'aujourd'hui...

ATHALIE, à Josabet.

Pourquoi vous pressez-vous de répondre pour lui?
C'est à lui de parler.

JOSABET.

Dans un âge si tendre
Quel éclaircissement en pouvez-vous attendre?

ATHALIE.

Cet âge est innocent : son ingénuité
N'altere point encor la simple vérité.
Laissez-le s'expliquer sur tout ce qui le touche.

JOSABET, à part.

Daigne mettre, grand Dieu, ta sagesse en sa bouche!

ATHALIE.

Comment vous nommez-vous?

JOAS.

J'ai nom Éliacin.

ATHALIE.

Votre pere?

JOAS.

Je suis, dit-on, un orphelin
Entre les bras de Dieu jetté dès ma naissance,

Et qui de mes parents n'eus jamais connoissance.

A T H A L I E.

Vous êtes sans parents?

J O A S.

Ils m'ont abandonné.

A T H A L I E.

Comment? et depuis quand?

J O A S.

Depuis que je suis né.

A T H A L I E.

Ne sait-on pas au moins quel pays est le vôtre?

J O A S.

Ce temple est mon pays; je n'en connois point d'autre.

A T H A L I E.

Où dit-on que le sort vous a fait rencontrer?

J O A S.

Parmi des loups cruels prêts à me dévorer.

A T H A L I E.

Qui vous mit dans ce temple?

J O A S.

Une femme inconnue,

Qui ne dit point son nom, et qu'on n'a point revue.

A T H A L I E.

Mais de vos premiers ans quelles mains ont pris soin?

J O A S.

Dieu laissa-t-il jamais ses enfants au besoin?

Aux petits des oiseaux il donne leur pâture,
Et sa bonté s'étend sur toute la nature.
Tous les jours je l'invoque; et d'un soin paternel
Il me nourrit des dons offerts sur son autel.

ATHALIE.

Quel prodige nouveau me trouble et m'embarrasse!
La douceur de sa voix, son enfance, sa grace,
Font insensiblement à mon inimitié
Succéder... Je serois sensible à la pitié!

ABNER.

Madame, voilà donc cet ennemi terrible?
De vos songes menteurs l'imposture est visible;
A moins que la pitié, qui semble vous troubler,
Ne soit ce coup fatal qui vous faisoit trembler.

ATHALIE, à Joas et à Josabet.

Vous sortez?

JOSABET.

Vous avez entendu sa fortune:
Sa présence à la fin pourroit être importune.

ATHALIE.

Non : revenez. Quel est tous les jours votre emploi?

JOAS.

J'adore le Seigneur; on m'explique sa loi;
Dans son livre divin on m'apprend à la lire;
Et déja de ma main je commence à l'écrire.

ATHALIE.

Que vous dit cette loi?

JOAS.

Que Dieu veut être aimé;
Qu'il venge tôt ou tard son saint nom blasphémé;
Qu'il est le défenseur de l'orphelin timide;
Qu'il résiste au superbe, et punit l'homicide.

ATHALIE.

J'entends. Mais tout ce peuple enfermé dans ce lieu,
A quoi s'occupe-t-il?

JOAS.

Il loue et bénit Dieu.

ATHALIE.

Dieu veut-il qu'à toute heure on prie, on le contemple

JOAS.

Tout profane exercice est banni de son temple.

ATHALIE.

Quels sont donc vos plaisirs?

JOAS.

Quelquefois à l'autel
Je présente au grand-prêtre ou l'encens ou le sel:
J'entends chanter de Dieu les grandeurs infinies;
Je vois l'ordre pompeux de ses cérémonies.

ATHALIE.

Hé quoi! vous n'avez point de passe-temps plus doux
Je plains le triste sort d'un enfant tel que vous.

Venez dans mon palais; vous y verrez ma gloire.

JOAS.

Moi! des bienfaits de Dieu je perdrois la mémoire!

ATHALIE.

Non, je ne vous veux pas contraindre à l'oublier.

JOAS.

Vous ne le priez point.

ATHALIE.

Vous pourrez le prier.

JOAS.

Je verrois cependant en invoquer un autre.

ATHALIE.

J'ai mon Dieu que je sers; vous servirez le vôtre:
Ce sont deux puissants Dieux.

JOAS.

Il faut craindre le mien:
Lui seul est Dieu, madame; et le vôtre n'est rien.

ATHALIE.

Les plaisirs près de moi vous chercheront en foule.

JOAS.

Le bonheur des méchants comme un torrent s'écoule.

ATHALIE.

Ces méchants, qui sont-ils?

JOSABET.

Hé madame! excusez

Un enfant...

A T H A L I E, à Josabet.

J'aime à voir comme vous l'instruisez.

Enfin, Éliacin, vous avez su me plaire;

Vous n'êtes point sans doute un enfant ordinaire.

Vous voyez, je suis reine, et n'ai point d'héritier;

Laissez là cet habit, quittez ce vil métier;

Je veux vous faire part de toutes mes richesses:

Essayez dès ce jour l'effet de mes promesses.

A ma table, par-tout, à mes côtés assis,

Je prétends vous traiter comme mon propre fils.

J O A S.

Comme votre fils!

A T H A L I E.

Oui. Vous vous taisez?

J O A S.

Quel pere

Je quitterois! Et pour...

A T H A L I E.

Hé bien?

J O A S.

Pour quelle mere!

A T H A L I E, à Josabet.

Sa mémoire est fidele; et, dans tout ce qu'il dit,

De vous et de Joad je reconnois l'esprit.

Voilà comme, infectant cette simple jeunesse,

Vous employez tous deux le calme où je vous laisse.

Vous cultivez déja leur haine et leur fureur :
Vous ne leur prononcez mon nom qu'avec horreur.

JOSABET.

Peut-on de nos malheurs leur dérober l'histoire?
Tout l'univers les sait; vous-même en faites gloire.

ATHALIE.

Oui, ma juste fureur, et j'en fais vanité,
A vengé mes parents sur ma postérité.
J'aurois vu massacrer et mon pere et mon frere,
Du haut de son palais précipiter ma mere,
Et dans un même jour égorger à la fois
(Quel spectacle d'horreur!) quatre-vingts fils de rois;
Et pourquoi? pour venger je ne sais quels prophetes
Dont elle avoit puni les fureurs indiscretes :
Et moi, reine sans cœur, fille sans amitié,
Esclave d'une lâche et frivole pitié,
Je n'aurois pas du moins à cette aveugle rage
Rendu meurtre pour meurtre, outrage pour outrage,
Et de votre David traité tous les neveux
Comme on traitoit d'Achab les restes malheureux!
Où serois-je aujourd'hui, si, domtant ma foiblesse,
Je n'eusse d'une mere étouffé la tendresse;
Si de mon propre sang ma main versant des flots
N'eût par ce coup hardi réprimé vos complots?
Enfin de votre Dieu l'implacable vengeance
Entre nos deux maisons rompit toute alliance :

David m'est en horreur; et les fils de ce roi,
Quoique nés de mon sang, sont étrangers pour moi.

JOSABET.

Tout vous a réussi. Que Dieu voie, et nous juge.

ATHALIE.

Ce Dieu, depuis long-temps votre unique refuge,
Que deviendra l'effet de ses prédictions?
Qu'il vous donne ce roi promis aux nations,
Cet enfant de David, votre espoir, votre attente...
Mais nous nous reverrons. Adieu. Je sors contente.
J'ai voulu voir; j'ai vu.

ABNER, à Josabet.

Je vous l'avois promis;
Je vous rends le dépôt que vous m'avez commis.

SCENE VIII.

JOAD, JOSABET, JOAS, ZACHARIE, ABNER, SALOMITH, LÉVITES, LE CHŒUR.

JOSABET, à Joad.

Avez-vous entendu cette superbe reine,
Seigneur?

JOAD.

J'entendois tout, et plaignois votre peine.

Ces lévites et moi, prêts à vous secourir,
Nous étions avec vous résolus de périr.

(à Joas, en l'embrassant.)

Que Dieu veille sur vous, enfant dont le courage
Vient de rendre à son nom ce noble témoignage.
Je reconnois, Abner, ce service important :
Souvenez-vous de l'heure où Joad vous attend.
Et nous, dont cette femme impie et meurtriere
A souillé les regards et troublé la priere,
Rentrons ; et qu'un sang pur, par mes mains épanché,
Lave jusques au marbre où ses pas ont touché.

SCENE IX.

LE CHŒUR.

UNE DES FILLES DU CHŒUR.

Quel astre à nos yeux vient de luire ?
Quel sera quelque jour cet enfant merveilleux ?
Il brave le faste orgueilleux,
Et ne se laisse point séduire
A tous ses attraits périlleux.

UNE AUTRE.

Pendant que du dieu d'Athalie

Chacun court encenser l'autel,
Un enfant courageux publie
Que Dieu lui seul est éternel,
Et parle comme un autre Élie
Devant cette autre Jézabel.

UNE AUTRE.

Qui nous révélera ta naissance secrete,
Cher enfant? Es-tu fils de quelque saint prophete?

UNE AUTRE.

Ainsi l'on vit l'aimable Samuel
Croître à l'ombre du tabernacle:
Il devint des Hébreux l'espérance et l'oracle.
Puisses-tu, comme lui, consoler Israel!

UNE AUTRE chante.

Ô bienheureux mille fois
L'enfant que le Seigneur aime,
Qui de bonne heure entend sa voix,
Et que ce Dieu daigne instruire lui-même!
Loin du monde élevé, de tous les dons des cieux
Il est orné dès sa naissance;
Et du méchant l'abord contagieux
N'altere point son innocence.

TOUT LE CHŒUR.

Heureuse, heureuse l'enfance
Que le Seigneur instruit et prend sous sa défense!

LA MÊME VOIX, seule.

Tel en un secret vallon,
Sur le bord d'une onde pure,
Croît, à l'abri de l'aquilon,
Un jeune lis, l'amour de la nature.
Loin du monde élevé, de tous les dons des cieux
Il est orné dès sa naissance;
Et du méchant l'abord contagieux
N'altere point son innocence.

TOUT LE CHŒUR.

Heureux, heureux mille fois
L'enfant que le Seigneur rend docile à ses loix!

UNE VOIX seule.

Mon Dieu! qu'une vertu naissante
Parmi tant de périls marche à pas incertains!
Qu'une ame qui te cherche et veut être innocente
Trouve d'obstacle à ses desseins!
Que d'ennemis lui font la guerre!
Où se peuvent cacher tes saints?
Les pécheurs couvrent la terre.

UNE AUTRE.

Ô palais de David, et sa chere cité,
Mont fameux, que Dieu même a long-temps habité,
Comment as-tu du ciel attiré la colere?
Sion, chere Sion, que dis-tu quand tu vois

Une impie étrangere
Assise, hélas! au trône de tes rois?

TOUT LE CHŒUR.

Sion, chere Sion, que dis-tu quand tu vois
Une impie étrangere
Assise, hélas! au trône de tes rois?

LA MÊME VOIX continue.

Au lieu des cantiques charmants
Où David t'exprimoit ses saints ravissements,
Et bénissoit son Dieu, son seigneur, et son pere;
Sion, chere Sion, que dis-tu quand tu vois
Louer le dieu de l'impie étrangere,
Et blasphémer le nom qu'ont adoré tes rois?

UNE VOIX seule.

Combien de temps, Seigneur, combien de temps encor
Verrons-nous contre toi les méchants s'élever?
Jusques dans ton saint temple ils viennent te braver:
Ils traitent d'insensé le peuple qui t'adore.
Combien de temps, Seigneur, combien de temps encor
Verrons-nous contre toi les méchants s'élever?

UNE AUTRE.

Que vous sert, disent-ils, cette vertu sauvage?
De tant de plaisirs si doux
Pourquoi fuyez-vous l'usage?
Votre Dieu ne fait rien pour vous.

UNE AUTRE.

Rions, chantons, dit cette troupe impie;
De fleurs en fleurs, de plaisirs en plaisirs,
Promenons nos desirs.
Sur l'avenir insensé qui se fie.
De nos ans passagers le nombre est incertain:
Hâtons-nous aujourd'hui de jouir de la vie,
Qui sait si nous serons demain?

TOUT LE CHŒUR.

Qu'ils pleurent, ô mon Dieu, qu'ils frémissent de crainte
Ces malheureux, qui de ta cité sainte
Ne verront point l'éternelle splendeur.
C'est à nous de chanter, nous à qui tu réveles
Tes clartés immortelles,
C'est à nous de chanter tes dons et ta grandeur.

UNE VOIX seule.

De tous ces vains plaisirs où leur ame se plonge,
Que leur restera-t-il? Ce qui reste d'un songe
Dont on a reconnu l'erreur.
A leur réveil, (ô réveil plein d'horreur!)
Pendant que le pauvre à ta table
Goûtera de ta paix la douceur ineffable,
Ils boiront dans la coupe affreuse, inépuisable,
Que tu présenteras, au jour de ta fureur,
A toute la race coupable.

ATHALIE.

TOUT LE CHŒUR.

Ô réveil plein d'horreur !
Ô songe peu durable !
Ô dangereuse erreur !

FIN DU SECOND ACTE.

ACTE TROISIEME.

SCENE I.

MATHAN, NABAL, LE CHŒUR.

MATHAN.

JEUNES filles, allez. Qu'on dise à Josabet
Que Mathan veut ici lui parler en secret.

UNE DES FILLES DU CHŒUR.

Mathan! Ô Dieu du ciel, puisses-tu le confondre!

NABAL.

Hé quoi! tout se disperse et fuit sans vous répondre.

MATHAN.

Approchons.

SCENE II.

ZACHARIE, MATHAN, NABAL.

ZACHARIE.

Téméraire, où voulez-vous passer?
Au-delà de ce lieu gardez-vous d'avancer:

C'est des ministres saints la demeure sacrée ;
Les loix à tout profane en défendent l'entrée.
Qui cherchez-vous? Mon pere, en ce jour solemnel,
De l'idolâtre impur fuit l'aspect criminel :
Et devant le Seigneur maintenant prosternée
Ma mere en ce devoir craint d'être détournée.

MATHAN.

Mon fils, nous attendrons; cessez de vous troubler.
C'est votre illustre mere à qui je veux parler :
Je viens ici chargé d'un ordre de la reine.

SCENE III.

MATHAN, NABAL.

NABAL.

Leurs enfants ont déja leur audace hautaine.
Mais que veut Athalie en cette occasion?
D'où naît dans ses conseils cette confusion?
Par l'insolent Joad ce matin offensée,
Et d'un enfant fatal en songe menacée,
Elle alloit immoler Joad à son courroux,
Et dans ce temple enfin placer Baal et vous.
Vous m'en aviez déja confié votre joie;
Et j'espérois ma part d'une si riche proie.
Qui fait changer ainsi ses vœux irrésolus?

MATHAN.

Ami, depuis deux jours je ne la connois plus.
Ce n'est plus cette reine éclairée, intrépide,
Élevée au-dessus de son sexe timide,
Qui d'abord accabloit ses ennemis surpris,
Et d'un instant perdu connoissoit tout le prix :
La peur d'un vain remords trouble cette grande ame ;
Elle flotte, elle hésite, en un mot, elle est femme.
J'avois tantôt rempli d'amertume et de fiel
Son cœur déja saisi des menaces du ciel ;
Elle-même, à mes soins confiant sa vengeance,
M'avoit dit d'assembler sa garde en diligence :
Mais, soit que cet enfant devant elle amené,
De ses parents, dit-on, rebut infortuné,
Eût d'un songe effrayant diminué l'alarme,
Soit qu'elle eût même en lui vu je ne sais quel charme ;
J'ai trouvé son courroux chancelant, incertain,
Et déja remettant sa vengeance à demain.
Tous ses projets sembloient l'un l'autre se détruire.
Du sort de cet enfant je me suis fait instruire,
Ai-je dit ; on commence à vanter ses aïeux :
Joad de temps en temps le montre aux factieux,
Le fait attendre aux Juifs comme un autre Moïse,
Et d'oracles menteurs s'appuie et s'autorise.
Ces mots ont fait monter la rougeur sur son front.
Jamais mensonge heureux n'eut un effet si prompt.

« Est-ce à moi de languir dans cette incertitude?

« Sortons, a-t-elle dit, sortons d'inquiétude.

« Vous-même à Josabet prononcez cet arrêt :

« Les feux vont s'allumer, et le fer est tout prêt;

« Rien ne peut de leur temple empêcher le ravage,

« Si je n'ai de leur foi cet enfant pour ôtage. »

NABAL.

Hé bien, pour un enfant qu'ils ne connoissent pas,

Que le hasard peut-être a jetté dans leurs bras,

Voudront-ils que leur temple enseveli sous l'herbe...

MATHAN.

Ah! de tous les mortels connois le plus superbe.

Plutôt que dans mes mains par Joad soit livré

Un enfant qu'à son Dieu Joad a consacré,

Tu lui verras subir la mort la plus terrible.

D'ailleurs pour cet enfant leur attache est visible.

Si j'ai bien de la reine entendu le récit,

Joad sur sa naissance en sait plus qu'il ne dit.

Quel qu'il soit, je prévois qu'il leur sera funeste.

Ils le refuseront. Je prends sur moi le reste;

Et j'espere qu'enfin de ce temple odieux

Et la flamme et le fer vont délivrer mes yeux.

NABAL.

Qui peut vous inspirer une haine si forte?

Est-ce que de Baal le zele vous transporte?

Pour moi, vous le savez, descendu d'Ismael

Je ne sers ni Baal ni le Dieu d'Israel.

M A T H A N.

Ami, peux-tu penser que d'un zele frivole
Je me laisse aveugler pour une vaine idole,
Pour un fragile bois, que malgré mon secours
Les vers sur son autel consument tous les jours?
Né ministre du Dieu qu'en ce temple on adore,
Peut-être que Mathan le serviroit encore,
Si l'amour des grandeurs, la soif de commander,
Avec son joug étroit pouvoient s'accommoder.

Qu'est-il besoin, Nabal, qu'à tes yeux je rappelle
De Joad et de moi la fameuse querelle,
Quand j'osai contre lui disputer l'encensoir;
Mes brigues, mes combats, mes pleurs, mon désespoir?
Vaincu par lui, j'entrai dans une autre carriere,
Et mon ame à la cour s'attacha toute entiere.
J'approchai par degrés de l'oreille des rois;
Et bientôt en oracle on érigea ma voix.
J'étudiai leur cœur, je flattai leurs caprices,
Je leur semai de fleurs le bord des précipices:
Près de leurs passions rien ne me fut sacré;
De mesure et de poids je changeois à leur gré.
Autant que de Joad l'inflexible rudesse
De leur superbe oreille offensoit la mollesse;
Autant je les charmois par ma dextérité,
Dérobant à leurs yeux la triste vérité,

Prêtant à leurs fureurs des couleurs favorables,
Et prodigue sur-tout du sang des misérables.
   Enfin, au Dieu nouveau qu'elle avoit introduit
Par les mains d'Athalie un temple fut construit.
Jérusalem pleura de se voir profanée;
Des enfants de Lévi la troupe consternée
En poussa vers le ciel des hurlements affreux:
Moi seul, donnant l'exemple aux timides Hébreux,
Déserteur de leur loi, j'approuvai l'entreprise,
Et par-là de Baal méritai la prêtrise;
Par-là je me rendis terrible à mon rival,
Je ceignis la tiare, et marchai son égal.
Toutefois, je l'avoue, en ce comble de gloire,
Du Dieu que j'ai quitté l'importune mémoire
Jette encore en mon ame un reste de terreur;
Et c'est ce qui redouble et nourrit ma fureur.
Heureux si, sur son temple achevant ma vengeance,
Je puis convaincre enfin sa haine d'impuissance,
Et parmi le débris, le ravage et les morts,
A force d'attentats perdre tous mes remords!
Mais voici Josabet.

SCENE IV.

JOSABET, MATHAN, NABAL.

MATHAN.

Envoyé par la reine
Pour rétablir le calme et dissiper la haine,
Princesse, en qui le ciel mit un esprit si doux,
Ne vous étonnez pas si je m'adresse à vous.
Un bruit, que j'ai pourtant soupçonné de mensonge,
Appuyant les avis qu'elle a reçus en songe,
Sur Joad, accusé de dangereux complots,
Alloit de sa colere attirer tous les flots.
Je ne veux point ici vous vanter mes services :
De Joad contre moi je sais les injustices ;
Mais il faut à l'offense opposer les bienfaits.
Enfin je viens chargé de paroles de paix.
Vivez, solemnisez vos fêtes sans ombrage.
De votre obéissance elle ne veut qu'un gage :
C'est (pour l'en détourner j'ai fait ce que j'ai pu)
Cet enfant sans parents, qu'elle dit qu'elle a vu.

JOSABET.

Éliacin ?

MATHAN.

J'en ai pour elle quelque honte :

D'un vain songe peut-être elle fait trop de compte.
Mais vous vous déclarez ses mortels ennemis,
Si cet enfant sur l'heure en mes mains n'est remis.
La reine impatiente attend votre réponse.

JOSABET.

Et voilà de sa part la paix qu'on nous annonce!

MATHAN.

Pourriez-vous un moment douter de l'accepter?
D'un peu de complaisance est-ce trop l'acheter?

JOSABET.

J'admirois si Mathan, dépouillant l'artifice,
Avoit pu de son cœur surmonter l'injustice,
Et si de tant de maux le funeste inventeur
De quelque ombre de bien pouvoit être l'auteur.

MATHAN.

De quoi vous plaignez-vous? Vient-on avec furie
Arracher de vos bras votre fils Zacharie?
Quel est cet autre enfant si cher à votre amour?
Ce grand attachement me surprend à mon tour.
Est-ce un trésor pour vous si précieux, si rare?
Est-ce un libérateur que le ciel vous prépare?
Songez-y : vos refus pourroient me confirmer
Un bruit sourd, que déja l'on commence à semer.

JOSABET.

Quel bruit?

MATHAN.

Que cet enfant vient d'illustre origine ;
Qu'à quelque grand projet votre époux le destine.

JOSABET.

Et Mathan, par ce bruit qui flatte sa fureur...

MATHAN.

Princesse, c'est à vous à me tirer d'erreur.
Je sais que, du mensonge implacable ennemie,
Josabet livreroit même sa propre vie
S'il falloit que sa vie à sa sincérité
Coûtât le moindre mot contre la vérité.
Du sort de cet enfant on n'a donc nulle trace ?
Une profonde nuit enveloppe sa race ?
Et vous-même ignorez de quels parents issu,
De quelles mains Joad en ses bras l'a reçu ?
Parlez, je vous écoute, et suis prêt de vous croire.
Au Dieu que vous servez, princesse, rendez gloire.

JOSABET.

Méchant, c'est bien à vous d'oser ainsi nommer
Un Dieu que votre bouche enseigne à blasphémer !
Sa vérité par vous peut-elle être attestée,
Vous, malheureux, assis dans la chaire empestée
Où le mensonge regne et répand son poison ;
Vous, nourri dans la fourbe et dans la trahison ?

S C E N E V.

JOAD, JOSABET, MATHAN, NABAL.

J O A D.

Où suis-je? de Baal ne vois-je pas le prêtre?
Quoi! fille de David, vous parlez à ce traître?
Vous souffrez qu'il vous parle? et vous ne craignez pas
Que du fond de l'abîme entr'ouvert sous ses pas
Il ne sorte à l'instant des feux qui vous embrasent,
Ou qu'en tombant sur lui ces murs ne vous écrasent?
Que veut-il? De quel front cet ennemi de Dieu
Vient-il infecter l'air qu'on respire en ce lieu?

M A T H A N.

On reconnoît Joad à cette violence.
Toutefois il devroit montrer plus de prudence,
Respecter une reine, et ne pas outrager
Celui que de son ordre elle a daigné charger.

J O A D.

Hé bien! que nous fait-elle annoncer de sinistre?
Quel sera l'ordre affreux qu'apporte un tel ministre?

M A T H A N.

J'ai fait à Josabet savoir sa volonté.

J O A D.

Sors donc de devant moi, monstre d'impiété.

De toutes tes horreurs, va, comble la mesure.
Dieu s'apprête à te joindre à la race parjure,
Abiron, et Dathan, Doëg, Achitophel :
Les chiens, à qui son bras a livré Jézabel,
Attendant que sur toi sa fureur se déploie,
Déja sont à ta porte, et demandent leur proie.

MATHAN, troublé.

Avant la fin du jour... on verra qui de nous...
Doit... Mais sortons, Nabal.

NABAL.

Où vous égarez-vous ?
De vos sens étonnés quel désordre s'empare ?
Voilà votre chemin.

SCENE VI.

JOAD, JOSABET.

JOSABET.

L'orage se déclare :
Athalie en fureur demande Éliacin.
Déja de sa naissance et de votre dessein
On commence, seigneur, à percer le mystere :
Peu s'en faut que Mathan ne m'ait nommé son pere.

JOAD.

Au perfide Mathan qui l'auroit révélé ?

Votre trouble à Mathan n'a-t-il point trop parlé?

JOSABET.

J'ai fait ce que j'ai pu pour m'en rendre maîtresse.
Cependant croyez-moi, seigneur, le péril presse.
Réservons cet enfant pour un temps plus heureux.
Tandis que les méchants déliberent entre eux,
Avant qu'on l'environne, avant qu'on nous l'arrache,
Une seconde fois souffrez que je le cache;
Les portes, les chemins lui sont encore ouverts.
Faut-il le transporter aux plus affreux déserts?
Je suis prête : je sais une secrete issue
Par où, sans qu'on le voie, et sans être apperçue,
De Cédron avec lui traversant le torrent,
J'irai dans le désert où jadis en pleurant,
Et cherchant comme nous son salut dans la fuite,
David d'un fils rebelle évita la poursuite.
Je craindrai moins pour lui les lions et les ours...
Mais pourquoi de Jéhu refuser le secours?
Je vous ouvre peut-être un avis salutaire.
Faisons de ce trésor Jéhu dépositaire :
On peut dans ses états le conduire aujourd'hui,
Et le chemin est court qui mene jusqu'à lui.
Jéhu n'a point un cœur farouche, inexorable;
De David à ses yeux le nom est favorable.
Hélas! est-il un roi si dur et si cruel,
A moins qu'il n'eût pour mere une autre Jézabel,

Qui d'un tel suppliant ne plaignît l'infortune?
Sa cause à tous les rois n'est-elle pas commune?

JOAD.

Quels timides conseils m'osez-vous suggérer?
En l'appui de Jéhu pourriez-vous espérer?

JOSABET.

Dieu défend-il tout soin et toute prévoyance?
Ne l'offense-t-on point par trop de confiance?
A ses desseins sacrés employant les humains,
N'a-t-il pas de Jéhu lui-même armé les mains?

JOAD.

Jéhu, qu'avoit choisi sa sagesse profonde,
Jéhu, sur qui je vois que votre espoir se fonde,
D'un oubli trop ingrat a payé ses bienfaits:
Jéhu laisse d'Achab l'affreuse fille en paix,
Suit des rois d'Israel les profanes exemples,
Du vil dieu de l'Égypte a conservé les temples;
Jéhu, sur les hauts lieux enfin osant offrir
Un téméraire encens que Dieu ne peut souffrir,
N'a pour servir sa cause et venger ses injures
Ni le cœur assez droit, ni les mains assez pures.
Non, non; c'est à Dieu seul qu'il nous faut attacher.
Montrons Éliacin; et, loin de le cacher,
Que du bandeau royal sa tête soit ornée:
Je veux même avancer l'heure déterminée,
Avant que de Mathan le complot soit formé.

SCENE VII.

JOAD, JOSABET, AZARIAS,
suivi du chœur et de plusieurs lévites.

JOAD.

Hé bien, Azarias, le temple est-il fermé?

AZARIAS.

J'en ai fait devant moi fermer toutes les portes.

JOAD.

N'y reste-t-il que vous et vos saintes cohortes?

AZARIAS.

De ses parvis sacrés j'ai deux fois fait le tour.
Tout a fui; tous se sont séparés sans retour,
Misérable troupeau qu'a dispersé la crainte;
Et Dieu n'est plus servi que dans la tribu sainte.
Depuis qu'à Pharaon ce peuple est échappé,
Une égale terreur ne l'avoit point frappé.

JOAD.

Peuple lâche en effet, et né pour l'esclavage,
Hardi contre Dieu seul! Poursuivons notre ouvrage.
Mais qui retient encor ces enfants parmi nous?

UNE DES FILLES DU CHŒUR.

Hé! pourrions-nous, seigneur, nous séparer de vous?
Dans le temple de Dieu sommes-nous étrangeres?
Vous avez près de vous nos peres et nos freres.

UNE AUTRE.

Hélas! si, pour venger l'opprobre d'Israel,
Nos mains ne peuvent pas, comme autrefois Jahel[1],
Des ennemis de Dieu percer la tête impie,
Nous lui pouvons du moins immoler notre vie.
Quand vos bras combattront pour son temple attaqué,
Par nos larmes du moins il peut être invoqué.

JOAD.

Voilà donc quels vengeurs s'arment pour ta querelle,
Des prêtres, des enfants, ô Sagesse éternelle!
Mais, si tu les soutiens, qui peut les ébranler?
Du tombeau, quand tu veux, tu sais nous rappeller;
Tu frappes et guéris, tu perds et ressuscites:
Ils ne s'assurent point en leurs propres mérites,
Mais en ton nom sur eux invoqué tant de fois,
En tes serments jurés au plus saint de leurs rois,
En ce temple où tu fais ta demeure sacrée,
Et qui doit du soleil égaler la durée.
Mais d'où vient que mon cœur frémit d'un saint effroi?
Est-ce l'esprit divin qui s'empare de moi?
C'est lui-même: il m'échauffe; il parle; mes yeux s'ouvrent,
Et les siecles obscurs devant moi se découvrent.
Lévites, de vos sons prêtez-moi les accords,
Et de ses mouvements secondez les transports.

---

(1) Juges, ch. 4.

LE CHŒUR chante au son de toute la symphonie des instruments.

Que du Seigneur la voix se fasse entendre,
Et qu'à nos cœurs son oracle divin
Soit ce qu'à l'herbe tendre
Est, au printemps, la fraîcheur du matin.

JOAD.

Cieux, écoutez ma voix. Terre, prête l'oreille.
Ne dis plus, ô Jacob, que ton Seigneur sommeille.
Pécheurs, disparoissez; le Seigneur se réveille.

Ici recommence la symphonie, et Joad aussitôt reprend la parole.

Comment en un plomb vil l'or pur [1] s'est-il changé?
Quel est dans le lieu saint ce pontife [2] égorgé?
Pleure, Jérusalem, pleure, cité perfide,
Des prophetes divins malheureuse homicide;
De son amour pour toi ton Dieu s'est dépouillé;
Ton encens à ses yeux est un encens souillé.

Où menez-vous ces enfants et ces femmes [3]?
Le Seigneur a détruit la reine des cités:
Ses prêtres sont captifs, ses rois sont rejettés.
Dieu ne veut plus qu'on vienne à ses solemnités.
Temple, renverse-toi. Cedres, jettez des flammes.

Jérusalem, objet de ma douleur,
Quelle main en un jour t'a ravi tous tes charmes?
Qui changera mes yeux en deux sources de larmes
Pour pleurer ton malheur?

---

(1) Joas.   (2) Zacharie.   (3) Captivité de Babylone.

AZARIAS.

Ô saint temple !

JOSABET.

Ô David !

LE CHŒUR.

Dieu de Sion, rappelle,
Rappelle en sa faveur tes antiques bontés.

La symphonie recommence encore, et Joad un moment après l'interrompt.

JOAD.

Quelle Jérusalem nouvelle
Sort du fond du désert brillante de clartés,
Et porte sur le front une marque immortelle ?
Peuples de la terre, chantez :
Jérusalem renaît (1) plus charmante et plus belle ;
D'où lui viennent de tous côtés
Ces enfants (2) qu'en son sein elle n'a point portés ?
Leve, Jérusalem, leve ta tête altiere ;
Regarde tous ces rois de ta gloire étonnés :
Les rois des nations, devant toi prosternés,
De tes pieds baisent la poussiere :
Les peuples à l'envi marchent à ta lumiere.
Heureux qui pour Sion d'une sainte ferveur
Sentira son ame embrasée !
Cieux, répandez votre rosée,
Et que la terre enfante son sauveur !

_____

(1) L'Église.   (2) Les Gentils.

JOSABET.

Hélas ! d'où nous viendra cette insigne faveur,
Si les rois de qui doit descendre ce sauveur...

JOAD.

Préparez, Josabet, le riche diadême
Que sur son front sacré David porta lui-même.

(aux lévites.)

Et vous, pour vous armer suivez-moi dans ces lieux
Où se garde caché, loin des profanes yeux,
Ce formidable amas de lances et d'épées
Qui du sang philistin jadis furent trempées,
Et que David vainqueur, d'ans et d'honneurs chargé,
Fit consacrer au Dieu qui l'avoit protégé.
Peut-on les employer pour un plus noble usage ?
Venez, je veux moi-même en faire le partage.

S C E N E   V I I I.

S A L O M I T H, L E C H Œ U R.

SALOMITH.

Que de craintes, mes sœurs, que de troubles mortels !
Dieu tout-puissant, sont-ce là les prémices,
Les parfums et les sacrifices
Qu'on devoit en ce jour offrir sur tes autels ?

UNE DES FILLES DU CHŒUR.

Quel spectacle à nos yeux timides !
Qui l'eût cru qu'on dût voir jamais
Les glaives meurtriers, les lances homicides
Briller dans la maison de paix ?

UNE AUTRE.

D'où vient que, pour son Dieu pleine d'indifférence,
Jérusalem se tait en ce pressant danger ?
D'où vient, mes sœurs, que, pour nous protéger,
Le brave Abner au moins ne rompt pas le silence ?

SALOMITH.

Hélas ! dans une cour où l'on n'a d'autres loix
Que la force et la violence,
Où les honneurs et les emplois
Sont le prix d'une aveugle et basse obéissance,
Ma sœur, pour la triste innocence
Qui voudroit élever sa voix ?

UNE AUTRE.

Dans ce péril, dans ce désordre extrême,
Pour qui prépare-t-on le sacré diadême ?

SALOMITH.

Le Seigneur a daigné parler ;
Mais ce qu'à son prophete il vient de révéler,
Qui pourra nous le faire entendre ?
S'arme-t-il pour nous défendre ?
S'arme-t-il pour nous accabler ?

TOUT LE CHŒUR chante.

Ô promesse! ô menace! ô ténébreux mystere!

Que de maux, que de biens sont prédits tour à tour!

Comment peut-on avec tant de colere

Accorder tant d'amour?

UNE VOIX seule.

Sion ne sera plus; une flamme cruelle

Détruira tous ses ornements.

UNE AUTRE VOIX.

Dieu protege Sion; elle a pour fondements

Sa parole éternelle.

LA PREMIERE.

Je vois tout son éclat disparoître à mes yeux.

LA SECONDE.

Je vois de toutes parts sa clarté répandue.

LA PREMIERE.

Dans un gouffre profond Sion est descendue.

LA SECONDE.

Sion a son front dans les cieux.

LA PREMIERE.

Quel triste abaissement!

LA SECONDE.

Quelle immortelle gloire!

LA PREMIERE.

Que de cris de douleur!

LA SECONDE.

Que de chants de victoire!

UNE TROISIEME.

Cessons de nous troubler; notre Dieu, quelque jour,
Dévoilera ce grand mystere.

TOUTES TROIS.

Révérons sa colere;
Espérons en son amour.

UNE AUTRE.

D'un cœur qui t'aime,
Mon Dieu, qui peut troubler la paix?
Il cherche en tout ta volonté suprême,
Et ne se cherche jamais.
Sur la terre, dans le ciel même,
Est-il d'autre bonheur que la tranquille paix
D'un cœur qui t'aime?

FIN DU TROISIEME ACTE.

ACTE QUATRIEME.

SCENE I.

JOAS, JOSABET, ZACHARIE, SALOMITH, UN LÉVITE, LE CHŒUR.

SALOMITH.

D'un pas majestueux, à côté de ma mere,
Le jeune Éliacin s'avance avec mon frere.
Dans ces voiles, mes sœurs, que portent-ils tous deux?
Quel est ce glaive enfin qui marche devant eux?

JOSABET, à Zacharie.

Mon fils, avec respect posez sur cette table
De notre sainte loi le livre redoutable.
Et vous aussi, posez, aimable Éliacin,
Cet auguste bandeau près du livre divin.
Lévite, il faut placer, Joad ainsi l'ordonne,
Le glaive de David auprès de sa couronne.

JOAS.

Princesse, quel est donc ce spectacle nouveau?
Pourquoi ce livre saint, ce glaive, ce bandeau?
Depuis que le Seigneur m'a reçu dans son temple,
D'un semblable appareil je n'ai point vu d'exemple.

JOSABET.

Tous vos doutes, mon fils, bientôt s'éclairciront.

JOAS.

Vous voulez essayer ce bandeau sur mon front ?
Ah princesse ! gardez d'en profaner la gloire !
Du roi qui l'a porté respectez la mémoire.
Un malheureux enfant aux ours abandonné...

JOSABET, lui essayant le diadême.

Laissez, mon fils ; je fais ce qui m'est ordonné.

JOAS.

Mais j'entends les sanglots sortir de votre bouche !
Princesse, vous pleurez ! quelle pitié vous touche ?
Est-ce qu'en holocauste aujourd'hui présenté
Je dois, comme autrefois la fille de Jephté,
Du Seigneur par ma mort appaiser la colere ?
Hélas ! un fils n'a rien qui ne soit à son pere.

JOSABET.

Voici qui vous dira les volontés des cieux.
Ne craignez rien. Et nous, sortons tous de ces lieux.

SCENE II.

JOAD, JOAS.

JOAS, *courant dans les bras du grand-prêtre.*

Mon pere!

JOAD.

Hé bien, mon fils?

JOAS.

Qu'est-ce donc qu'on pré|

JOAD.

Il est juste, mon fils, que je vous le déclare.
Il faut que vous soyez instruit, même avant tous,
Des grands desseins de Dieu sur son peuple et sur vous.
Armez-vous d'un courage et d'une foi nouvelle:
Il est temps de montrer cette ardeur et ce zele
Qu'au fond de votre cœur mes soins ont cultivés,
Et de payer à Dieu ce que vous lui devez.
Sentez-vous cette noble et généreuse envie?

JOAS.

Je me sens prêt, s'il veut, de lui donner ma vie.

JOAD.

On vous a lu souvent l'histoire de nos rois:
Vous souvient-il, mon fils, quelles étroites loix
Doit s'imposer un roi digne du diadême?

JOAS.

Un roi sage, ainsi Dieu [1] l'a prononcé lui-même,
Sur la richesse et l'or ne met point son appui,
Craint le Seigneur son Dieu, sans cesse a devant lui
Ses préceptes, ses loix, ses jugements séveres,
Et d'injustes fardeaux n'accable point ses freres.

JOAD.

Mais sur l'un de ces rois s'il falloit vous régler,
A qui choisiriez-vous, mon fils, de ressembler?

JOAS.

David, pour le Seigneur plein d'un amour fidele,
Me paroît des grands rois le plus parfait modele.

JOAD.

Ainsi dans leurs excès vous n'imiteriez pas
L'infidele Joram, l'impie Ochozias?

JOAS.

Ô mon pere!

JOAD.

Achevez, dites: que vous en semble?

JOAS.

Puisse périr comme eux quiconque leur ressemble!

(Joad se prosterne à ses pieds.)

Mon pere, en quel état vous vois-je devant moi?

JOAD.

Je vous rends le respect que je dois à mon roi.

(1) Deut. ch. 17.

De votre aïeul David, Joas, rendez-vous digne.

J O A S.

Joas! moi?

J O A D, se relevant.

Vous saurez par quelle grace insigne,
D'une mere en fureur Dieu trompant le dessein,
Quand déja son poignard étoit dans votre sein,
Vous choisit, vous sauva du milieu du carnage.
Vous n'êtes pas encore échappé de sa rage :
Avec la même ardeur qu'elle voulut jadis
Perdre en vous le dernier des enfants de son fils,
A vous faire périr sa cruauté s'attache,
Et vous poursuit encor sous le nom qui vous cache.
Mais sous vos étendards j'ai déja su ranger
Un peuple obéissant et prompt à vous venger.
Entrez, généreux chefs des familles sacrées,
Du ministere saint tour-à-tour honorées.

SCENE III.

JOAS, JOAD, AZARIAS, ISMAEL, TROIS AUTRES CHEFS DES LÉVITES.

J O A D.

Roi, voilà vos vengeurs contre vos ennemis.
Prêtres, voilà le roi que je vous ai promis.

AZARIAS.

Quoi! c'est Éliacin?

ISMAEL.

Quoi! cet enfant aimable...

JOAD.

Est des rois de Juda l'héritier véritable,
Dernier né des enfants du triste Ochozias,
Nourri, vous le savez, sous le nom de Joas.
De cette fleur si tendre et sitôt moissonnée
Tout Juda, comme vous, plaignant la destinée,
Avec ses freres morts le crut enveloppé.
Du perfide couteau comme eux il fut frappé :
Mais Dieu du coup mortel sut détourner l'atteinte,
Conserva dans son cœur la chaleur presque éteinte,
Permit que, des bourreaux trompant l'œil vigilant,
Josabet dans son sein l'emportât tout sanglant,
Et, n'ayant de son vol que moi seul pour complice,
Dans le temple cachât l'enfant et la nourrice.

JOAS.

Hélas! de tant d'amour et de tant de bienfaits,
Mon pere, quel moyen de m'acquitter jamais?

JOAD.

Gardez pour d'autres temps cette reconnoissance.
Voilà donc votre roi, votre unique espérance.
J'ai pris soin jusqu'ici de vous le conserver;
Ministres du Seigneur, c'est à vous d'achever.

Bientôt de Jézabel la fille meurtriere,
Instruite que Joas voit encor la lumiere,
Dans l'horreur du tombeau viendra le replonger:
Déja, sans le connoître, elle veut l'égorger.
Prêtres saints, c'est à vous de prévenir sa rage:
Il faut finir des Juifs le honteux esclavage,
Venger vos princes morts, relever votre loi,
Et faire aux deux tribus reconnoître leur roi.
L'entreprise, sans doute, est grande et périlleuse;
J'attaque sur son trône une reine orgueilleuse,
Qui voit sous ses drapeaux marcher un camp nombreux
De hardis étrangers, d'infideles Hébreux:
Mais ma force est au Dieu dont l'intérêt me guide.
Songez qu'en cet enfant tout Israel réside.
Déja ce Dieu vengeur commence à la troubler;
Déja, trompant ses soins, j'ai su vous rassembler.
Elle nous croit ici sans armes, sans défense.
Couronnons, proclamons Joas en diligence:
De là, du nouveau prince intrépides soldats,
Marchons, en invoquant l'arbitre des combats;
Et, réveillant la foi dans les cœurs endormie,
Jusques dans son palais cherchons notre ennemie.

    Et quels cœurs si plongés dans un lâche sommeil,
Nous voyant avancer dans ce saint appareil,
Ne s'empresseront pas à suivre notre exemple!
Un roi, que Dieu lui-même a nourri dans son temple;

Le successeur d'Aaron, de ses prêtres suivi,
Conduisant au combat les enfants de Lévi;
Et, dans ces mêmes mains des peuples révérées,
Les armes au Seigneur par David consacrées!
Dieu sur ses ennemis répandra sa terreur.
Dans l'infidele sang baignez-vous sans horreur;
Frappez et Tyriens, et même Israélites.
Ne descendez-vous pas de ces fameux lévites
Qui, lorsqu'au Dieu du Nil le volage Israel
Rendit dans le désert un culte criminel,
De leurs plus chers parents saintement homicides,
Consacrerent leurs mains dans le sang des perfides,
Et par ce noble exploit vous acquirent l'honneur
D'être seuls employés aux autels du Seigneur?

 Mais je vois que déja vous brûlez de me suivre.
Jurez donc avant tout sur cet auguste livre,
A ce roi que le ciel vous redonne aujourd'hui,
De vivre, de combattre, et de mourir pour lui.

  AZARIAS, au bout de la table, ayant la main sur le livre saint.
Oui, nous jurons ici pour nous, pour tous nos freres,
De rétablir Joas au trône de ses peres,
De ne poser le fer entre nos mains remis,
Qu'après l'avoir vengé de tous ses ennemis.
Si quelque transgresseur enfreint cette promesse,
Qu'il éprouve, grand Dieu, ta fureur vengeresse;
Qu'avec lui ses enfants, de ton partage exclus,

Soient au rang de ces morts que tu ne connois plus!

JOAD.

Et vous, à cette loi, votre regle éternelle,
Roi, ne jurez-vous pas d'être toujours fidele?

JOAS.

Pourrois-je à cette loi ne me pas conformer?

JOAD.

Ô mon fils, de ce nom j'ose encor vous nommer,
Souffrez cette tendresse, et pardonnez aux larmes
Que m'arrachent pour vous de trop justes alarmes.
Loin du trône nourri, de ce fatal honneur,
Hélas! vous ignorez le charme empoisonneur;
De l'absolu pouvoir vous ignorez l'ivresse,
Et des lâches flatteurs la voix enchanteresse.
Bientôt ils vous diront que les plus saintes loix,
Maîtresses du vil peuple, obéissent aux rois;
Qu'un roi n'a d'autre frein que sa volonté même;
Qu'il doit immoler tout à sa grandeur suprême;
Qu'aux larmes, au travail, le peuple est condamné,
Et d'un sceptre de fer veut être gouverné;
Que s'il n'est opprimé, tôt ou tard il opprime.
Ainsi de piege en piege, et d'abîme en abîme,
Corrompant de vos mœurs l'aimable pureté,
Ils vous feront enfin haïr la vérité,
Vous peindront la vertu sous une affreuse image.
Hélas! ils ont des rois égaré le plus sage.

Promettez sur ce livre, et devant ces témoins,
Que Dieu fera toujours le premier de vos soins;
Que, sévere aux méchants, et des bons le refuge,
Entre le pauvre et vous vous prendrez Dieu pour juge;
Vous souvenant, mon fils, que, caché sous ce lin,
Comme eux vous fûtes pauvre, et comme eux orphelin.

JOAS, au milieu de la table, ayant la main sur le livre saint.

Je promets d'observer ce que la loi m'ordonne.
Mon Dieu, punissez-moi si je vous abandonne!

JOAD.

Venez; de l'huile sainte il faut vous consacrer.
Paroissez, Josabet; vous pouvez vous montrer.

SCENE IV.

JOAS, JOAD, JOSABET, ZACHARIE,
SALOMITH, AZARIAS, ISMAEL,
TROIS AUTRES CHEFS DES LÉVITES,
LE CHŒUR.

JOSABET, embrassant Joas.

Ô roi, fils de David!

JOAS.

Ô mon unique mere!
Venez, cher Zacharie, embrasser votre frere.

JOSABET, à Zacharie.

Aux pieds de votre roi prosternez-vous, mon fils.

(Zacharie se jette aux pieds de Joas.)

JOAD, pendant qu'ils s'embrassent.

Enfants, ainsi toujours puissiez-vous être unis !

JOSABET, à Joas.

Vous savez donc quel sang vous a donné la vie?

JOAS.

Et je sais quelle main sans vous me l'eût ravie.

JOSABET.

De votre nom, Joas, je puis donc vous nommer.

JOAS.

Joas ne cessera jamais de vous aimer.

LE CHŒUR.

Quoi! c'est là...

JOSABET.

C'est Joas.

JOAD.

Écoutons ce lévite.

SCENE V.

JOAS, JOAD, JOSABET, ZACHARIE,
SALOMITH, AZARIAS, ISMAEL,
TROIS AUTRES CHEFS DES LÉVITES,
UN LÉVITE, LE CHŒUR.

UN LÉVITE.

J'ignore contre Dieu quel projet on médite;
Mais l'airain menaçant frémit de toutes parts;
On voit luire des feux parmi des étendards,
Et sans doute Athalie assemble son armée:
Déja même au secours toute voie est fermée;
Déja le sacré mont, où le temple est bâti,
D'insolents Tyriens est par-tout investi;
L'un deux, en blasphémant, vient de nous faire entendre
Qu'Abner est dans les fers, et ne peut nous défendre.

JOSABET, à Joas.

Cher enfant, que le ciel en vain m'avoit rendu,
Hélas! pour vous sauver j'ai fait ce que j'ai pu:
Dieu ne se souvient plus de David votre pere.

JOAD, à Josabet.

Quoi! vous ne craignez pas d'attirer sa colere
Sur vous et sur ce roi si cher à votre amour?

Et quand Dieu, de vos bras l'arrachant sans retour,
Voudroit que de David la maison fût éteinte,
N'êtes-vous pas ici sur la montagne sainte
Où le pere des Juifs sur son fils innocent
Leva sans murmurer un bras obéissant,
Et mit sur un bûcher ce fruit de sa vieillesse,
Laissant à Dieu le soin d'accomplir sa promesse,
Et lui sacrifiant, avec ce fils aimé,
Tout l'espoir de sa race en lui seul renfermé?

    Amis, partageons-nous. Qu'Ismael en sa garde
Prenne tout le côté que l'orient regarde;
Vous, le côté de l'ourse; et vous, de l'occident;
Vous, le midi. Qu'aucun par un zele imprudent,
Découvrant mes desseins, soit prêtre, soit lévite,
Ne sorte avant le temps et ne se précipite;
Et que chacun enfin, d'un même esprit poussé,
Garde en mourant le poste où je l'aurai placé.
L'ennemi nous regarde, en son aveugle rage,
Comme de vils troupeaux réservés au carnage,
Et croit ne rencontrer que désordre et qu'effroi.
Qu'Azarias par-tout accompagne le roi.

           (à Joas.)

Venez, cher rejetton d'une vaillante race,
Remplir vos défenseurs d'une nouvelle audace;
Venez du diadême à leurs yeux vous couvrir,
Et périssez du moins en roi, s'il faut périr.

(à un lévite.)

Suivez-le, Josabet. Vous, donnez-moi ces armes.

(au chœur.)

Enfants, offrez à Dieu vos innocentes larmes.

SCENE VI.

SALOMITH, LE CHŒUR.

LE CHŒUR chante.

Partez, enfants d'Aaron, partez :
Jamais plus illustre querelle
De vos aïeux n'arma le zele.
Partez, enfants d'Aaron, partez :
C'est votre roi, c'est Dieu pour qui vous combattez.

UNE VOIX seule.

Où sont les traits que tu lances,
Grand Dieu dans ton juste courroux ?
N'es-tu plus le Dieu jaloux ?
N'es-tu plus le Dieu des vengeances ?

UNE AUTRE.

Où sont, Dieu de Jacob, tes antiques bontés ?
Dans l'horreur qui nous environne,
N'entends-tu que la voix de nos iniquités ?
N'es-tu plus le Dieu qui pardonne ?

ATHALIE.

LE CHŒUR.

Où sont, Dieu de Jacob, tes antiques bontés?

UNE VOIX seule.

C'est à toi que dans cette guerre
Les fleches des méchants prétendent s'adresser.
Faisons, disent-ils, cesser
Les fêtes de Dieu sur la terre;
De son joug importun délivrons les mortels;
Massacrons tous ses saints; renversons ses autels;
Que de son nom, que de sa gloire
Il ne reste plus de mémoire;
Que ni lui ni son Christ ne regnent plus sur nous.

LE CHŒUR.

Où sont les traits que tu lances,
Grand Dieu, dans ton juste courroux?
N'es-tu plus le Dieu jaloux?
N'es-tu plus le Dieu des vengeances?

UNE VOIX seule.

Triste reste de nos rois,
Chere et derniere fleur d'une tige si belle,
Hélas! sous le couteau d'une mere cruelle
Te verrons-nous tomber une seconde fois!

Prince aimable, dis-nous si quelque ange, au berceau,
Contre tes assassins prit soin de te défendre;
Ou si dans la nuit du tombeau
La voix du Dieu vivant a ranimé ta cendre.

UNE AUTRE.

D'un pere et d'un aïeul contre toi révoltés,
Grand Dieu, les attentats lui sont-ils imputés?
Est-ce que sans retour ta pitié l'abandonne?

LE CHŒUR.

Où sont, Dieu de Jacob, tes antiques bontés?
N'es-tu plus le Dieu qui pardonne?

UNE DES FILLES DU CHŒUR, sans chanter.

Cheres sœurs, n'entendez-vous pas
Des cruels Tyriens la trompette qui sonne?

SALOMITH.

J'entends même les cris des barbares soldats,
Et d'horreur j'en frissonne.
Courons, fuyons, retirons-nous
A l'ombre salutaire
Du redoutable sanctuaire.

FIN DU QUATRIEME ACTE.

ACTE CINQUIEME.

SCENE I.

ZACHARIE, SALOMITH, LE CHŒUR.

SALOMITH.

CHER Zacharie, hé bien? que nous apprenez-vous?

ZACHARIE.

Redoublez au Seigneur votre ardente priere :
Peut-être nous touchons à notre heure derniere ;
Pour l'horrible combat, ma sœur, l'ordre est donné.

SALOMITH.

Que fait Joas?

ZACHARIE.

Joas vient d'être couronné :
Le grand-prêtre a sur lui répandu l'huile sainte.
Ô ciel! dans tous les yeux quelle joie étoit peinte
A l'aspect de ce roi racheté du tombeau !
Ma sœur, on voit encor la marque du couteau :
On voit paroître aussi sa fidele nourrice,
Qui, cachée en un coin de ce vaste édifice,
Gardoit ce cher dépôt, et n'avoit de ses soins
Que les yeux de ma mere et que Dieu pour témoins.

Nos lévites pleuroient de joie et de tendresse,
Et mêloient leurs sanglots à leurs cris d'alégresse.
Lui, parmi ces transports affable et sans orgueil,
A l'un tendoit la main, flattoit l'autre de l'œil,
Juroit de se régler par leurs avis sinceres,
Et les appelloit tous ses peres ou ses freres.

S A L O M I T H.

Ce secret au-dehors est-il aussi semé?

Z A C H A R I E.

Ce secret dans le temple est encor renfermé.
Des enfants de Lévi la troupe partagée
Dans un profond silence aux portes s'est rangée.
Tous doivent à la fois précipiter leurs pas,
Et crier pour signal : Vive le roi Joas !
Mais mon pere défend que le roi se hasarde,
Et veut qu'Azarias demeure pour sa garde.
Cependant Athalie, un poignard à la main,
Rit des foïbles remparts de nos portes d'airain.
Pour les rompre, elle attend les fatales machines,
Et ne respire enfin que sang et que ruines.
Quelques prêtres, ma sœur, ont d'abord proposé
Qu'en un lieu souterrain par nos peres creusé
On renfermât du moins notre arche précieuse.
Ô crainte, a dit mon pere, indigne, injurieuse !
L'arche qui fit tomber tant de superbes tours,
Et força le Jourdain de rebrousser son cours,

Des dieux des nations tant de fois triomphante,
Fuiroit donc à l'aspect d'une femme insolente !
Ma mere, auprès du roi, dans un trouble mortel,
L'œil tantôt sur ce prince et tantôt vers l'autel,
Muette, et succombant sous le poids des alarmes,
Aux yeux les plus cruels arracheroit des larmes.
Le roi de temps en temps la presse entre ses bras,
La flatte.... Cheres sœurs, suivez toutes mes pas ;
Et, s'il faut aujourd'hui que notre roi périsse,
Allons, qu'un même sort avec lui nous unisse.

SALOMITH.

Quelle insolente main frappe à coups redoublés ?
Qui fait courir ainsi ces lévites troublés ?
Quelle précaution leur fait cacher leurs armes ?
Le temple est-il forcé ?

ZACHARIE.

                    Dissipez vos alarmes ;
Dieu nous envoie Abner.

S C E N E I I.

ABNER, JOAD, JOSABET, ZACHARIE, SALOMITH, ISMAEL, DEUX LÉVITES, LE CHŒUR.

J O A D.

En croirai-je mes yeux,
Cher Abner? quel chemin a pu jusqu'en ces lieux
Vous conduire au travers d'un camp qui nous assiege?
On disoit que d'Achab la fille sacrilege
Avoit, pour assurer ses projets inhumains,
Chargé d'indignes fers vos généreuses mains.

A B N E R.

Oui, seigneur, elle a craint mon zele et mon courage;
Mais c'est le moindre prix que me gardoit sa rage.
Dans l'horreur d'un cachot par son ordre enfermé,
J'attendois que, le temple en cendre consumé,
De tant de flots de sang non encore assouvie,
Elle vînt m'affranchir d'une importune vie,
Et retrancher des jours qu'auroit dû mille fois
Terminer la douleur de survivre à mes rois.

J O A D.

Par quel miracle a-t-on obtenu votre grace?

ABNER.

Dieu dans ce cœur cruel sait seul ce qui se passe.
Elle m'a fait venir; et d'un air égaré:
« Tu vois de mes soldats tout ce temple entouré,
« Dit-elle; un feu vengeur va le réduire en cendre,
« Et ton Dieu contre moi ne le sauroit défendre.
« Ses prêtres toutefois, mais il faut se hâter,
« A deux conditions peuvent se racheter.
« Qu'avec Éliacin on mette en ma puissance
« Un trésor dont je sais qu'ils ont la connoissance,
« Par votre roi David autrefois amassé,
« Sous le sceau du secret au grand-prêtre laissé.
« Va, dis-leur qu'à ce prix je leur permets de vivre ».

JOAD.

Quel conseil, cher Abner, croyez-vous qu'on doit suivr

ABNER.

Et tout l'or de David, s'il est vrai qu'en effet
Vous gardiez de David quelque trésor secret;
Et tout ce que des mains de cette reine avare
Vous avez pu sauver et de riche et de rare,
Donnez-le. Voulez-vous que d'impurs assassins
Viennent briser l'autel, brûler les chérubins,
Et, portant sur notre arche une main téméraire,
De votre propre sang souiller le sanctuaire?

JOAD.

Mais siéroit-il, Abner, à des cœurs généreux

De livrer au supplice un enfant malheureux,
Un enfant que Dieu même à ma garde confie,
Et de nous racheter aux dépens de sa vie?

A B N E R.

Hélas! Dieu voit mon cœur. Plût à ce Dieu puissant
Qu'Athalie oubliât un enfant innocent,
Et que du sang d'Abner sa cruauté contente
Crût calmer par ma mort le ciel qui la tourmente!
Mais que peuvent pour lui vos inutiles soins?
Quand vous périrez tous, en périra-t-il moins?
Dieu vous ordonne-t-il de tenter l'impossible?
Pour obéir aux loix d'un tyran inflexible,
Moïse, par sa mere au Nil abandonné,
Se vit, presque en naissant, à périr condamné:
Mais Dieu, le conservant contre toute espérance,
Fit par le tyran même élever son enfance.
Qui sait ce qu'il réserve à votre Éliacin;
Et si, lui préparant un semblable destin,
Il n'a point de pitié déja rendu capable
De nos malheureux rois l'homicide implacable?
Du moins, et Josabet comme moi l'a pu voir,
Tantôt à son aspect je l'ai vu s'émouvoir;
J'ai vu de son courroux tomber la violence.

(à Josabet.)

Princesse, en ce péril vous gardez le silence?
Hé quoi! pour un enfant qui vous est étranger

Souffrez-vous que sans fruit Joad laisse égorger
Vous, son fils, tout ce peuple, et que le feu dévore,
Le seul lieu sur la terre où Dieu veut qu'on l'adore?
Que feriez-vous de plus si des rois vos aïeux
Ce jeune enfant étoit un reste précieux?

JOSABET, bas à Joad.

Pour le sang de ses rois vous voyez sa tendresse:
Que ne lui parlez-vous?

JOAD.

Il n'est pas temps, princesse.

ABNER.

Le temps est cher, seigneur, plus que vous ne pensez.
Tandis qu'à me répondre ici vous balancez,
Mathan près d'Athalie étincelant de rage
Demande le signal, et presse le carnage.
Faut-il que je me jette à vos sacrés genoux?
Au nom du lieu si saint qui n'est ouvert qu'à vous,
Lieu terrible, où de Dieu la majesté repose,
Quelque dure que soit la loi qu'on vous impose,
De ce coup imprévu songeons à nous parer.
Donnez-moi seulement le temps de respirer:
Demain, dès cette nuit, je prendrai des mesures
Pour assurer le temple et venger ses injures.
Mais je vois que mes pleurs et que mes vains discours
Pour vous persuader sont un foible secours;
Votre austere vertu n'en peut être frappée:

Hé bien, trouvez-moi donc quelque arme, quelque épée;
Et qu'aux portes du temple, où l'ennemi m'attend,
Abner puisse du moins mourir en combattant.

JOAD.

Je me rends. Vous m'ouvrez un avis que j'embrasse:
De tant de maux, Abner, détournons la menace.
Il est vrai, de David un trésor est resté,
La garde en fut commise à ma fidélité;
C'étoit des tristes Juifs l'espérance derniere,
Que mes soins vigilants cachoient à la lumiere:
Mais puisqu'à votre reine il faut le découvrir,
Je vais la contenter, nos portes vont s'ouvrir.
De ses plus braves chefs qu'elle entre accompagnée;
Mais de nos saints autels qu'elle tienne éloignée
D'un ramas d'étrangers l'indiscrete fureur:
Du pillage du temple épargnez-moi l'horreur.
Des prêtres, des enfants lui feroient-ils quelque ombre?
De sa suite avec vous qu'elle regle le nombre.
Et quant à cet enfant si craint, si redouté,
De votre cœur, Abner, je connois l'équité,
Je vous veux devant elle expliquer sa naissance:
Vous verrez s'il le faut remettre en sa puissance;
Et je vous ferai juge entre Athalie et lui.

ABNER.

Ah! je le prends déja, seigneur, sous mon appui:
Ne craignez rien. Je cours vers celle qui m'envoie.

SCENE III.

JOAD, JOSABET, ZACHARIE, SALOMITH, ISMAEL, DEUX LÉVITES, LE CHŒUR.

***

JOAD.

Grand Dieu, voici ton heure, on t'amene ta proie !
Ismael, écoutez.   (Il lui parle bas.)

JOSABET.

Puissant maître des cieux,
Remets-lui le bandeau dont tu couvris ses yeux
Lorsque, lui dérobant tout le fruit de son crime,
Tu cachas dans mon sein cette tendre victime.

JOAD.

Allez, sage Ismael, ne perdez point de temps ;
Suivez de point en point ces ordres importants :
Sur-tout qu'à son entrée, et que sur son passage,
Tout d'un calme profond lui présente l'image.
Vous, enfants, préparez un trône pour Joas ;
Qu'il s'avance suivi de nos sacrés soldats.
Faites venir aussi sa fidele nourrice,
Princesse, et de vos pleurs que la source tarisse.

(à un lévite.)

Vous, dès que cette reine, ivre d'un fol orgueil,
De la porte du temple aura passé le seuil,

Qu'elle ne pourra plus retourner en arrière,
Prenez soin qu'à l'instant la trompette guerriere
Dans le camp ennemi jette un subit effroi:
Appellez tout le peuple au secours de son roi;
Et faites retentir jusques à son oreille
De Joas conservé l'étonnante merveille.
Il vient.

S C E N E   I V.

JOAS, JOAD, JOSABET, ZACHARIE,

SALOMITH, AZARIAS, TROUPES DE

PRÊTRES ET DE LÉVITES, LE CHŒUR.

J O A D.

Lévites saints, prêtres de notre Dieu,
Par-tout sans vous montrer environnez ce lieu;
Et laissant à mes soins gouverner votre zele,
Pour paroître attendez que ma voix vous appelle.
(Ils se cachent tous.)
Roi, je crois qu'à vos vœux cet espoir est permis,
Venez voir à vos pieds tomber vos ennemis.
Celle dont la fureur poursuivit votre enfance
Vers ces lieux à grands pas pour vous perdre s'avance:

Mais ne la craignez point; songez qu'autour de vous
L'ange exterminateur est debout avec nous.
Montez sur votre trône, et... Mais la porte s'ouvre:
Permettez un moment que ce voile vous couvre:

(Il tire un rideau.)

Vous changez de couleur, princesse!

JOSABET.

Ah! sans pâlir
Puis-je voir d'assassins le temple se remplir?
Quoi! ne voyez-vous pas quelle nombreuse escorte...

JOAD.

Je vois que du saint temple on referme la porte.
Tout est en sûreté.

SCENE V.

ATHALIE, JOAS, JOAD, JOSABET, ABNER, SUITE D'ATHALIE.

(Joas est caché derriere le rideau.)

ATHALIE, à Joad.

Te voilà, séducteur,
De ligues, de complots pernicieux auteur,
Qui dans le trouble seul as mis tes espérances,
Éternel ennemi des suprêmes puissances!

En l'appui de ton Dieu tu t'étois reposé :
De ton espoir frivole es-tu désabusé?
Il laisse à mon pouvoir et son temple et ta vie.
Je devrois sur l'autel où ta main sacrifie
Te... Mais du prix qu'on m'offre il faut me contenter.
Ce que tu m'as promis songe à l'exécuter :
Cet enfant, ce trésor, qu'il faut qu'on me remette,
Où sont-ils?

J O A D.

Sur-le-champ tu seras satisfaite;
Je te les vais montrer l'un et l'autre à la fois.

(Le rideau se tire. On voit Joas sur son trône; sa nourrice est à genoux à sa
droite; Azarias, l'épée à la main, est debout à sa gauche; et près de lui
Zacharie et Salomith sont à genoux sur les degrés du trône; plusieurs lévites, l'épée à la main, sont rangés sur les côtés.)

Paroissez, cher enfant, digne sang de nos rois.
Connois-tu l'héritier du plus saint des monarques,
Reine? de ton poignard connois du moins ces marques.
Voilà ton roi, ton fils, le fils d'Ochozias.
Peuples, et vous, Abner, reconnoissez Joas.

A B N E R.

Ciel!

A T H A L I E, à Joad.

Perfide!

J O A D.

Vois-tu cette Juive fidele
Dont tu sais bien qu'alors il suçoit la mamelle?

Il fut par Josabet à ta rage enlevé :
Ce temple le reçut, et Dieu l'a conservé.
Des trésors de David voilà ce qui me reste.

ATHALIE.

Ta fourbe à cet enfant, traître, sera funeste.
D'un fantôme odieux, soldats, délivrez-moi.

JOAD.

Soldats du Dieu vivant, défendez votre roi.

Ici le fond du théâtre s'ouvre. On voit le dedans du temple, et les lévites
armés entrent de tous côtés sur la scene.

ATHALIE.

Où suis-je? Ô trahison! ô reine infortunée!
D'armes et d'ennemis je suis environnée!

JOAD.

Tes yeux cherchent en vain, tu ne peux échapper,
Et Dieu de toutes parts a su t'envelopper.
Ce Dieu que tu bravois en nos mains t'a livrée :
Rends-lui compte du sang dont tu t'es enivrée.

ATHALIE.

Quoi! la peur a glacé mes indignes soldats!
Lâche Abner, dans quel piege as-tu conduit mes pas?

ABNER.

Reine, Dieu m'est témoin...

ATHALIE.

Laisse là ton Dieu, traître,
Et venge-moi.

ABNER, se jettant aux pieds de Joas.

Sur qui? Sur Joas! sur mon maître!

ATHALIE.

Lui Joas? lui ton roi? Songez, méchants, songez
Que mes armes encor vous tiennent assiégés.
J'entends à haute voix tout mon camp qui m'appelle.
On vient à mon secours. Tremblez, troupe rebelle.

SCENE VI.

ISMAEL, JOAS, JOAD, ATHALIE,

ET TOUS LES ACTEURS DE LA SCENE PRÉCÉDENTE.

ISMAEL, à Joad.

Seigneur, le temple est libre et n'a plus d'ennemis;
L'étranger est en fuite, et le Juif est soumis.
Comme le vent dans l'air dissipe la fumée,
La voix du Tout-puissant a chassé cette armée.
Nos lévites, du haut de nos sacrés parvis,
D'Ochozias au peuple ont annoncé le fils,
Ont conté son enfance au glaive dérobée,
Et la fille d'Achab dans le piege tombée.
Par-tout en même temps la trompette a sonné;
Et ses sons et leurs cris dans son camp étonné
Ont répandu le trouble et la terreur subite
Dont Gédéon frappa le fier Madianite.

Les Tyriens, jettant armes et boucliers,
Ont, par divers chemins, disparu les premiers :
Quelques Juifs éperdus ont aussi pris la fuite ;
Mais, de Dieu sur Joas admirant la conduite,
Le reste à haute voix s'est pour lui déclaré.
Enfin, d'un même esprit tout le peuple inspiré,
Femmes, vieillards, enfants, s'embrassant avec joie,
Bénissent le Seigneur et celui qu'il envoie :
Tous chantent de David le fils ressuscité.
Baal est en horreur dans la sainte cité ;
De son temple profane on a brisé les portes ;
Mathan est égorgé.

ATHALIE.

Dieu des Juifs, tu l'emportes !
Oui, c'est Joas : je cherche en vain à me tromper ;
Je reconnois l'endroit où je le fis frapper ;
Je vois d'Ochozias et le port et le geste ;
Tout me retrace enfin un sang que je déteste.
David, David triomphe ; Achab seul est détruit.
Impitoyable Dieu, toi seul as tout conduit !
C'est toi qui, me flattant d'une vengeance aisée,
M'as vingt fois en un jour à moi-même opposée :
Tantôt pour un enfant excitant mes remords ;
Tantôt m'éblouissant de tes riches trésors
Que j'ai craint de livrer aux flammes, au pillage.
Qu'il regne donc ce fils, ton soin et ton ouvrage !

Et que, pour signaler son empire nouveau,
On lui fasse en mon sein enfoncer le couteau!
Voici ce qu'en mourant lui souhaite sa mere:
Que dis-je souhaiter! je me flatte, j'espere
Qu'indocile à ton joug, fatigué de ta loi,
Fidele au sang d'Achab qu'il a reçu de moi,
Conforme à son aïeul, à son pere semblable,
On verra de David l'héritier détestable
Abolir tes honneurs, profaner ton autel,
Et venger Athalie, Achab et Jézabel.

(Athalie sort, les lévites la suivent.)

J O A D.

Qu'à l'instant hors du temple elle soit emmenée,
Et que la sainteté n'en soit point profanée.
Allez, sacrés vengeurs de vos princes meurtris,
De leur sang par sa mort faire cesser les cris.
Si quelque audacieux embrasse sa querelle,
Qu'à la fureur du glaive on le livre avec elle.

SCENE VII.

JOAS, JOAD, JOSABET, ABNER,

ET TOUS LES ACTEURS DE LA SCENE PRÉCÉDENTE.

JOAS, descendu de son trône.

Dieu, qui voyez mon trouble et mon affliction,
Détournez loin de moi sa malédiction,
Et ne souffrez jamais qu'elle soit accomplie:
Faites que Joas meure avant qu'il vous oublie.

JOAD, aux lévites.

Appellez tout le peuple, et montrons-lui son roi:
Qu'il lui vienne en ses mains renouveller sa foi.
Roi, prêtres, peuple, allons, pleins de reconnoissance,
De Jacob avec Dieu confirmer l'alliance,
Et, saintement confus de nos égarements,
Nous rengager à lui par de nouveaux serments.
Abner, auprès du roi reprenez votre place.

SCENE VIII.

UN LÉVITE, JOAS, JOAD,

ET TOUS LES ACTEURS DE LA SCENE PRÉCÉDENTE.

JOAD, au lévite.

Hé bien, de cette impie a-t-on puni l'audace?

UN LÉVITE.

Le fer a de sa vie expié les horreurs.
Jérusalem, long-temps en proie à ses fureurs,
De son joug odieux à la fin soulagée,
Avec joie en son sang la regarde plongée.

JOAD.

Par cette fin terrible; et due à ses forfaits,
Apprenez, roi des Juifs, et n'oubliez jamais
Que les rois dans le ciel ont un juge sévere,
L'innocence un vengeur, et l'orphelin un pere.

FIN.

PLAN DU PREMIER ACTE
D'IPHIGÉNIE EN TAURIDE.

SCENE I.

« Iphigénie vient avec une captive grecque, qui s'é-
« tonne de sa tristesse, et lui demande si elle est affligée
« de ce que la fête de Diane se passera sans qu'on im-
« mole aucun étranger ». Tu peux croire, dit Iphigénie, si c'est là un sentiment digne de la fille d'Agamemnon. Tu sais avec quelle répugnance j'ai préparé les
misérables que l'on a sacrifiés depuis que je préside à
ces cruelles cérémonies. Je me faisois une joie de ce
que la fortune n'avoit amené aucun Grec pour cette
journée, et je triomphois de la douleur commune qui
est répandue dans cette isle, où l'on compte pour un
présage funeste de ce que nous manquons de victimes
pour cette fête. Mais je ne puis résister à la secrète tristesse dont je suis occupée depuis le songe que j'ai fait
cette nuit. J'ai cru que j'étois à Mycenes dans la maison
de mon pere. Il m'a semblé que mon pere et ma mere
nageoient dans le sang, et que moi-même je tenois un
poignard à la main pour en égorger mon frere Oreste.
Hélas! mon cher Oreste! = Mais, madame, vous êtes
trop éloignés l'un de l'autre pour craindre l'accomplis-
sement de votre songe. = Et ce n'est pas aussi ce que

je crains : mais je crains avec raison qu'il n'y ait de
grands malheurs dans ma famille. Les rois sont sujets à de
grands changements. Ah! si je t'avois perdu, mon cher
frere Oreste, sur qui seul j'ai fondé mes espérances! Car
enfin j'ai plus sujet de t'aimer que tout le reste de ma
famille : tu ne fus point coupable de ce sacrifice où mon
pere m'avoit condamnée dans l'Aulide; tu étois un enfant de dix ans. Tu as été élevé avec moi, et tu es le seul
de toute la Grece que je regrette tous les jours. = Mais,
madame, quelle apparence qu'il sache l'état où vous
êtes? Vous êtes dans une isle détestée de tout le monde :
si le hasard y amene quelque Grec, on le sacrifie. Que
ne renoncez-vous à la Grece? Que ne répondez-vous à
l'amour du prince? = Eh! que me serviroit de m'y attacher? Son pere Thoas lui défend de m'aimer; il ne me
parle qu'en tremblant : car ils ignorent tous deux ma
naissance, et je n'ai garde de leur découvrir une chose
qu'ils ne croiroient pas ; car quelle apparence qu'une
fille que des pirates ont enlevée dans le moment qu'on
alloit la sacrifier pour le salut de la Grece, fût la fille du
général de la Grece? Mais voici ce prince.

SCENE II.

Qu'avez-vous, prince? D'où vient ce désordre et
cette émotion? = Madame, je suis cause du plus grand
malheur du monde... Vous savez combien j'ai détesté
avec vous les sacrifices de cette isle; je me réjouissois

de ce que vous seriez aujourd'hui dispensée de cette funeste occupation, et cependant je suis cause que vous avez deux Grecs à sacrifier. ═ Comment, seigneur? ═ On m'est venu avertir que deux jeunes hommes étoient environnés d'une grande foule de peuple contre lequel ils se défendoient. J'ai couru sur le bord de la mer: je les ai trouvés à la porte du temple qui vendoient chèrement leur vie, et qui ne songeoient chacun qu'à la défense l'un de l'autre. Leur courage m'a piqué de générosité. Je les ai défendus moi-même : j'ai désarmé le peuple, et ils se sont rendus à moi. Leurs habits les ont fait passer pour Grecs : ils l'ont avoué. J'ai frémi à cette parole : on les a amenés malgré moi à mon pere.; et vous pouvez juger quelle sera leur destinée. La joie est universelle, et on remercie les dieux d'une prise qui me met au désespoir. Mais enfin, madame, ou je ne pourrai, ou je vous affranchirai bientôt de la malheureuse dignité qui vous engage à ces sacrifices. Mais voici le roi mon pere.

SCENE III.

Quoi! madame, vous êtes encore ici? ne devriez-vous pas être dans le temple pour remercier la déesse de ces deux victimes qu'elle nous a envoyées? Allez préparer tout pour le sacrifice, et vous reviendrez ensuite, afin qu'on vous remette entre les mains ces deux étrangers.

SCENE IV.

« Iphigénie sort, et le prince fait quelques efforts
« pour obtenir de son pere la vie des deux Grecs, afin
« qu'il ne les ait pas sauvés inutilement. Le roi le mal-
« traite, et lui dit que ce sont là les sentiments qui lui
« ont été inspirés par la jeune Grecque; il lui reproche
« la passion qu'il a pour une esclave ». = Et qui vous
dit, seigneur, que c'est une esclave? = Et quelle autre
qu'une esclave, dit le roi, auroit été choisie par les Grecs
pour être sacrifiée? = Quoi! ne vous souvient-il plus des
habillements qu'elle avoit lorsqu'on l'amena ici? Avez-
vous oublié que les pirates l'enleverent dans le moment
qu'elle alloit recevoir le coup mortel? Nos peuples eurent plus de compassion pour elle que les Grecs n'en
avoient eu; et au lieu de la sacrifier à Diane, ils la choi-
sirent pour présider elle-même à ses sacrifices. « Le
« Prince sort, déplorant sa malheureuse générosité, qui
« a sauvé la vie à deux Grecs, pour la leur faire perdre
« plus cruellement. »

SCENE V.

« Le roi témoigne à son confident qu'il se fait vio-
« lence en maltraitant son fils ». Mais quelle apparence
de donner les mains à une passion qui le déshonore?
Allons, et demandons à la déesse, parmi nos prieres,
qu'elle donne à mon fils des sentiments plus dignes de
lui.

FIN DU PREMIER ACTE.

ŒUVRES

DIVERSES

EN VERS ET EN PROSE.

ŒUVRES
DIVERSES
EN VERS ET EN PROSE.

LA NYMPHE DE LA SEINE
A LA REINE.

———

ODE.

GRANDE REINE, de qui les charmes
S'assujettissent tous les cœurs,
Et, de nos discordes vainqueurs,
Pour jamais ont tari nos larmes;
Princesse, qui voyez soupirer dans vos fers
Un roi qui de son nom remplit tout l'univers,
Et, faisant son destin, faites celui du monde,
Régnez, belle THÉRÈSE, en ces aimables lieux
Qu'arrose le cours de mon onde,
Et que doit éclairer le feu de vos beaux yeux.

Je suis la nymphe de la Seine;
C'est moi dont les illustres bords
Doivent posséder les trésors
Qui rendoient l'Espagne si vaine.

Ils sont des plus grands rois l'agréable séjour;
Ils le sont des plaisirs, ils le sont de l'amour;
Il n'est rien de si doux que l'air qu'on y respire:
Je reçois les tributs de cent fleuves divers;
   Mais de couler sous votre empire,
C'est plus que de régner sur l'empire des mers.

   Oh! que bientôt sur mon rivage
   On verra luire de beaux jours!
   Oh! combien de nouveaux Amours
   Me viennent des rives du Tage!
Que de nouvelles fleurs vont naître sous vos pas!
Que je vois après vous de graces et d'appas
Qui s'en vont amener une saison nouvelle!
L'air sera toujours calme et le ciel toujours clair;
   Et près d'une saison si belle
L'âge d'or seroit pris pour un siecle de fer.

   Oh! qu'après de rudes tempêtes
   Il est agréable de voir
   Que les Aquilons, sans pouvoir,
   N'osent plus gronder sur nos têtes!
Que le repos est doux après de longs travaux!
Qu'on aime le plaisir qui suit beaucoup de maux!
Qu'après un long hiver le printemps a de charmes!

Aussi, quoique ma joie excede mes souhaits,
 Qui n'auroit point senti d'alarmes
Pourroit-il bien juger des douceurs de la paix ?

  J'avois perdu toute espérance,
  Tant chacun croyoit mal-aisé
  Que jamais le ciel appaisé
  Dût rendre le calme à la France.
Mes champs avoient perdu leurs moissons et leurs fleurs ;
Je roulois dans mon sein moins de flots que de pleurs ;
La tristesse et l'effroi dominoient sur mes rives ;
Chaque jour m'apportoit quelques malheurs nouveaux ;
  Mes nymphes pâles et craintives
A peine s'assuroient dans le fond de mes eaux.

  De tant de malheurs affligée,
  Je parus un jour sur mes bords,
  Pensant aux funestes discords
  Qui m'ont si long-temps outragée ;
Lorsque d'un vol soudain je vis fondre des cieux
Amour, qui me flattant de la voix et des yeux :
Triste nymphe, dit-il, ne te mets plus en peine ;
Je te prépare un sort si charmant et si doux,
  Que bientôt je veux que la Seine
Rende tout l'univers de sa gloire jaloux.

Je t'amene, après tant d'années,
Une paix de qui les douceurs
Sans aucun mélange de pleurs
Feront couler tes destinées.
Mais ce qui doit passer tes plus hardis souhaits,
Une reine viendra, sur les pas de la paix,
Comme on voit le soleil marcher après l'aurore.
Des rives du couchant elle prendra son cours;
Et cet astre surpasse encore
Celui que l'orient voit naître tous les jours.

Non que j'ignore la vaillance
Et les miracles de ton roi;
Et que, dans ce commun effroi,
Je doive craindre pour la France.
Je sais qu'il ne se plaît qu'au milieu des hasards;
Que livrer des combats et forcer des remparts
Sont de ses jeunes ans les délices suprêmes:
Je sais tout ce qu'a fait son bras victorieux;
Et que plusieurs de nos dieux mêmes
Par de moindres exploits ont mérité les cieux.

Mais c'est trop peu pour son courage
De tous ces exploits inouis:
Il faut désormais que Louis
Entreprenne un plus grand ouvrage.

Il n'a que trop tenté le hasard des combats ;
L'Espagne sait assez la valeur de son bras ;
Assez elle a fourni de lauriers à sa gloire :
Il faut qu'il en exige autre chose en ce jour ;
    Et que pour derniere victoire
Elle fournisse encore un myrte à son amour.

    THÉRESE est l'illustre conquête
    Où doivent tendre tous ses vœux :
    Jamais un myrte plus fameux
    Ne sauroit couronner sa tête.
Le ciel, qui les avoit l'un pour l'autre formés,
Voulut que d'un même or leurs jours fussent tramés.
Elle est digne de lui, comme il est digne d'elle :
Des reines et des rois chacun est le plus grand ;
    Et jamais conquête si belle
Ne mérita les vœux d'un si grand conquérant.

    A son exemple, tous les princes
    Ne songeront plus désormais
    Qu'à faire refleurir la paix
    Et le calme dans leurs provinces.
L'abondance par-tout ramenera les jeux ;
Les regrets et les soins s'enfuiront devant eux ;
Toutes craintes seront pour jamais étouffées.

Les glaives renfermés ne verront plus le jour,
        Ou bien se verront en trophées
Par les mains de la Paix consacrés à l'Amour.

        Cependant Louis et Thérese
        Passeront leur âge en ces lieux;
        Et, plus satisfaits que les dieux,
        Boiront le nectar à leur aise.
Je leur ferai cueillir, par de longues faveurs,
Tout ce que mon empire a de fruits et de fleurs,
Je bannirai loin d'eux tout sujet de tristesse.
Je serai dans leur cœur, je serai dans leurs yeux;
        Et c'est pour les suivre sans cesse
Que tu me vois quitter la demeure des cieux.

        Les Plaisirs viendront sur mes traces
        Charmer tes peuples réjouis;
        La Victoire suivra Louis;
        Thérese amenera les Graces.
Les dieux mêmes viendront passer ici leurs jours.
Ton repos en durée égalera ton cours.
Mars de ses cruautés n'y fera plus d'épreuves;
La gloire de ton nom remplira l'univers;
        Et la Seine sur tous les fleuves
Sera ce que Thétis est sur toutes les mers

Mais il est temps que je me rende
Vers le bel astre de ton roi;
Adieu, nymphe, console-toi
Sur une espérance si grande.
THÉRESE va venir, ne répands plus de pleurs;
Prépare seulement des lauriers et des fleurs,
Afin d'en faire hommage à sa beauté suprême.
Ainsi finit Amour, me laissant à ces mots:
Et je courus, à l'heure même,
Conter mon aventure aux nymphes de mes flots.

Ô dieux! que la seule pensée
De voir un astre si charmant
Leur fit oublier promptement
Toute leur misere passée!
Que le Tage souffrit! quels furent ses transports
Quand l'Amour lui ravit l'ornement de ses bords!
Et que pour lui la guerre eût été moins à craindre!
Ses nymphes, de regret, prirent toutes le deuil;
Et si leurs jours pouvoient s'éteindre,
La douleur auroit pu les conduire au cercueil.

Ce fut alors que les nuages
Dont nos jours étoient obscurcis
Devant vous furent éclaircis,
Et n'enfanterent plus d'orages.

Nos maux de votre main eurent leur guérison :
Vos yeux d'un nouveau jour peignirent l'horizon ;
La terre, sous vos pas, devint même fertile ;
Le Soleil, étonné de tant d'effets divers,
    Eut peur de se voir inutile,
Et qu'un autre que lui n'éclairât l'univers.

    L'impatiente Renommée,
    Ne pouvant cacher ses transports,
    Vint m'entretenir sur ces bords
    De l'objet qui l'avoit charmée.
Ô dieux ! que ses discours accrurent mes desirs !
Que je sentis dès lors de joie et de plaisirs
A vous ouir nommer si charmante et si belle !
Sa voix seule arrêta la course de mes eaux ;
    Les Zéphyrs en foule autour d'elle
Cesserent, pour l'ouir, d'agiter mes roseaux.

    Tout l'or dont se vante le Tage,
    Tout ce que l'Inde sur ses bords
    Vit jamais briller de trésors,
    Sembloit être sur mon rivage.
Qu'étoit-ce toutefois de ce grand appareil,
Dès qu'on jettoit les yeux sur l'éclat nompareil
Dont vos seules beautés vous avoient entourée ?
Je sais bien que Junon parut moins belle aux dieux,

Et moins digne d'être adorée,
Lorsqu'en nouvelle reine elle entra dans les cieux.

Régnez donc, princesse adorable,
Sans jamais quitter le séjour
De ce beau rivage, où l'Amour
Vous doit être si favorable.
Si l'on en croit ce dieu, vous y devez cueillir
Des roses que sa main gardera de vieillir,
Et qui d'aucun hiver ne craindront l'insolence;
Tandis qu'un nouveau Mars, sorti de votre sein,
Ira couronner sa vaillance
De la palme qui croît aux rives du Jourdain.

LA RENOMMÉE

AUX MUSES.

ODE.

On alloit oublier les Filles de mémoire;
  Et parmi les mortels
L'ignorance et l'erreur alloient ternir leur gloire,
  Et briser leurs autels:

Il falloit qu'un héros de qui la terre entiere
  Admire les exploits
Leur offrît un asyle, et fournît de matiere
  A leurs divines voix.

Elles étoient au ciel; et la nymphe qui vole,
  Et qui parle toujours,
Ne les vit pas plutôt qu'elle prit la parole,
  Et leur tint ce discours:

Puisqu'un nouvel Auguste aux rives de la Seine
  Vous appelle en ce jour,
Muses, pour voir Louis, abandonnez sans peine
  Le céleste séjour.

Aussi-bien voyez-vous que plusieurs des dieux même,
De sa gloire éblouis,
Prisent moins le nectar que le plaisir extrême
D'être auprès de Louis.

A peine marchoit-il, que la fille sacrée
Qui se plaît aux combats,
Et Thémis, qui préside aux balances d'Astrée,
Conduisirent ses pas.

Les Vertus, qui dès-lors suivirent leur exemple,
Virent avec plaisir
Que le cœur de Louis étoit le plus beau temple
Qu'elles pussent choisir.

Aussi prompte que tout, nous vîmes la Victoire
Suivre ses étendards,
Jurant qu'à si haut point elle mettroit sa gloire,
Qu'on le prendroit pour Mars.

On sait qu'elle marchoit devant cet Alexandre;
Et que, plus d'une fois,
Elle arrêta la Paix toute prête à descendre
Sur l'empire françois.

Mais enfin ce héros, plus craint que le tonnerre,

Après tant de hauts faits,
A trouvé moins de gloire à conquérir la terre
Qu'à ramener la Paix.

Ainsi près de Louis cette aimable déesse
Établit son séjour;
Et de mille autres dieux, qui la suivent sans cesse,
Elle peupla sa cour.

Entre les déités dont l'immortelle gloire
Parut en ces bas lieux,
On vit venir Thérese; et sa beauté fit croire
Qu'elle venoit des cieux.

Vous-même, en la voyant, avouerez que l'Aurore
Jette moins de clartés,
Eût-elle tout l'éclat et les habits encore
Dont vous la revêtez.

Mais quoique dans la paix Louis semble se plaire,
Quel orgueil aveuglé
Osera s'exposer aux traits de sa colere,
Sans en être accablé?

Ah! si ce grand héros vous paroît plein de charmes
Dans le sein de la paix,

Que vos yeux le verront terrible sous les armes,
S'il les reprend jamais !

Vous le verrez voler, plus vîte que la foudre,
Au milieu des hasards,
Faire ouvrir les cités, ou renverser en poudre
Leurs superbes remparts.

Qu'il fera beau chanter tant d'illustres merveilles
Et de faits inouis !
Et qu'en si beau sujet vous plairez aux oreilles
Des peuples de Louis !

Songez de quelle ardeur vous serez échauffées,
Quand, pour vous écouter,
Vous trouverez ce prince à l'ombre des trophées
Qu'il viendra de planter.

Ainsi le grand Achille, assis près des murailles
Où l'on pleuroit Hector,
De ses braves aïeux écoutoit les batailles,
Et les siennes encor.

Quoi que fasse Louis, soit en paix, soit en guerre,
Il vous peut inspirer
Des chants harmonieux, qui de toute la terre
Vous feront admirer.

Qu'on ne nous parle plus de l'amant d'Eurydice;
　　　Quoi qu'on dise de lui,
Le Strymon n'a rien vu que la Seine ne puisse
　　　Voir encore aujourd'hui.

Je vous promets bien plus: la Fortune, sensible
　　　A des charmes si doux,
Laissera désormais la rigueur inflexible
　　　Qu'elle eut toujours pour vous.

En vain de vos lauriers on se paroit la tête;
　　　Et vos chantres fameux
Etoient les plus sujets aux coups de la tempête,
　　　Et les plus malheureux.

C'est en vain qu'autrefois les lions et les arbres
　　　Vous suivoient pas à pas;
La Fortune, toujours plus dure que les marbres,
　　　Ne s'en émouvoit pas.

Mais ne la craignons plus: Louis, contre sa haine,
　　　Vous protege aujourd'hui;
Et près de cet Auguste un illustre Mécene
　　　Vous promet son appui.

Les soins de ce grand homme appaiseront la rage

De vos fiers ennemis;
Et, quoi qu'il vous promette, il fera davantage
Qu'il ne vous a promis.

Venez donc, puisqu'enfin vous ne sauriez élire
Un plus charmant séjour,
Que d'être auprès d'un roi dont le mérite attire
Tant de dieux à sa cour.

Moi-même auprès de lui je ferois ma demeure,
Si ses exploits divers
Ne me contraignoient pas de voler, à toute heure,
Au bout de l'univers.

Là finit son discours : et la troupe immortelle
Qui l'avoit écouté
Voulut voir le héros que la nymphe fidele
Leur avoit tant vanté.

Sa présence effaça dans leur ame charmée
Le souvenir des cieux;
Et, dans le même instant, la prompte Renommée
L'alla dire en tous lieux.

IDYLLE

SUR LA PAIX.

Un plein repos favorise vos vœux ;
Peuples, chantez la Paix, qui vous rend tous heureux.

Un plein repos favorise nos vœux ;
Chantons, chantons la Paix, qui nous rend tous heureux.

Charmante Paix, délices de la terre,
Fille du ciel, et mere des plaisirs,
Tu reviens combler nos desirs ;
Tu bannis la terreur et les tristes soupirs,
Malheureux enfants de la Guerre.

Un plein repos favorise nos vœux ;
Chantons, chantons la Paix, qui nous rend tous heureux

Tu rends le fils à sa tremblante mere ;
Par toi la jeune épouse espere
D'être long-temps unie à son époux aimé ;
De ton retour le laboureur charmé
Ne craint plus désormais qu'une main étrangere
Moissonne avant le temps le champ qu'il a semé ;

Tu pares nos jardins d'une grace nouvelle;
Tu rends le jour plus pur, et la terre plus belle.

Un plein repos favorise nos vœux;
Chantons, chantons la Paix, qui nous rend tous heureux.

Mais quelle main puissante et secourable
A rappellé du ciel cette Paix adorable?
Quel dieu sensible aux vœux de l'univers
A replongé la Discorde aux enfers?

Déja grondoient les horribles tonnerres
Par qui sont brisés les remparts;
Déja marchoit devant les étendards
Bellone, les cheveux épars,
Et se flattoit d'éterniser les guerres
Que sa fureur souffloit de toutes parts.

Divine Paix, apprends-nous par quels charmes
Un calme si profond succede à tant d'alarmes.

Un héros, des mortels l'amour et le plaisir,
Un roi victorieux vous a fait ce loisir.

Un héros, des mortels l'amour et le plaisir,
Un roi victorieux nous a fait ce loisir.

Ses ennemis, offensés de sa gloire,
Vaincus cent fois, et cent fois suppliants,
En leur fureur de nouveau s'oubliants,
Ont osé dans ses bras irriter la victoire.

Qu'ont-ils gagné ces esprits orgueilleux
Qui menaçoient d'armer la terre entiere?
Ils ont vu de nouveau resserrer leur frontiere:
Ils ont vu ce roc¹ sourcilleux,
De leur orgueil l'espérance derniere,
De nos champs fortunés devenir la barriere.

Un héros, des mortels l'amour et le plaisir,
Un roi victorieux nous a fait ce loisir.

Son bras est craint du couchant à l'aurore:
La foudre, quand il veut, tombe aux climats gelés,
Et sur les bords par le soleil brûlés:
De son courroux vengeur sur le rivage more
La terre fume encore.
Malheureux les ennemis
De ce prince redoutable!
Heureux les peuples soumis
A son empire équitable!

(1) Luxembourg.

Chantons, bergers, et nous réjouissons :
  Qu'il soit le sujet de nos fêtes.
Le calme dont nous jouissons
  N'est plus sujet aux tempêtes.
Chantons, bergers, et nous réjouissons :
  Qu'il soit le sujet de nos fêtes.
Le bonheur dont nous jouissons
Le flatte autant que toutes ses conquêtes.

De ces lieux l'éclat et les attraits,
    Ces fleurs odorantes,
    Ces eaux ' bondissantes,
    Ces ombrages frais,
Sont des dons de ses mains bienfaisantes.
De ces lieux l'éclat et les attraits
    Sont des fruits de ses bienfaits.

Il veut bien quelquefois visiter nos bocages ;
  Nos jardins ne lui déplaisent pas.
Arbres épais, redoublez vos ombrages ;
  Fleurs, naissez sous ses pas.
  Ô ciel, ô saintes destinées,
Qui prenez soin de ses jours florissants,
    Retranchez de nos ans
  Pour ajouter à ses années.

---

(1) La cascade de Sceaux.

Qu'il regne ce héros, qu'il triomphe toujours;
Qu'avec lui soit toujours la paix ou la victoire:
Que le cours de ses ans dure autant que le cours
 De la Seine et de la Loire.
Qu'il regne ce héros, qu'il triomphe toujours;
 Qu'il vive autant que sa gloire.

ÉPIGRAMMES.

I.

Sur l'IPHIGÉNIE DE LE CLERC.

ENTRE le Clerc et son ami Coras,
Deux grands auteurs, rimant de compagnie,
N'a pas long-temps s'ourdirent grands débats
Sur le propos de leur Iphigénie.
Coras lui dit : la piece est de mon crû.
Le Clerc répond : elle est mienne et non vôtre.
Mais aussitôt que la piece eut paru,
Plus n'ont voulu l'avoir fait l'un ni l'autre.

I I.

UN ordre, hier venu de Saint-Germain,
Veut qu'on s'assemble : on s'assemble demain.
Notre archevêque et cinquante-deux autres
    Successeurs des apôtres
S'y trouveront. Or de savoir quel cas
S'y traitera, c'est encore un mystere :
    C'est seulement chose très claire
Que nous avons cinquante-deux prélats
    Qui ne résident pas.

III.

Sur le GERMANICUS DE PRADON.

QUE je plains le destin du grand Germanicus !
    Quel fut le prix de ses rares vertus !
    Persécuté par le cruel Tibere,
    Empoisonné par le traître Pison,
Il ne lui restoit plus, pour derniere misere,
    Que d'être chanté par Pradon.

I V.

Sur le SÉSOSTRIS DE LONGEPIERRE.

CE fameux conquérant, ce vaillant Sésostris,
Qui jadis en Égypte, au gré des destinées,
    Véquit de si longues années,
    N'a vécu qu'un jour à Paris.

V.

Sur ANDROMAQUE.

LE vraisemblable est peu dans cette piece,
    Si l'on en croit et d'OLONNE et CRÉQUI.
CRÉQUI dit que Pyrrhus aime trop sa maîtresse ;
D'OLONNE, qu'Andromaque aime trop son mari.

VI.

Sur la MÊME TRAGÉDIE.

CRÉQUI prétend qu'Oreste est un pauvre homme
Qui soutient mal le rang d'ambassadeur,
Et CRÉQUI de ce rang connoît bien la splendeur :
Si quelqu'un l'entend mieux, je l'irai dire à Rome.

V I I.

Sur la JUDITH DE BOYER.

A SA JUDITH, Boyer, par aventure,
Étoit assis près d'un riche caissier :
Bien aise étoit, car le bon financier
S'attendrissoit et pleuroit sans mesure.
Bon gré vous sais, lui dit le vieux rimeur ;
Le beau vous touche, et ne seriez d'humeur
A vous saisir pour une baliverne.
Lors le richard, en larmoyant, lui dit :
Je pleure, hélas ! pour ce pauvre Holoferne,
Si méchamment mis à mort par Judith.

VIII.

L'ORIGINE DES SIFFLETS.

CES jours passés, chez un vieil histrion,
Un chroniqueur émut la question
Quand dans Paris commença la méthode
De ces sifflets qui sont tant à la mode.
Ce fut, dit l'un, aux pieces de BOYER.
Gens pour PRADON voulurent parier.
Non, dit l'acteur, je sais toute l'histoire,
Que par degrés je vais vous débrouiller.
BOYER apprit au parterre à bâiller:
Quant à PRADON, si j'ai bonne mémoire,
Pommes sur lui volerent largement;
Mais quand sifflets prirent commencement,
C'est, (j'y jouois, j'en suis témoin fidele)
C'est à l'ASPAR ' du sieur de FONTENELLE.

(1) Cette tragédie fut jouée en 1680. Elle n'eut que trois représentations.

I X.

*Sur les compliments que le Roi reçut au sujet
de sa convalescence.*

GRAND Dieu, conserve-nous ce roi victorieux
    Que tu viens de rendre à nos larmes;
Fais durer à jamais des jours si précieux:
    Que ce soient là nos dernieres alarmes.
        Empêche d'aller jusqu'à lui
    Le noir chagrin, le dangereux ennui,
    Toute langueur, toute fievre ennemie,
        Et les vers de l'académie.

X.

Pour le PORTRAIT DE M. ARNAUD.

SUBLIME en ses écrits, doux et simple de cœur,
Puisant la vérité jusqu'à son origine,
De tous ses longs travaux ARNAUD sortit vainqueur,
Et soutint de la foi l'antiquité divine.
De la grace il perça les mysteres obscurs;
Aux humbles pénitents traça des chemins sûrs;
Rappella le pécheur au joug de l'évangile:
Dieu fut l'unique objet de ses desirs constants;
L'église n'eut jamais, même en ses premiers temps,
De plus zélé vengeur, ni d'enfant plus docile.

X I.

ÉPITAPHE DE M. ARNAUD.

Haï des uns, chéri des autres,
Estimé de tout l'univers,
Et plus digne de vivre au siecle des apôtres
Que dans un siecle si pervers,
Arnaud vient de finir sa carriere pénible.
Les mœurs n'eurent jamais de plus grave censeur;
L'erreur, d'ennemi plus terrible;
L'église, de plus ferme et plus grand défenseur.

H Y M N E S

TRADUITES DU BRÉVIAIRE ROMAIN.

LE LUNDI A MATINES.

Somno refectis artubus, &c.

TANDIS que le sommeil réparant la nature
    Tient enchaînés le travail et le bruit,
Nous rompons ses liens, ô clarté toujours pure !
    Pour te louer dans la profonde nuit.

Que dès notre réveil notre voix te bénisse ;
    Qu'à te chercher notre cœur empressé
T'offre ses premiers vœux, et que par toi finisse
    Le jour par toi saintement commencé.

L'astre dont la présence écarte la nuit sombre
    Viendra bientôt recommencer son tour :
Ô vous, noirs ennemis qui vous glissez dans l'ombre,
    Disparoissez à l'approche du jour.

Nous t'implorons, Seigneur ; tes bontés sont nos armes ;
    De tout péché rends-nous purs à tes yeux ;
Fais que, t'ayant chanté dans ce séjour de larmes,
    Nous te chantions dans le repos des cieux.

Exauce, Pere saint, notre ardente priere,
  Verbe son fils, Esprit leur nœud divin,
Dieu qui, tout éclatant de ta propre lumiere,
  Regnes au ciel sans principe et sans fin.

A LAUDES.

Splendor paternae gloriae, &c.

Source ineffable de lumiere,
Verbe, en qui l'Éternel contemple sa beauté,
Astre, dont le soleil n'est que l'ombre grossiere;
Sacré jour, dont le jour emprunte sa clarté;

  Leve-toi, Soleil adorable,
Qui de l'éternité ne fais qu'un heureux jour;
Fais briller à nos yeux ta clarté secourable,
Et répands dans nos cœurs le feu de ton amour.

  Prions aussi l'auguste Pere,
Le Pere dont la gloire a devancé les temps,
Le Pere tout-puissant en qui le monde espere,
Qu'il soutienne d'en haut ses fragiles enfants.

  Donne-nous un ferme courage,
Brise la noire dent du serpent envieux:
Que le calme, grand Dieu, suive de près l'orage:
Fais-nous faire toujours ce qui plaît à tes yeux.

Guide notre ame dans ta route;
Rends notre corps docile à ta divine loi;
Remplis-nous d'un espoir que n'ébranle aucun doute,
Et que jamais l'erreur n'altere notre foi.

Que Christ soit notre pain céleste;
Que l'eau d'une foi vive abreuve notre cœur;
Ivres de ton esprit, sobres pour tout le reste,
Daigne à tes combattants inspirer ta vigueur.

Que la pudeur chaste et vermeille
Imite sur leur front la rougeur du matin;
Aux clartés du midi que leur foi soit pareille;
Que leur persévérance ignore le déclin.

L'aurore luit sur l'hémisphere:
Que Jésus dans nos cœurs daigne luire aujourd'hui,
Jésus qui tout entier est dans son divin pere,
Comme son divin pere est tout entier en lui.

Gloire à toi, Trinité profonde,
Pere, Fils, Esprit saint; qu'on t'adore toujours,
Tant que l'astre des temps éclairera le monde,
Et quand les siecles même auront fini leur cours.

LE MARDI A MATINES.

Consors paterni luminis, &c.

VERBE, égal au Très-haut, notre unique espérance,
    Jour éternel de la terre et des cieux,
De la paisible nuit nous rompons le silence:
    Divin Sauveur, jette sur nous les yeux.

Répands sur nous le feu de ta grace puissante;
    Que tout l'enfer fuie au son de ta voix;
Dissipe ce sommeil d'une ame languissante,
    Qui la conduit dans l'oubli de tes loix.

Ô Christ! sois favorable à ce peuple fidele,
    Pour te bénir maintenant assemblé;
Reçois les chants qu'il offre à ta gloire immortelle;
    Et de tes dons qu'il retourne comblé.

Exauce, Pere saint, notre ardente priere,
    Verbe son fils, Esprit leur nœud divin,
Dieu qui, tout éclatant de ta propre lumiere,
    Regnes au ciel sans principe et sans fin.

A LAUDES.

Ales diei nuncius, &c.

L'oiseau vigilant nous réveille,
Et ses chants redoublés semblent chasser la nuit :
Jésus se fait entendre à l'ame qui sommeille,
Et l'appelle à la vie, où son jour nous conduit.

Quittez, dit-il, la couche oisive
Où vous ensevelit une molle langueur :
Sobres, chastes et purs, l'œil et l'ame attentive,
Veillez, je suis tout proche, et frappe à votre cœur.

Ouvrons donc l'œil à sa lumiere,
Levons vers ce Sauveur et nos mains et nos yeux,
Pleurons et gémissons : une ardente priere
Écarte le sommeil, et pénetre les cieux.

Ô Christ ! ô soleil de justice !
De nos cœurs endurcis romps l'assoupissement;
Dissipe l'ombre épaisse où les plonge le vice,
Et que ton divin jour y brille à tout moment.

Gloire à toi, Trinité profonde, &c.

LE MERCREDI A MATINES.

Rerum Creator optime, &c.

GRAND DIEU , par qui de rien toute chose est formée,
    Jette les yeux sur nos besoins divers,
Romps ce fatal sommeil par qui l'ame charmée
    Dort en repos sur le bord des enfers.

Daigne, ô divin Sauveur que notre voix implore,
    Prendre pitié des fragiles mortels;
Et vois comme du lit, sans attendre l'aurore,
    Le repentir nous traîne à tes autels.

C'est là que notre troupe affligée, inquiete,
    Levant au ciel et le cœur et les mains,
Imite le grand Paul, et suit ce qu'un prophete
    Nous a prescrit dans ses cantiques saints.

Nous montrons à tes yeux nos maux et nos alarmes;
    Nous confessons tous nos crimes secrets;
Nous t'offrons tous nos vœux, nous y mêlons nos larmes
    Que ta bonté révoque tes arrêts.

Exauce, Pere saint, notre ardente priere, &c.

A L A U D E S.

Nox, et tenebrae, et nubila, &c.

Sombre nuit, aveugles ténebres,
Fuyez, le jour s'approche, et l'olympe blanchit:
Et vous, démons, rentrez dans vos prisons funebres;
De votre empire affreux un Dieu nous affranchit.

Le soleil perce l'ombre obscure;
Et les traits éclatants qu'il lance dans les airs,
Rompant le voile épais qui couvroit la nature,
Redonnent la couleur et l'ame à l'univers.

Ô Christ, notre unique lumiere,
Nous ne reconnoissons que tes saintes clartés;
Notre esprit t'est soumis; entends notre priere,
Et sous ton divin joug range nos volontés.

Souvent notre ame criminelle,
Sur sa fausse vertu, téméraire, s'endort:
Hâte-toi d'éclairer, ô lumiere éternelle,
Des malheureux assis dans l'ombre de la mort.

Gloire à toi, Trinité profonde, &c.

LE JEUDI A MATINES.

Nox atra rerum contegit, &c.

De toutes les couleurs que distinguoit la vue
    L'obscure nuit n'a fait qu'une couleur:
Juste juge des cœurs, notre ardeur assidue
    Demande ici tes yeux et ta faveur.

Qu'ainsi, prompt à guérir nos mortelles blessures,
    Ton feu divin dans nos cœurs répandu
Consume pour jamais leurs passions impures,
    Pour n'y laisser que l'amour qui t'est dû.

Effrayés des péchés dont le poids les accable
    Tes serviteurs voudroient se relever:
Ils implorent, Seigneur, ta bonté secourable,
    Et dans ton sang cherchent à se laver.

Seconde leurs efforts, dissipe l'ombre noire
    Qui dès long-temps les tient enveloppés;
Et que l'heureux séjour d'une immortelle gloire
    Soit l'objet seul de leurs cœurs détrompés.

Exauce, Pere saint, notre ardente priere, &c.

A L A U D E S.

Lux ecce surgit aurea , &c.

Les portes du jour sont ouvertes,
Le soleil peint le ciel de rayons éclatants:
Loin de nous cette nuit dont nos ames couvertes
Dans le chemin du crime ont erré si long-temps.

Imitons la lumiere pure
De l'astre étincelant qui commence son cours,
Ennemis du mensonge et de la fraude obscure,
Et que la vérité brille en tous nos discours.

Que ce jour se passe sans crime;
Que nos langues, nos mains, nos yeux, soient innocents;
Que tout soit chaste en nous, et qu'un frein légitime
Aux loix de la raison asservisse les sens.

Du haut de sa sainte demeure,
Un Dieu toujours veillant nous regarde marcher;
Il nous voit, nous entend, nous observe à toute heure,
Et la plus sombre nuit ne sauroit nous cacher.

Gloire à toi, Trinité profonde, &c.

LE VENDREDI A MATINES.

Tu, Trinitatis unitas, &c.

AUTEUR de toute chose, essence en trois unique,
    Dieu tout-puissant, qui régis l'univers,
Dans la profonde nuit nous t'offrons ce cantique;
    Écoute-nous, et vois nos maux divers.

Tandis que du sommeil le charme nécessaire
    Ferme les yeux du reste des humains,
Le cœur tout pénétré d'une douleur amere,
    Nous implorons tes secours souverains.

Que tes feux de nos cœurs chassent la nuit fatale;
    Qu'à leur éclat soient d'abord dissipés
Ces objets dangereux que la ruse infernale
    Dans un vain songe offre à nos sens trompés.

Que notre corps soit pur; qu'une indolence ingrate
    Ne tienne point nos cœurs ensevelis;
Que par l'impression du vice qui nous flatte
    Tes feux sacrés n'y soient point affoiblis.

Qu'ainsi, divin Sauveur, tes lumieres célestes,
    Dans tes sentiers affermissant nos pas,

Nous détournent toujours de ces pieges funestes
Que le démon couvre de mille appas.

Exauce, Pere saint, notre ardente priere, &c.

A L A U D E S.

AEterna cœli gloria, &c.

Astre que l'olympe révere,
Doux espoir des mortels rachetés par ton sang,
Verbe, Fils éternel du redoutable Pere,
Jésus, qu'une humble Vierge a porté dans son flanc,

Affermis l'ame qui chancele;
Fais que, levant au ciel nos innocentes mains,
Nous chantions dignement et ta gloire immortelle
Et les biens dont ta grace a comblé les humains.

L'astre avant-coureur de l'aurore
Du soleil qui s'approche annonce le retour;
Sous le pâle horizon l'ombre se décolore;
Leve-toi dans nos cœurs, chaste et bienheureux jour.

Sois notre inséparable guide;
Du siecle ténébreux perce l'obscure nuit;

Défends-nous en tout temps contre l'attrait perfide
De ces plaisirs trompeurs dont la mort est le fruit.

Que la foi dans nos cœurs gravée
D'un rocher immobile ait la stabilité;
Que sur ce fondement l'espérance élevée
Porte pour comble heureux l'ardente charité.

Gloire à toi, Trinité profonde,
Pere, Fils, Esprit saint; qu'on t'adore toujours,
Tant que l'astre des temps éclairera le monde,
Et quand les siecles même auront fini leur cours.

LE SAMEDI A MATINES.

Summæ Deus clementiæ, &c.

Ô TOI qui d'un œil de clémence
Vois les égarements des fragiles humains,
Toi dont l'être un en trois et le même en puissance
A créé ce grand tout soutenu par tes mains,

Éteins ta foudre dans les larmes
Qu'un juste repentir mêle à nos chants sacrés;
Et que puisse ta grace, où brillent tes doux charmes,
Te préparer un temple en nos cœurs épurés!

Brûle en nous de tes saintes flammes
Tout ce qui de nos sens excite les transports,
Afin que, toujours prêts, nous puissions dans nos ames
Du démon de la chair vaincre tous les efforts.

Pour chanter ici tes louanges
Notre zele, Seigneur, a devancé le jour:
Fais qu'ainsi nous chantions un jour avec tes anges
Les biens qu'à tes élus assure ton amour.

Pere des anges et des hommes,
Sacré Verbe, Esprit saint, profonde Trinité,
Sauve-nous ici bas des périls où nous sommes,
Et qu'on loue à jamais ton immense bonté.

A LAUDES.

Aurora jam spargit polum, &c.

L'AURORE brillante et vermeille
Prépare le chemin au soleil qui la suit;
Tout rit aux premiers traits du jour qui se réveille:
Retirez-vous, démons qui volez dans la nuit.

Fuyez, songes, troupe menteuse,
Dangereux ennemis par la nuit enfantés;
Et que fuie avec vous la mémoire honteuse
Des objets qu'à nos sens vous avez présentés.

Chantons l'auteur de la lumiere,
Jusqu'au jour où son ordre a marqué notre fin;
Et qu'en le bénissant notre aurore derniere
Se perde en un midi sans soir et sans matin.

Gloire à toi, Trinité profonde,
Pere, Fils, Esprit saint; qu'on t'adore toujours,
Tant que l'astre des temps éclairera le monde,
Et quand les siecles même auront fini leur cours.

LE LUNDI A VÊPRES.

Immense cœli conditor, &c.

GRAND DIEU, qui vis les cieux se former sans matiere,
$\qquad$ A ta voix seulement;
Tu séparas les eaux, leur marquant pour barriere
$\qquad$ Le vaste firmament.

Si la voûte céleste a ses plaines liquides,
$\qquad$ La terre a ses ruisseaux,
Qui contre les chaleurs portent aux champs arides
$\qquad$ Le secours de leurs eaux :

Seigneur, qu'ainsi les eaux de ta grace féconde
$\qquad$ Réparent nos langueurs;
Que nos sens désormais vers les appas du monde
$\qquad$ N'entraînent plus nos cœurs.

Fais briller de ta foi les lumieres propices
$\qquad$ A nos yeux éclairés;
Qu'elle arrache le voile à tous les artifices
$\qquad$ Des enfers conjurés.

Regne, ô Pere éternel, Fils, sagesse incréée,
$\qquad$ Esprit saint, Dieu de paix,
Qui fais changer des temps l'inconstante durée,
$\qquad$ Et ne changes jamais.

LE MARDI A VÊPRES.

Telluris ingens conditor, &c.

Ta sagesse, grand Dieu, dans tes œuvres tracée,
    Débrouilla le chaos,
Et fixant sur son poids la terre balancée,
    La sépara des flots.

Par-là, son sein fécond de fleurs et de feuillages
    L'embellit tous les ans,
L'enrichit de doux fruits, couvre de pâturages
    Ses vallons et ses champs.

Seigneur, fais de ta grace à notre ame abattue
    Goûter les fruits heureux;
Et que puissent nos pleurs de la chair corrompue
    Éteindre en nous les feux.

Que sans cesse nos cœurs, loin du sentier des vices,
    Suivent tes volontés;
Qu'innocents à tes yeux ils fondent leurs délices
    Sur tes seules bontés.

Regne, ô Pere éternel, Fils, sagesse incréée, &c.

LE MERCREDI A VÊPRES.

Cœli Deus sanctissime, &c.

GRAND DIEU, qui fais briller sur la voûte étoilée
    Ton trône glorieux,
Et d'une blancheur vive à la pourpre mêlée
    Peins le ceintre des cieux;

Par toi roule à nos yeux sur un char de lumiere
    Le clair flambeau des jours;
De tant d'astres par toi la lune en sa carriere
    Voit le différent cours.

Ainsi sont séparés les jours des nuits prochaines
    Par d'immuables loix;
Ainsi tu fais connoître, à des marques certaines,
    Les saisons et les mois.

Seigneur, répands sur nous ta lumiere céleste,
    Guéris nos maux divers;
Que ta main secourable, au démon si funeste,
    Brise enfin tous nos fers.

Regne, ô Pere éternel, Fils, sagesse incréée, &c.

LE JEUDI A VÊPRES.

Magnae Deus potentiae, &c.

Seigneur, tant d'animaux par toi des eaux fécondes
 Sont produits à ton choix,
Que leur nombre infini peuple ou les mers profondes,
 Ou les airs, ou les bois.

Ceux-là sont humectés des flots que la mer roule,
 Ceux-ci de l'eau des cieux,
Et de la même source ainsi sortis en foule
 Occupent divers lieux.

Fais, ô Dieu tout-puissant, fais que tous les fideles,
 A ta grace soumis,
Ne retombent jamais dans les chaînes cruelles
 De leurs fiers ennemis.

Que, par toi soutenus, le joug pesant des vices
 Ne les accable pas;
Qu'un orgueil téméraire en d'affreux précipices
 N'engage point leurs pas.

Regne, ô Pere éternel, Fils, sagesse incréée, &c.

LE VENDREDI A VÊPRES.

Plasmator hominis, Deus, &c.

CRÉATEUR des humains, grand Dieu, souverain maître
    De ce vaste univers,
Qui du sein de la terre, à ton ordre, vis naître
    Tant d'animaux divers;

A ces grands corps sans nombre et différents d'espece,
    Animés à ta voix,
L'homme fut établi par ta haute sagesse
    Pour imposer ses loix.

Seigneur, qu'ainsi ta grace à nos vœux accordée
    Regne dans notre cœur;
Que nul excès honteux, que nulle impure idée
    N'en chasse la pudeur.

Qu'un saint ravissement éclate en notre zele;
    Guide toujours nos pas;
Fais d'une paix profonde à ton peuple fidele
    Goûter les doux appas.

Regne, ô Pere éternel, Fils, sagesse incréée, &c.

LE SAMEDI A VÊPRES.

O lux, beata Trinitas, &c.

SOURCE éternelle de lumiere,
Trinité souveraine et très simple unité,
Le visible soleil vá finir sa carriere,
Fais luire dans nos cœurs l'invisible clarté.

Qu'au doux concert de tes louanges
Notre voix et commence et finisse le jour;
Et que notre ame enfin chante avec tes saints anges
Le cantique éternel de ton céleste amour.

Adorons le Pere suprême,
Principe sans principe, abîme de splendeur;
Le Fils, Verbe du Pere, engendré dans lui-même;
L'Esprit, des deux qu'il lie, amour, don, paix, ardeur.

CANTIQUES SPIRITUELS.

CANTIQUE PREMIER

A LA LOUANGE DE LA CHARITÉ,

Tiré de S. Paul. Iere aux Corinthiens, ch. 13.

Les méchants m'ont vanté leurs mensonges frivoles;
    Mais je n'aime que les paroles
    De l'éternelle vérité.
    Plein du feu divin qui m'inspire,
    Je consacre aujourd'hui ma lyre
    A la céleste Charité.

En vain je parlerois le langage des anges;
    En vain, mon Dieu, de tes louanges
    Je remplirois tout l'univers:
    Sans amour, ma gloire n'égale
    Que la gloire de la cymbale
    Qui d'un vain bruit frappe les airs.

Que sert à mon esprit de percer les abîmes
    Des mysteres les plus sublimes,
    Et de lire dans l'avenir?
    Sans amour ma science est vaine,
    Comme le songe, dont à peine
    Il reste un léger souvenir.

Que me sert que ma foi transporte les montagnes;
    Que dans les arides campagnes
    Les torrents naissent sous mes pas;
    Ou que, ranimant la poussiere,
    Elle rende aux morts la lumiere;
    Si l'amour ne l'anime pas?

Oui, mon Dieu, quand mes mains de tout mon héritage
    Aux pauvres feroient le partage;
    Quand même, pour le nom chrétien
    Bravant les croix les plus infâmes,
    Je livrerois mon corps aux flammes;
    Si je n'aime, je ne suis rien.

Que je vois de vertus qui brillent sur ta trace,
    Charité, fille de la Grace!
    Avec toi marche la Douceur,
    Que suit avec un air affable
    La Patience, inséparable
    De la Paix, son aimable sœur.

Tel que l'astre du jour écarte les ténebres,
    De la nuit compagnes funebres:
    Telle tu chasses d'un coup-d'œil
    L'envie aux humains si fatale,
    Et toute la troupe infernale
    Des vices, enfants de l'orgueil.

Libre d'ambition, simple et sans artifice,
    Autant que tu hais l'injustice,
    Autant la vérité te plaît.
    Que peut la colere farouche
    Sur un cœur que jamais ne touche
    Le soin de son propre intérêt?

Aux foiblesses d'autrui loin d'être inexorable,
    Toujours d'un voile favorable
    Tu t'efforces de les couvrir.
    Quel triomphe manque à ta gloire?
    L'amour sait tout vaincre, tout croire,
    Tout espérer, et tout souffrir.

Un jour Dieu cessera d'inspirer des oracles;
    Le don des langues, les miracles,
    La science aura son déclin:
    L'amour, la Charité divine,
    Éternelle en son origine,
    Ne connoîtra jamais de fin.

Nos clartés ici bas ne sont qu'énigmes sombres:
    Mais Dieu sans voiles et sans ombres
    Nous éclairera dans les cieux;
    Et ce Soleil inaccessible,
    Comme à ses yeux je suis visible,
    Se rendra visible à mes yeux.

L'amour sur tous les dons l'emporte avec justice.
    De notre céleste édifice
    La Foi vive est le fondement;
    La sainte Espérance l'éleve;
    L'ardente Charité l'acheve,
    Et l'assure éternellement.

Quand pourrai-je t'offrir, ô Charité suprême,
    Au sein de la lumiere même,
    Le cantique de mes soupirs;
    Et, toujours brûlant pour ta gloire,
    Toujours puiser et toujours boire
    Dans la source des vrais plaisirs!

CANTIQUE II.

Sur le bonheur des justes, et sur le malheur des
réprouvés.

Tiré de la Sagesse, ch. 5.

    HEUREUX qui, de la sagesse
    Attendant tout son secours,
    N'a point mis en la richesse
    L'espoir de ses derniers jours!
    La mort n'a rien qui l'étonne;
    Et, dès que son Dieu l'ordonne,

Son ame, prenant l'essor,
S'éleve d'un vol rapide
Vers la demeure où réside
Son véritable trésor.

De quelle douleur profonde
Seront un jour pénétrés
Ces insensés qui du monde,
Seigneur, vivent enivrés;
Quand, par une fin soudaine,
Détrompés d'une ombre vaine
Qui passe, et ne revient plus,
Leurs yeux, du fond de l'abîme,
Près de ton trône sublime
Verront briller tes élus!

Infortunés que nous sommes!
Où s'égaroient nos esprits?
Voilà, diront-ils, ces hommes
Vils objets de nos mépris:
Leur sainte et pénible vie
Nous parut une folie;
Mais aujourd'hui triomphants,
Le ciel chante leur louange,
Et Dieu lui-même les range
Au nombre de ses enfants.

Pour trouver un bien fragile
Qui nous vient d'être arraché,
Par quel chemin difficile,
Hélas! nous avons marché!
Dans une route insensée
Notre ame en vain s'est lassée
Sans se reposer jamais,
Fermant l'œil à la lumiere
Qui nous montroit la carriere
De la bienheureuse paix.

De nos attentats injustes
Quel fruit nous est-il resté?
Où sont les titres augustes
Dont notre orgueil s'est flatté?
Sans amis et sans défense,
Au trône de la vengeance
Appellés en jugement,
Foibles et tristes victimes,
Nous y venons de nos crimes
Accompagnés seulement.

Ainsi, d'une voix plaintive,
Exprimera ses remords
La pénitence tardive
Des inconsolables morts.

Ce qui faisoit leurs délices,
Seigneur, fera leurs supplices;
Et, par une égale loi,
Tes Saints trouveront des charmes
Dans le souvenir des larmes
Qu'ils versent ici pour toi.

C A N T I Q U E I I I.

Plainte d'un Chrétien sur les contrariétés qu'il
éprouve au-dedans de lui-même.

Tiré de Saint Paul aux Romains, ch. 7.

Mon Dieu, quelle guerre cruelle!
Je trouve deux hommes en moi:
L'un veut que, plein d'amour pour toi,
Mon cœur te soit toujours fidele;
L'autre, à tes volontés rebelle,
Me révolte contre ta loi.

L'un, tout esprit et tout céleste,
Veut qu'au ciel sans cesse attaché,
Et des biens éternels touché,
Je compte pour rien tout le reste;
Et l'autre par son poids funeste
Me tient vers la terre penché.

Hélas! en guerre avec moi-même,
Où pourrai-je trouver la paix?
Je veux, et n'accomplis jamais:
Je veux; mais, ô misere extrême!
Je ne fais pas le bien que j'aime,
Et je fais le mal que je hais.

Ô Grace, ô rayon salutaire,
Viens me mettre avec moi d'accord;
Et, domtant par un doux effort
Cet homme qui t'est si contraire,
Fais ton esclave volontaire
De cet esclave de la mort.

CANTIQUE IV.

Sur les vaines occupations des gens du siecle.

Tiré de divers endroits d'Isaïe et de Jérémie.

QUEL charme vainqueur du monde
Vers Dieu m'éleve aujourd'hui?
Malheureux l'homme qui fonde
Sur les hommes son appui!
Leur gloire fuit et s'efface
En moins de temps que la trace

Du vaisseau qui fend les mers,
Ou de la fleche rapide,
Qui, loin de l'œil qui la guide,
Cherche l'oiseau dans les airs.

De la sagesse immortelle
La voix tonne et nous instruit.
Enfants des hommes, dit-elle,
De vos soins quel est le fruit?
Par quelle erreur, ames vaines,
Du plus pur sang de vos veines
Achetez-vous si souvent,
Non un pain qui vous repaisse,
Mais une ombre qui vous laisse
Plus affamés que devant!

Le pain que je vous propose
Sert aux anges d'aliment;
Dieu lui-même le compose
De la fleur de son froment:
C'est ce pain si délectable
Que ne sert point à sa table
Le monde que vous suivez.
Je l'offre à qui veut me suivre;
Approchez. Voulez-vous vivre?
Prenez, mangez, et vivez.

Ô sagesse, ta parole
Fit éclore l'univers,
Posa sur un double pole
La terre au milieu des airs.
Tu dis; et les cieux parurent,
Et tous les astres coururent
Dans leur ordre se placer.
Avant les siecles tu regnes.
Et qui suis-je, que tu daignes
Jusqu'à moi te rabaisser?

Le Verbe, image du Pere,
Laissa son trône éternel,
Et d'une mortelle mere
Voulut naître homme et mortel.
Comme l'orgueil fut le crime
Dont il naissoit la victime,
Il dépouilla sa splendeur,
Et vint, pauvre et misérable,
Apprendre à l'homme coupable
Sa véritable grandeur.

L'ame, heureusement captive,
Sous ton joug trouve la paix,
Et s'abreuve d'une eau vive
Qui ne s'épuise jamais.

Chacun peut boire en cette onde;
Elle invite tout le monde :
Mais nous courons follement
Chercher des sources bourbeuses,
Ou des citernes trompeuses,
D'où l'eau fuit à tout moment.

PREMIERE LETTRE
DE M. RACINE

A l'auteur des hérésies imaginaires et des deux visionnaires.

MONSIEUR,

JE vous déclare que je ne prends point de parti entre monsieur Desmarêts et vous ; je laisse à juger au monde quel est le visionnaire de vous deux. J'ai lu jusqu'ici vos lettres avec assez d'indifférence, quelquefois avec plaisir, quelquefois avec dégoût, selon qu'elles me sembloient bien ou mal écrites. Je remarquois que vous prétendiez prendre la place de l'auteur [1] des petites lettres : mais je remarquois en même temps que vous étiez beaucoup au-dessous de lui, et qu'il y avoit une grande différence entre une provinciale et une imaginaire.

Je m'étonnois même de voir le Port-Royal aux mains avec MM. Chamillart [2] et Desmarêts. Où est cette fierté, disois-je, qui n'en vouloit qu'au pape, aux archevêques et aux jésuites ? Et j'admirois en secret la con-

---

(1) Des lettres provinciales.

(2) Docteur de sorbonne.

duite de ces peres, qui vous ont fait prendre le change, et qui ne sont plus maintenant que les spectateurs de vos querelles. Ne croyez pas pour cela que je vous blâme de les laisser en repos : au contraire, si j'ai à vous blâmer de quelque chose, c'est d'étendre vos inimitiés trop loin, et d'intéresser dans le démêlé que vous avez avec Desmarêts cent autres personnes dont vous n'avez aucun sujet de vous plaindre.

Et qu'est-ce que les romans et les comédies peuvent avoir de commun avec le jansénisme ? Pourquoi voulez-vous que ces ouvrages d'esprit soient une occupation peu honorable devant les hommes, et horrible devant Dieu ? Faut-il, parceque Desmarêts a fait autrefois un roman et des comédies, que vous preniez en aversion tous ceux qui se sont mêlés d'en faire ? Vous avez assez d'ennemis : pourquoi en chercher de nouveaux ? Ô que le provincial étoit bien plus sage que vous ! Voyez comme il flatte l'académie dans le temps même qu'il persécute la sorbonne. Il n'a pas voulu se mettre tout le monde sur les bras ; il a ménagé les faiseurs de romans : il s'est fait violence pour les louer ; car, Dieu merci, vous ne louez jamais que ce que vous faites. Et, croyez-moi, ce sont peut-être les seules gens qui vous étoient favorables.

Mais, si vous n'étiez pas content d'eux, il ne falloit pas tout d'un coup les injurier. Vous pouviez employer des termes plus doux que ces mots d'*empoisonneurs publics* [1], *et de gens horribles parmi les Chrétiens*. Pensez-vous que l'on vous en croie sur votre parole? Non, non, monsieur; on n'est point accoutumé à vous croire si légèrement. Il y a vingt ans que vous dites tous les jours que les cinq propositions ne sont pas dans Jansénius; cependant on ne vous croit pas encore.

Mais nous connoissons l'austérité de votre morale. Nous ne trouvons point étrange que vous damniez les poëtes; vous en damnez bien d'autres qu'eux. Ce qui nous surprend, c'est de voir que vous voulez empêcher les hommes de les honorer. Hé, monsieur! contentez-vous de donner les rangs dans l'autre monde; ne réglez point les récompenses de celui-ci: vous l'avez quitté il y a long-temps. Laissez-le juger des choses qui lui appartiennent. Plaignez-le, si vous voulez, d'aimer des bagatelles, et d'estimer ceux qui les font; mais ne leur enviez point de misérables honneurs auxquels vous avez renoncé.

Aussi-bien il ne vous sera pas facile de les leur ôter: ils en sont en possession depuis trop de siecles. Sopho-

---

(1) *D'empoisonneurs publics, &c.* Voyez le passage de la première Visionnaire. « Ces qualités, *de faire des romans et des pieces de théâtre,* qui ne sont pas fort « honorables au jugement des honnêtes gens, sont horribles étant considérées « selon les principes de la religion chrétienne et les regles de l'évangile. Un fai- « seur de romans et un poëte de théâtre est un empoisonneur public, non des « corps, mais des ames, &c. »

cle, Euripide, Térence, Homere et Virgile nous sont encore en vénération, comme ils l'ont été dans Athènes et dans Rome. Le temps, qui a abattu les statues qu'on leur a élevées à tous, et les temples mêmes qu'on a élevés à quelques uns d'eux, n'a pas empêché que leur mémoire ne vînt jusqu'à nous. Notre siecle, qui ne croit pas être obligé de suivre votre jugement en toutes choses, nous donne tous les jours des marques de l'estime qu'il fait de ces sortes d'ouvrages, dont vous parlez avec tant de mépris ; et malgré toutes ces maximes séveres que toujours quelque passion vous inspire, il ose prendre la liberté de considérer toutes les personnes en qui l'on voit luire quelques étincelles du feu qui échauffa autrefois ces grands génies de l'antiquité.

Vous croyez, sans doute, qu'il est bien plus honorable de faire des ¹ *enluminures, des chamillardes,* et des *onguents pour la brûlure.* Que voulez-vous ? tout le monde n'est pas capable de s'occuper à des choses si importantes ; tout le monde ne peut pas écrire contre les jésuites : on peut arriver à la gloire par plus d'une voie.

Mais, direz-vous, il n'y a plus maintenant de gloire à composer des romans et des comédies. Ce que les Païens ont honoré est devenu horrible parmi les Chré-

---

(1) *Des enluminures, des chamillardes, &c.* ce sont les titres de quelques livres que MM. du Port-Royal écrivoient en ce temps-là contre leurs adversaires.

tiens. Je ne suis pas un théologien comme vous : je prendrai pourtant la liberté de vous dire que l'Église ne nous défend point de lire les poètes, qu'elle ne nous commande point de les avoir en horreur. C'est en partie dans leur lecture, que les anciens peres se sont formés. Saint Grégoire de Nazianze n'a pas fait de difficulté de mettre la passion de Notre-Seigneur en tragédie. Saint Augustin cite Virgile aussi souvent que vous citez saint Augustin.

Je sais bien qu'il s'accuse de s'être laissé attendrir à la comédie, et d'avoir pleuré en lisant Virgile. Qu'est-ce que vous concluez de là? Direz-vous qu'il ne faut plus lire Virgile, et ne plus aller à la comédie? Mais saint Augustin s'accuse aussi d'avoir pris trop de plaisir aux chants de l'église. Est-ce à dire qu'il ne faut plus aller à l'église?

Et vous autres, qui avez succédé à ces peres, de quoi vous êtes-vous avisés de mettre en françois les comédies de Térence? Falloit-il interrompre vos saintes occupations pour devenir des traducteurs de comédies? Encore, si vous nous les aviez données avec leurs graces, le public vous seroit obligé de la peine que vous avez prise. Vous direz peut-être que vous en avez retranché quelques libertés. Mais vous dites aussi que le soin qu'on prend de couvrir les passions d'un voile d'honnêteté ne sert qu'à les rendre plus dangereuses. Ainsi vous voilà vous-mêmes au rang des *empoisonneurs*.

Est-ce que vous êtes maintenant plus saints que vous n'étiez en ce temps-là ? Point du tout ; mais en ce temps-là Desmarêts n'avoit pas écrit contre vous : le crime du poète vous a irrités contre la poésie. Vous n'avez pas considéré que ni monsieur d'Urfé, ni Corneille, ni Gomberville votre ancien ami, n'étoient point responsables de la conduite de Desmarêts : vous les avez tous enveloppés dans sa disgrace. Vous avez même oublié que mademoiselle de Scudéry avoit fait une peinture avantageuse du Port-Royal dans sa Clélie. Cependant j'avois oui dire que vous aviez souffert patiemment qu'on vous eût loués dans ce livre horrible. L'on fit venir au désert le volume qui parloit de vous : il y courut de main en main, et tous les solitaires voulurent voir l'endroit où ils étoient traités d'*illustres*. Ne lui a-t-on pas même rendu ses louanges dans l'une des *provinciales ?* et n'est-ce pas elle que l'auteur entend, lorsqu'il parle d'une personne qu'il admire sans la connoître ?

Mais, monsieur, si je m'en souviens, on a loué même Desmarêts dans ces lettres. D'abord l'auteur en avoit parlé avec mépris, sur le bruit qui couroit qu'il travailloit aux apologies des jésuites. Il vous fit savoir qu'il n'y avoit point de part : aussitôt il fut loué comme un homme d'honneur et comme un homme d'esprit.

Tout de bon, monsieur, ne vous semble-t-il pas

qu'on pourroit faire sur ce procédé les mêmes réflexions que vous avez faites tant de fois sur le procédé
des jésuites ? Vous les accusez de n'envisager dans les
personnes, que la haine ou l'amour qu'on avoit pour
leur compagnie. Vous deviez éviter de leur ressembler.
Cependant on vous a vus de tout temps louer et blâmer
le même homme, selon que vous étiez contents ou mal
satisfaits de lui. Sur quoi je vous ferai souvenir d'une
petite histoire que m'a contée autrefois un de vos amis:
elle marque assez bien votre caractere.

Il disoit qu'un jour deux capucins arriverent à Port-
Royal, et y demanderent l'hospitalité. On les reçut
d'abord assez froidement, comme tous les religieux y
étoient reçus. Mais enfin il étoit tard, et l'on ne put
pas se dispenser de les recevoir. On les mit tous deux
dans une chambre, et on leur porta à souper. Comme
ils étoient à table, le diable, qui ne vouloit pas que ces
bons peres soupassent à leur aise, mit dans la tête de
quelqu'un de vos messieurs que l'un de ces capucins
étoit un certain pere Maillard, qui s'étoit depuis peu
signalé à Rome en sollicitant la bulle du pape contre
Jansénius. Ce bruit vint aux oreilles de la mere [1] Angélique. Elle accourt au parloir avec précipitation, et demande qu'est-ce qu'on a servi aux capucins, quel pain

---

(1) Angélique Arnauld, Abbesse de Port-Royal. Elle étoit sœur de M. Arnaud, docteur de sorbonne, et de M. d'Andilli.

et quel vin on leur a donnés. La touriere lui répond qu'on leur a donné du pain blanc et du vin des messieurs. Cette supérieure zélée commande qu'on le leur ôte, et que l'on mette devant eux du pain des valets et du cidre. L'ordre s'exécute. Ces bons peres, qui avoient bu chacun un coup, sont bien étonnés de ce changement. Ils prennent pourtant la chose en patience, et se couchent, non sans admirer le soin qu'on prenoit de leur faire faire pénitence. Le lendemain ils demanderent à dire la messe, ce qu'on ne put pas leur refuser. Comme ils la disoient, M. de Bagnols entra dans l'église, et fut bien surpris de trouver le visage d'un capucin de ses parents, dans celui que l'on prenoit pour le pere Maillard. M. de Bagnols avertit la mere Angélique de son erreur, et l'assura que ce pere étoit un fort bon religieux, et même dans le cœur assez ami de la vérité. Que fit la mere Angélique? elle donna des ordres tout contraires à ceux du jour de devant. Les capucins furent conduits avec honneur de l'église dans le réfectoire, où ils trouverent un bon déjeûner qui les attendoit, et qu'ils mangerent de fort bon cœur, bénissant Dieu qui ne leur avoit pas fait manger leur pain blanc le premier.

Voilà, monsieur, comme vous avez traité Desmarêts, et comme vous avez toujours traité tout le monde. Qu'une femme fût dans le désordre, qu'un homme fût dans la débauche, s'ils se disoient de vos amis, vous espériez toujours de leur salut : s'ils vous étoient peu favorables, quelque vertueux qu'ils fussent, vous appréhendiez toujours le jugement de Dieu pour eux. La science étoit traitée comme la vertu. Ce n'étoit pas assez, pour être savant, d'avoir étudié toute sa vie, d'avoir lu tous les auteurs, il falloit avoir lu Jansénius, et n'y avoir point lu les propositions.

Je ne doute point que vous ne vous justifiiez par l'exemple de quelque pere : car qu'est-ce que vous ne trouvez point dans les peres? Vous nous direz que Saint Jérôme a loué Rufin comme le plus savant homme de son siecle, tant qu'il a été son ami; et qu'il traita le même Rufin comme le plus ignorant de son siecle, depuis qu'il se fut jetté dans le parti d'Origene. Mais vous m'avouerez que ce n'est pas cette inégalité de sentiments qui l'a mis au rang des saints et des docteurs de l'église.

Et, sans sortir encore de l'exemple de Desmarêts, quelles exclamations ne faites-vous point sur ce qu'un homme qui a fait autrefois des romans, et qui confesse, à ce que vous dites, qu'il a mené une vie déréglée, a la hardiesse d'écrire sur les matieres de la religion ! Dites-moi, monsieur, que faisoit dans le monde monsieur le Maître? Il plaidoit, il faisoit des vers. Tout cela est également profane, selon vos maximes. Il avoue aussi, dans une lettre, qu'il a été dans le déréglement, et qu'il s'est retiré chez vous pour pleurer ses crimes. Comment donc avez-vous souffert qu'il ait tant fait de traductions, tant de livres sur les matieres de la grace? Ho, ho ! direz-vous, il a fait auparavant une longue et sérieuse pénitence; il a été deux ans entiers à bécher le jardin, à faucher les prés, à laver les vaisselles ; voilà ce qui l'a rendu digne de la doctrine de saint Augustin. Mais, monsieur, vous ne savez pas quelle a été la pénitence de Desmarêts; peut-être a-t-il fait plus que tout cela. Croyez-moi, vous n'y regarderiez point de si près, s'il avoit écrit en votre faveur. C'étoit là le seul moyen de sanctifier une plume profanée par des romans et des comédies.

Enfin, je vous demanderois volontiers ce qu'il faut que nous lisions, si ces sortes d'ouvrages nous sont défendus. Encore faut-il que l'esprit se délasse quelquefois. Nous ne pouvons pas toujours lire vos livres. Et puis, à vous dire la vérité, vos livres ne se font plus lire comme ils faisoient : il y a long-temps que vous ne dites plus rien de nouveau. En combien de façons avez-vous conté l'histoire du pape Honorius? Que l'on regarde ce que vous avez fait depuis dix ans, vos disquisitions, vos dissertations, vos réflexions, vos considérations, vos observations, on n'y trouvera aucune chose, sinon que les propositions ne sont pas dans Jansénius.

Hé! messieurs, demeurez-en là : ne le dites plus. Aussi
bien, à vous parler franchement, nous sommes résolus
d'en croire plutôt le pape et le clergé de France, que
vous.

Pour vous, monsieur, qui entrez maintenant en lice
contre Desmarêts, nous ne refusons point de lire vos
lettres. Poussez votre ennemi à toute rigueur : exami-
nez chrétiennement ses mœurs et ses livres : feuilletez
les registres du Châtelet : employez l'autorité de saint
Bernard, pour le déclarer visionnaire : établissez de
bonnes regles pour nous aider à reconnoître les fous;
nous nous en servirons en temps et lieu. Mais ne lui
portez point de coups qui puissent retomber sur les
autres. Sur-tout, je vous le répete, gardez-vous bien
de croire vos lettres aussi bonnes que les *lettres provinciales*. Ce seroit une étrange vision que celle-là. Je vois
bien que vous voulez attraper ce genre d'écrire. L'en-
jouement de monsieur Pascal a plus servi à votre parti
que tout le sérieux de monsieur Arnauld. Mais cet en-
jouement n'est point du tout votre caractere. Vous re-
tombez dans les froides plaisanteries des *enluminures*.
Vos bons mots ne sont d'ordinaire que de basses allu-
sions. Vous croyez dire, par exemple, quelque chose
de fort agréable, quand vous dites, sur une exclama-
tion que fait monsieur Chamillard, que *son grand O
n'est qu'un o en chiffre;* et quand vous l'avertissez de ne

pas suivre le grand nombre, *de peur d'être un docteur à la douzaine*, on voit bien que vous vous efforcez d'être plaisant. Mais ce n'est pas le moyen de l'être.

Retranchez-vous donc sur le sérieux ; remplissez vos lettres de longues et doctes périodes ; citez les peres ; jettez-vous souvent sur les injures, et presque toujours sur les antitheses. Vous êtes appellé à ce style. Il faut que chacun suive sa vocation.

Je suis, &c.

SECONDE LETTRE DE M. RACINE

EN RÉPONSE

A celles de MM. Dubois et Barbier d'Aucourt.

JE POURROIS, messieurs, vous faire le même compliment que vous me faites ; je pourrois vous dire qu'on vous fait beaucoup d'honneur de vous répondre : mais j'ai une plus haute idée de tout ce qui sort de Port-Royal, et je me tiens au contraire fort honoré d'entretenir quelque commerce avec ceux qui approchent de si grands hommes. Toute la grace que je vous demande, c'est qu'il me soit permis de vous répondre en même temps à tous deux ; car, quoique vos lettres soient écrites d'une maniere bien différente, il suffit que vous

combattiez pour la même cause; je n'ai point d'égard
à l'inégalité de vos humeurs, et je ferois conscience de
séparer deux jansénistes. Aussi-bien, je vois que vous
me reprochez à peu près les mêmes crimes; toute la
différence qu'il y a, c'est que l'un me les reproche avec
chagrin, et tâche par-tout d'émouvoir la pitié et l'in-
dignation de ses lecteurs, au lieu que l'autre s'est chargé de les réjouir. Il est vrai que vous n'êtes pas venus
à bout de votre dessein; le monde vous a laissés rire et
pleurer tout seuls. Mais le monde est d'une étrange humeur; il ne vous rend point justice : pour moi, qui fais
profession de vous la rendre, je vous puis assurer au
moins que le mélancolique m'a fait rire, et que le plaisant m'a fait pitié. Ce n'est pas que vous demeuriez toujours dans les bornes de votre partage : il prend quelquefois envie au plaisant de se fâcher, et au mélancolique
de s'égayer; car, sans compter la maniere ingénieuse
dont il nous peint ces Romains qu'on voyoit à la tête
d'une armée et à la queue d'une charrue, il me dit assez galamment, « que si je veux me servir de l'autorité
« de saint Grégoire en faveur de la tragédie, il faut me
« résoudre à être toute ma vie le poète de la Passion. »
Voyez à quoi l'on s'expose, quand on force son naturel; il n'a pu rire sans abuser du plus saint de nos mysteres; et la seule plaisanterie qu'il fait est une impiété.

Mais vous vous accordez sur-tout dans la pensée que

je suis un poète de théâtre, vous en êtes pleinement persuadés; et c'est le sujet de toutes vos réflexions séveres et enjouées. Où en seriez-vous, messieurs, si l'on découvroit que je n'ai point fait de comédies? Voilà bien des lieux communs hasardés, et vous auriez pénétré inutilement tous les replis du cœur d'un poète.

Par exemple, messieurs, si je supposois que vous êtes deux grands docteurs; si je prenois mes mesures là-dessus, et qu'ensuite (car il arrive des choses plus extraordinaires) on vînt à découvrir que vous n'êtes rien moins tous deux que de savants théologiens, que ne diriez-vous point de moi? Vous ne manqueriez pas encore de vous écrier que je ne me connois point en auteurs, que je confonds les *chamillardes* avec les *visionnaires*, et que je prends des hommes fort communs pour de grands hommes. Aussi ne prétendez pas que je vous donne cet avantage sur moi; j'aime mieux croire, sur votre parole, que vous ne savez pas les peres, et que vous n'êtes tout au plus que les très humbles serviteurs de l'auteur des *imaginaires*.

Je croirai même, si vous voulez, que vous n'êtes point de Port-Royal, comme le dit un de vous, quoiqu'à dire le vrai, j'ai peine à comprendre qu'il ait renoncé de gaieté de cœur à sa plus belle qualité. Combien de gens ont lu sa lettre, qui ne l'eussent pas regardée si le Port-Royal ne l'eût adoptée, si ces messieurs ne l'eussent distribuée avec les mêmes éloges qu'un de leurs écrits. Il a voulu peut-être imiter M. Pascal, qui dit dans quelqu'une de ses lettres qu'il n'est point de Port-Royal. Mais, messieurs, vous ne considérez pas que M. Pascal faisoit honneur à Port-Royal, et que Port-Royal vous fait beaucoup d'honneur à tous deux. Croyez-moi, si vous en êtes, ne faites point de difficulté de l'avouer; et si vous n'en êtes point, faites tout ce que vous pourrez pour y être reçus, vous n'avez que cette voie pour vous distinguer. Le nombre de ceux qui condamnent Jansénius est trop grand : le moyen de se faire connoître dans la foule? Jettez-vous dans le petit nombre de ses défenseurs; commencez à faire les importants; mettez-vous dans la tête que l'on ne parle que de vous, et que l'on vous cherche par-tout pour vous arrêter; délogez souvent; changez de nom, si vous ne l'avez déja fait; ou plutôt n'en changez point du tout, vous ne sauriez être moins connus qu'avec le vôtre : surtout louez vos messieurs, et ne les louez pas avec retenue. Vous les placez justement après David et Salomon; ce n'est pas assez, mettez-les devant : vous ferez un peu souffrir leur humilité; mais ne craignez rien, ils sont accoutumés à bénir tous ceux qui les font souffrir.

Aussi vous vous en acquittez assez bien : vous les voulez obliger, à quelque prix que ce soit. C'est peu de les préférer à tous ceux qui ont jamais paru dans le monde,

vous les préférez même à ceux qui se sont le plus signa-
lés dans leur parti; vous rabaissez M. Pascal pour iele-
ver l'auteur des *imaginaires;* vous dites que M. Pascal
n'a que l'avantage d'avoir eu des sujets plus heureux
que lui. Mais, monsieur, vous qui êtes plaisant, et qui
croyez-vous connoître en plaisanterie, croyez-vous que
le *pouvoir prochain* et la *grace suffisante* fussent des sujets plus divertissants que tout ce que vous appellez les
visions de Desmarêts ? Cependant vous ne nous per-
suaderez pas que les dernieres *imaginaires* soient aussi
agréables que les premieres *provinciales;* tout le monde
lisoit les unes, et vos meilleurs amis peuvent à peine
lire les autres.

Pensez-vous vous-même que je fasse une grande injustice à ce dernier de lui attribuer une *chamillarde?*
Savez-vous qu'il y a d'assez bonnes choses dans ces *chamillardes?* Cet homme ne manque point de hardiesse;
il possede assez bien le caractere de Port-Royal; il traite
le pape familièrement; il parle aux docteurs avec autorité. Que dis-je? Savez-vous qu'il a fait un grand écrit
qui a mérité d'être brûlé? Mais cela seroit plaisant, que
je prisse contre vous le parti de tous vos auteurs; c'est
bien assez d'avoir défendu M. Pascal. Il est vrai que j'ai
eu quelque pitié de voir traiter l'auteur des *chamillardes* avec tant d'inhumanité, et tout cela parcequ'on l'a
convaincu de quelques fautes. Il fera mieux une autre

fois; il a bonne intention. Il s'est fait cent querelles pour vos amis; voulez-vous qu'il soit mal avec tout le monde, et qu'il ne soit estimé des jésuites ni des jansénistes? Ne craignez-vous point qu'on vous fasse le même traitement? Car qui empêchera quelqu'un de me répondre, et de me dire, en parlant de vous: Quoi! monsieur, vous avez pu croire que messieurs de Port-Royal avoient adopté une lettre si peu digne d'eux? Ne voyez-vous point qu'elle rebat cent fois la même chose; qu'elle est obscure en beaucoup d'endroits, et froide par-tout? Ils me diront ces raisons et d'autres encore, et j'en serai fâché pour vous; car votre belle humeur tient à peu de chose; la moindre mortification la suspendra, et vous retomberez dans la mélancolie de votre confrere.

Mais il s'ennuieroit peut-être, si je le laissois plus long-temps sans l'entretenir: il faut revenir à lui, et faire tout ce que je pourrai pour le divertir. J'avoue que ce n'est pas une petite entreprise; car, que dire à un homme qui ne prend rien en raillerie, et qui trouve par-tout des sujets de se fâcher? Ce n'est pas que je condamne sa mauvaise humeur; il a ses raisons; c'est un homme qui s'intéresse sérieusement dans le succès de vos affaires; il voit qu'elles vont de pis en pis, et qu'il n'est pas temps de se réjouir. C'est sans doute ce qui fait qu'il s'emporte tant contre la comédie. Comment peut-on aller au théâtre, comment peut-on se divertir, lors-

que la vérité est persécutée, lorsque la fin du monde
s'approche, lorsque tout le monde a tantôt signé? Voilà ce qu'il pense; et c'est ce qu'allégua un jour fort à
propos un de vos confreres; car je ne dis rien de moi-
même.

C'étoit chez une personne qui, en ce temps-là, étoit
fort de vos amies; elle avoit eu beaucoup d'envie d'entendre lire le *Tartuffe*, et l'on ne s'opposa point à sa
curiosité : on vous avoit dit que les jésuites étoient joués
dans cette comédie; les jésuites au contraire se flattoient
qu'on en vouloit aux jansénistes. Mais il n'importe; la
compagnie étoit assemblée; Moliere alloit commencer,
lorsqu'on vit arriver un homme fort échauffé, qui dit
tout bas à cette personne : Quoi ! madame, vous en-
tendrez une comédie le jour que le mystere de l'ini-
quité s'accomplit, ce jour qu'on nous ôte nos meres?
Cette raison parut convaincante; la compagnie fut con-
gédiée; Moliere s'en retourna bien étonné de l'empressement qu'on avoit eu pour le faire venir, et de celui
qu'on avoit pour le renvoyer..... En effet, messieurs,
quand vous raisonnerez de la sorte, nous n'aurons rien
à répondre, il faudra se rendre : car, de me demander,
comme vous faites, si je crois la comédie une chose
sainte, si je la crois propre à faire mourir le vieil homme; je dirai que non : mais je vous dirai en même temps
qu'il y a des choses qui ne sont pas saintes, et qui sont

pourtant innocentes. Je vous demanderai si la chasse, la musique, le plaisir de faire des sabots, et quelques autres plaisirs que vous ne vous refusez pas à vous-mêmes, sont fort propres à faire mourir le vieil homme, s'il faut renoncer à tout ce qui divertit, s'il faut pleurer à toute heure. Hélas! oui, dira le mélancolique. Mais que dira le plaisant? Il voudra qu'il lui soit permis de rire quelquefois, quand ce ne seroit que d'un jésuite : il vous prouvera, comme ont fait vos amis, que la raillerie est permise, que les peres ont ri, que Dieu même a raillé. Et vous semble-t-il que les lettres provinciales soient autre chose que des comédies? Dites-moi, messieurs, qu'est-ce qui se passe dans les comédies? On y joue un valet fourbe, un bourgeois avare, un marquis extravagant, et tout ce qu'il y a dans le monde de plus digne de risée. J'avoue que le provincial a mieux choisi ses personnages; il les a cherchés dans les couvents et dans la sorbonne; il introduit sur la scene, tantôt des jacobins, tantôt des docteurs, et toujours des jésuites. Combien de rôles leur fait-il jouer! tantôt il amene un jésuite bonhomme, tantôt un jésuite méchant, et toujours un jésuite ridicule. Le monde en a ri pendant quelque temps; et le plus austere janséniste auroit cru trahir la vérité que de n'en pas rire.

Reconnoissez donc, monsieur, que puisque nos comédies ressemblent si fort aux vôtres, il faut bien qu'elles ne soient pas si criminelles que vous le dites. Pour les peres, c'est à vous de nous les citer; c'est à vous, ou à vos amis, de nous convaincre par une foule de passages, que l'église nous interdit absolument la comédie en l'état qu'elle est : alors nous cesserons d'y aller, et nous attendrons patiemment que le temps vienne de mettre les jésuites sur le théâtre.

J'en pourrois dire autant des romans, et il semble que vous ne les condamnez pas tout-à-fait. « Mon « Dieu ! monsieur, me dit l'un de vous, que vous avez « de choses à faire avant que de lire les romans ! » Vous voyez qu'il ne défend pas de les lire; mais il veut auparavant que je m'y prépare sérieusement. Pour moi, je n'en avois pas une idée si haute; je croyois que ces sortes d'ouvrages n'étoient bons que pour désennuyer l'esprit, pour l'accoutumer à la lecture, et pour le faire passer ensuite à des choses plus solides. En effet, quel moyen de retourner aux romans, quand on a lu une fois les voyages de Saint-Amour, Wendrok, Palafox, et tous vos auteurs? Sans mentir, ils ont toute une autre maniere d'écrire que les faiseurs de romans; ils ont toute une autre adresse pour embellir la vérité : ainsi vous avez grand tort quand vous m'accusez de les comparer avec les autres. Je n'ai point prétendu égaler Desmarêts à M. le Maître : il ne faut point pour cela que vous souleviez les juges et le palais contre moi; je reconnois de bonne foi que les plaidoyers de ce dernier sont, sans comparaison, plus dévots que les romans du premier : je crois bien que si Desmarêts avoit revu ses romans depuis sa conversion, comme on dit que M. le Maître a revu ses plaidoyers, il y auroit peut-être mis de la spiritualité; mais il a cru qu'un pénitent devoit oublier tout ce qu'il a fait pour le monde. Quel pénitent, dites-vous, qui fait des livres de lui-même; au lieu que M. le Maître n'a jamais osé faire que des traductions! Mais, messieurs, il n'est pas que M. le Maître n'ait fait des préfaces, et vos préfaces sont fort souvent de fort gros livres. Il faut bien se hasarder quelquefois : si les saints n'avoient fait que traduire, vous ne traduiriez que des traductions.

Vous vous étendez fort au long sur celle qu'on a faite de Térence; vous dites que je n'en puis tirer aucun avantage, et que le traducteur a rendu un grand service à l'état et à l'église, en expliquant un auteur nécessaire pour apprendre la langue latine. Je le veux bien. Mais pourquoi choisir Térence? Cicéron n'est pas moins nécessaire que lui; il est plus en usage dans les colleges; il est assurément moins dangereux : car quand vous nous dites qu'on ne trouve point dans Térence ces passions couvertes que vous craignez tant, il faut bien que vous n'ayez jamais lu la premiere et la cinquieme scene de l'Andrienne, et tant d'autres endroits des comédies que l'on

a traduites, vous y auriez vu ces passions naïvement ex-
primées; ou plutôt il faut que vous ne les ayez lus que
dans le françois, et en ce cas j'avoue que vous les avez
pu lire sans danger.

Voilà, messieurs, tout ce que je voulois vous dire;
car pour l'histoire des capucins, il paroît bien, par la
maniere dont vous la niez, que vous la croyez véritable.
L'un de vous me reproche seulement d'avoir pris des capucins pour des cordeliers; l'autre me veut faire croire
que j'ai voulu parler du pere Mulard. Non, messieurs,
je sais combien ce cordelier est décrié parmi vous; on
se plaignoit encore en ce temps-là d'un capucin, et ce
sont des capucins qui ont bu le cidre. Il se peut faire
que celui qui m'a conté cette aventure, et qui y étoit
présent, n'a pas retenu exactement le nom du pere dont
on se plaignoit; mais cela ne fait pas que le reste ne soit
véritable. Et pourquoi le nier? quel tort cela fait-il à la
mere Angélique? Cela ne doit point empêcher vos amis
d'achever sa vie qu'ils ont commencée; ils pourront même se servir de cette histoire, et ils en feront un chapitre particulier, qu'ils intituleront : *De l'esprit de discernement que Dieu avoit donné à la sainte mere.*

Vous voyez bien que je ne cherche pas à faire de
longues lettres. Je ne manquerois pas de matiere pour
grossir celle-ci; je pourrois vous rapporter cent de vos
passages, comme vous rapportez presque tous les miens:

mais, ou ils seroient ennuyeux, et je ne veux pas que vous vous ennuyiez vous-mêmes; ou ils seroient divertissants, et je ne veux pas qu'on me reproche, comme à vous, que je ne divertis que par les passages des autres. Je prévois même que je ne vous écrirai pas davantage. Je ne refuse point de lire vos *Apologies*, ni d'être spectateur de vos disputes; mais je ne veux point y être mêlé. Ce seroit une chose étrange, que, pour un avis que j'ai donné en passant, je me fusse attiré sur les bras tous les disciples de saint Augustin. Ils n'y trouveroient pas leur compte; ils n'ont point accoutumé d'avoir affaire à des inconnus. Il leur faut des gens connus et des plus élevés en dignité; je ne suis ni l'un ni l'autre, et par conséquent je crains peu ces vérités dont vous me menacez. Il se pourroit faire qu'en voulant me dire des injures, vous en diriez au meilleur de vos amis; croyez-moi, retournez aux jésuites, ce sont vos ennemis naturels.

De Paris, ce 10 mai 1666.

DISCOURS,

Prononcé à l'Académie françoise à la réception de
M. l'abbé Colbert, le 30 octobre 1678.

Monsieur,

Il m'est sans doute très honorable de me voir à la
tête de cette célebre compagnie; et je dois beaucoup
au hasard de m'avoir mis dans une place où le mérite
ne m'auroit jamais élevé. Mais cet honneur, si grand
par lui-même, me devient, je l'avoue, encore plus considérable, quand je songe que la premiere fonction que
j'ai à faire dans la place où je suis, c'est de vous expliquer les sentiments que l'académie a pour vous.

Vous croyez lui devoir des remercîments pour l'honneur que vous dites qu'elle vous a fait; mais elle a aussi
des graces à vous rendre. Elle vous est obligée, non
seulement de l'honneur que vous lui faites, mais encore de celui que vous avez déja fait à toute la république des lettres.

Oui, monsieur, nous savons combien elles vous sont
redevables. Il y a long-temps que l'académie a les yeux
sur vous : aucune de vos démarches ne lui a été inconnue. Vous portez un nom que trop de raisons ont rendu sacré pour les gens de lettres : tout ce qui regarde

votre illustre maison ne leur sauroit plus être ni inconnu ni indifférent.

Nous avons considéré avec attention les progrès que
vous avez faits dans les sciences ; mais si vous aviez ex-
cité d'abord notre curiosité, vous n'avez guere tardé à
exciter notre admiration. Et quels applaudissements n'a-
t-on point donnés à cette excellente philosophie que
vous avez publiquement enseignée ! Au lieu de quelques
termes barbares, de quelques frivoles questions que l'on
avoit accoutumé d'entendre dans les écoles, vous y avez
fait entendre de solides vérités, les plus beaux secrets de
la nature, les plus importants principes de la métaphy-
sique. Non, monsieur, vous ne vous êtes point borné à
suivre une route ordinaire ; vous ne vous êtes point con-
tenté de l'écorce de la philosophie, vous en avez appro-
fondi tous les secrets. Vous avez rassemblé ce que les anciens et les modernes avoient de solide et d'ingénieux.
Vous avez parcouru tous les siecles pour nous en rapporter les découvertes. L'oserai-je dire ? vous avez fait
connoître, dans les écoles, Aristote même, dont on n'y
voit souvent que le fantôme.

Cependant cette savante philosophie n'a été pour
vous qu'un passage pour vous élever à une plus noble
science, je veux dire à la science de la religion. Et quels
progrès n'avez-vous point faits dans cette étude sacrée !
Avec quelle marque d'estime la plus fameuse faculté de

l'univers vous a-t-elle adopté, vous a-t-elle associé dans
son corps! L'académie a pris part à tous vos honneurs.
Elle applaudissoit à vos célebres actions; mais, monsieur, depuis qu'elle vous a vu monter en chaire, qu'elle
vous a entendu prêcher les vérités de l'évangile, non
seulement avec toute la force de l'éloquence, mais même avec toute la justesse et toute la politesse de notre
langue, alors l'académie ne s'est plus contentée de vous
admirer, elle a jugé que vous lui étiez nécessaire. Elle
vous a choisi, elle vous a nommé pour remplir la premiere place qu'elle a pu donner. Oui, monsieur, elle
vous a choisi : car (nous voulons bien qu'on le sache)
ce n'est point la brigue, ce ne sont point les sollicitations qui ouvrent les portes de l'académie; elle va elle-
même au-devant du mérite; elle lui épargne l'embarras de se venir offrir; elle cherche les sujets qui lui sont
propres. Et qui pouvoit lui être plus propre que vous?
Qui pouvoit mieux nous seconder dans le dessein que
nous nous sommes tous proposé de travailler à immor-
taliser les grandes actions de notre auguste protecteur?
Qui pouvoit mieux nous aider à célébrer ce prodigieux
nombre d'exploits, dont la grandeur nous accable, pour
ainsi dire, et nous met dans l'impuissance de les exprimer? Il nous faut des années entieres pour écrire dignement une seule de ses actions.

Cependant chaque année, chaque mois, chaque jour-

née même, nous présente une foule de nouveaux miracles. Étonnés de tant de triomphes, nous pensions que
la guerre eût porté sa gloire au plus haut point où elle
pouvoit monter. En effet, après tant de provinces si ra-
pidement conquises, tant de batailles gagnées, les places
emportées d'assaut, les villes sauvées du pillage, et toutes ces grandes actions dont vous nous avez fait une si
vive peinture, auroit-on pu s'imaginer que cette gloire
dût encore croître ? La paix qu'il vient de donner à l'Europe nous présente quelque chose de plus grand encore
que tout ce qu'il a fait dans la guerre. Je n'ai garde d'entreprendre ici de faire l'éloge de ce héros, après l'éloquent discours que vous venez de nous faire entendre.
Non seulement nous y avons reconnu l'élévation de
votre esprit, la sublimité de vos pensées ; mais on y voit
briller sur-tout ce zele pour votre prince, et cette ardente passion pour sa gloire, qui est la marque si par-
ticuliere à laquelle on reconnoît toute votre illustre famille. Tandis que le chef de la maison, rempli de ce
noble zele, ne donne point de relâche à son infatigable génie ; tandis qu'il jette un œil pénétrant jusques
dans les moindres besoins de l'état ; avec quelle ardeur,
quelle vigilance, ses enfants, ses freres, ses neveux, tout
ce qui lui appartient, s'empressent-ils à le soulager, à
le seconder ! L'un travaille heureusement à soutenir la
gloire de la navigation ; l'autre se signale dans les pre-

miers emplois de la guerre ; l'autre donne tous ses soins
à la paix, et renverse tous les obstacles que quelques
désespérés vouloient apporter à ce grand ouvrage. Je
ne finirois point si je vous mettois devant les yeux tout
ce qu'il y a d'illustre dans votre maison. Vous entrez,
monsieur, dans une compagnie que vous trouverez
pleine de ce même esprit, de ce même zele. Car, je le
répete encore, nous sommes tous rivaux dans la passion de contribuer quelque chose à la gloire d'un si
grand prince. Chacun y emploie les différents talents
que la nature lui a donnés. Et ce travail même qui nous
est commun, ce dictionnaire, qui de soi-même semble
une occupation si seche et si épineuse, nous y travail-
lons avec plaisir. Tous les mots de la langue, toutes les
syllabes nous paroissent précieuses, parceque nous les
regardons comme autant d'instruments qui doivent servir à la gloire de notre auguste protecteur.

DISCOURS

Prononcé à l'Académie françoise, à la réception de
MM. T. Corneille et Bergeret, le 2 janvier 1685.

Messieurs,

Il n'est pas besoin de dire ici combien l'académie a
été sensible aux deux pertes considérables qu'elle a faites presque en même temps, et dont elle seroit incon-
solable, si, par le choix qu'elle a fait de vous, elle ne
les voyoit aujourd'hui heureusement réparées.

Elle a regardé la mort de M. Corneille comme un
des plus grands coups qui la pût frapper : car bien que,
depuis un an, une longue maladie nous eût privés de
sa présence, et que nous eussions perdu en quelque
sorte l'espérance de le revoir jamais dans nos assemblées, toutefois il vivoit; et l'académie, dont il étoit le
doyen, avoit au moins la consolation de voir dans la
liste où sont les noms de tous ceux qui la composent,
de voir, dis-je, immédiatement au-dessous du nom sacré de son auguste protecteur, le fameux nom de Corneille.

Et qui d'entre nous ne s'applaudiroit pas en lui-même, et ne ressentiroit pas un secret plaisir d'avoir pour

confrere un homme de ce mérite ? Vous, monsieur,
qui non seulement étiez son frere, mais qui avez couru
long-temps une même carriere avec lui, vous savez les
obligations que lui a notre poésie ; vous savez en quel
état se trouvoit la scene françoise lorsqu'il commença
à travailler. Quel désordre ! quelle irrégularité ! Nul
goût, nulle connoissance des véritables beautés du théâtre ; les auteurs aussi ignorants que les spectateurs ; la
plupart des sujets extravagants et dénués de vraisemblance ; point de mœurs, point de caracteres ; la diction
encore plus vicieuse que l'action, et dont les pointes
et de misérables jeux de mots faisoient le principal ornement ; en un mot, toutes les regles de l'art, celles
même de l'honnêteté et de la bienséance, par-tout
violées.

Dans cette enfance, ou, pour mieux dire, dans ce
chaos du poème dramatique parmi nous, votre illustre
frere, après avoir quelque temps cherché le bon chemin, et lutté, si je l'ose ainsi dire, contre le mauvais
goût de son siecle, enfin, inspiré d'un génie extraordi-
naire, et aidé de la lecture des anciens, fit voir sur la
scene la raison, mais la raison accompagnée de toute
la pompe, de tous les ornements dont notre langue est
capable ; accorda heureusement la vraisemblance et le
merveilleux, et laissa bien loin derriere lui tout ce qu'il
avoit de rivaux, dont la plupart, désespérant de l'at-

teindre, et n'osant plus entreprendre de lui disputer le prix, se bornerent à combattre la voix publique déclarée pour lui, et essayerent en vain, par leurs discours et par leurs frivoles critiques, de rabaisser un mérite qu'ils ne pouvoient égaler.

La scene retentit encore des acclamations qu'excite-rent à leur naissance le Cid, Horace, Cinna, Pompée, tous ces chefs-d'œuvre représentés depuis sur tant de théâtres, traduits en tant de langues, et qui vivront à jamais dans la bouche des hommes. A dire le vrai, où trouvera-t-on un poëte qui ait possédé à la fois tant de grands talents, tant d'excellentes parties, l'art, la force, le jugement, l'esprit? Quelle noblesse, quelle écono-mie dans les sujets! Quelle véhémence dans les pas-sions! Quelle gravité dans les sentiments! Quelle di-gnité, et en même temps quelle prodigieuse variété dans les caracteres! Combien de rois, de princes, de héros de toutes nations, nous a-t-il représentés, tou-jours tels qu'ils doivent être, toujours uniformes avec eux-mêmes, et jamais ne se ressemblant les uns aux autres! Parmi tout cela, une magnificence d'expression proportionnée aux maîtres du monde qu'il fait souvent parler, capable néanmoins de s'abaisser quand il veut, et de descendre jusqu'aux plus simples naïvetés du co-mique, où il est encore inimitable; enfin, ce qui lui est sur-tout particulier, une certaine force, une certaine

élévation, qui surprend, qui enleve, et qui rend jusqu'à ses défauts, si on lui en peut reprocher quelques-
uns, plus estimables que les vertus des autres : personnage véritablement né pour la gloire de son pays ; comparable, je ne dis pas à tout ce que l'ancienne Rome a
eu d'excellents tragiques, puisqu'elle confesse elle-même qu'en ce genre elle n'a pas été fort heureuse, mais
aux Eschyles, aux Sophocles, aux Euripides, dont la
fameuse Athenes ne s'honore pas moins que des Thé-
mistocles, des Périclès, des Alcibiades qui vivoient en
même temps qu'eux.

Oui, monsieur, que l'ignorance rabaisse tant qu'elle
voudra l'éloquence et la poésie, et traite les habiles écri-
vains de gens inutiles dans les états ; nous ne craindrons
point de dire, à l'avantage des lettres et de ce corps fameux dont vous faites maintenant partie, que du moment que des esprits sublimes, passant de bien loin les
bornes communes, se distinguent, s'immortalisent par
des chefs-d'œuvre, comme ceux de M. votre frere, quelque étrange inégalité que, durant leur vie, la fortune
mette entre eux et les plus grands héros, après leur
mort cette différence cesse : la postérité, qui se plaît,
qui s'instruit dans les ouvrages qu'ils lui ont laissés, ne
fait point de difficulté de les égaler à tout ce qu'il y a
de plus considérable parmi les hommes, fait marcher
de pair l'excellent poëte et le grand capitaine. Le même

siecle, qui se glorifie aujourd'hui d'avoir produit Auguste, ne se glorifie guere moins d'avoir produit Horace et Virgile. Ainsi, lorsque dans les âges suivants on parlera avec étonnement des victoires prodigieuses et de toutes les grandes choses qui rendront notre siecle l'admiration de tous les siecles à venir, Corneille, n'en doutons point, Corneille tiendra sa place parmi toutes ces merveilles. La France se souviendra avec plaisir que sous le regne du plus grand de ses rois a fleuri le plus grand de ses poètes. On croira même ajouter quelque chose à la gloire de notre auguste monarque, lorsqu'on dira qu'il a estimé, qu'il a honoré de ses bienfaits cet excellent génie ; que même, deux jours avant sa mort, et lorsqu'il ne lui restoit plus qu'un rayon de connoissance, il lui envoya encore des marques de sa libéralité ; et qu'enfin les dernieres paroles de Corneille ont été des remercîments pour Louis le Grand.

Voilà, monsieur, comme la postérité parlera de votre illustre frere : voilà une partie des excellentes qualités qui l'ont fait connoître à toute l'Europe. Il en avoit d'autres qui, bien que moins éclatantes aux yeux du public, ne sont peut-être pas moins dignes de nos louanges ; je veux dire, homme de probité et de piété, bon pere de famille, bon parent, bon ami. Vous le savez, vous qui avez toujours été uni avec lui d'une amitié qu'aucun intérêt, non pas même aucune émulation pour la gloire, n'a pu altérer. Mais ce qui nous touche de plus près, c'est qu'il étoit encore un très bon académicien. Il aimoit, il cultivoit nos exercices, il y apportoit surtout cet esprit de douceur, d'égalité, de déférence même, si nécessaire pour entretenir l'union dans les compagnies. L'a-t-on jamais vu se préférer à aucun de ses confreres? L'a-t-on jamais vu vouloir tirer ici aucun avantage des applaudissements qu'il recevoit dans le public? Au contraire, après avoir paru en maître, et, pour ainsi dire, régné sur la scene, il venoit, disciple docile, chercher à s'instruire dans nos assemblées, laissoit, pour me servir de ses propres termes, laissoit ses lauriers à la porte de l'académie, toujours prêt à soumettre son opinion à l'avis d'autrui, et de tous tant que nous sommes, le plus modeste à parler, à prononcer, je dis même sur des matieres de poésie.

Vous auriez pu bien mieux que moi, monsieur, lui rendre ici les justes honneurs qu'il mérite, si vous n'eussiez peut-être appréhendé avec raison qu'en faisant l'éloge d'un frere, avec qui vous avez d'ailleurs tant de conformité, il ne semblât que vous faisiez votre propre éloge. C'est cette conformité que nous avons tous eue en vue, lorsque, tout d'une voix, nous vous avons appellé pour remplir sa place; persuadés que nous sommes que nous retrouverons en vous, non seulement son nom, son même esprit, son même enthousiasme, mais encore sa même modestie, sa même vertu, son même zele pour l'académie.

Je m'apperçois qu'en parlant de modestie, de vertu, et des autres qualités propres pour l'académie, tout le monde songe ici avec douleur à l'autre perte que nous avons faite ; je veux dire à la mort du savant M. de Cordemoy, qui, avec tant d'autres talents, possédoit au souverain degré toutes les parties d'un véritable académicien ; sage, exact, laborieux, et qui, si la mort ne l'eût point ravi au milieu de son travail, alloit peut-être porter l'histoire aussi loin que M. Corneille a porté la tragédie. Mais, après tout ce que vous avez dit sur son sujet, vous, monsieur, qui, par l'éloquent discours que vous venez de faire, vous êtes montré si digne de lui succéder, je n'ai garde de vouloir entreprendre un éloge qui, sans rien ajouter à sa louange, ne feroit qu'affoiblir l'idée que vous avez donnée de son mérite.

Nous avons perdu en lui un homme qui, après avoir donné au barreau une partie de sa vie, s'étoit depuis appliqué tout entier à l'étude de notre ancienne histoire. Nous lui avons choisi pour successeur un homme qui, après avoir été assez long-temps l'organe d'un parlement célebre, a été appellé à un des plus importants emplois de l'état, et qui, avec une connoissance exacte et de l'histoire et de tous les bons livres, nous apporte encore quelque chose de bien plus utile et de bien plus considérable pour nous, je veux dire la connoissance parfaite de la merveilleuse histoire de notre protecteur.

Et qui pourra mieux que vous nous aider à parler de tant de grands évènements, dont les motifs et les principaux ressorts ont été si souvent confiés à votre fidélité, à votre sagesse ? Qui sait mieux à fond tout ce qui s'est passé de mémorable dans les cours étrangeres, les traités, les alliances, et enfin toutes les importantes négociations qui, sous son regne, ont donné le branle à toute l'europe ? [1]

Toutefois, disons la vérité, monsieur, la voie de la négociation est bien courte sous un prince qui, ayant toujours de son côté la puissance et la raison, n'a besoin pour faire exécuter ses volontés, que de les déclarer. Autrefois la France, trop facile à se laisser surprendre par les artifices de ses voisins, autant qu'elle étoit heureuse et redoutable dans la guerre, autant passoit-elle pour infortunée dans les accommodements. L'Espagne sur-tout, l'Espagne, son orgueilleuse ennemie, se vante de n'avoir jamais signé, même au plus fort de nos prospérités, que des traités avantageux, et de regagner souvent par un trait de plume ce qu'elle avoit perdu en plusieurs campagnes. Que lui sert maintenant cette adroite politique, dont elle faisoit tant de vanité ? Avec

_____

[1] M. Bergeret étoit premier commis de M. de Croissy, ministre et secrétaire d'état pour les affaires étrangeres.

quel étonnement l'Europe a-t-elle vu, dès les premieres démarches du roi, cette superbe nation contrainte
de venir jusques dans le Louvre reconnoître publiquement son infériorité, et nous abandonner depuis, par
des traités solemnels, tant de places si fameuses, tant
de grandes provinces, celles même dont ses rois em-
pruntoient leurs plus glorieux titres ! Comment s'est
fait ce changement? Est-ce par une longue suite de négociations traînées? Est-ce par la dextérité de nos ministres dans les pays étrangers? Eux-mêmes confessent que
le roi fait tout, voit tout dans les cours où il les envoie,
et qu'ils n'ont tout au plus que l'embarras d'y faire entendre avec dignité ce qu'il leur a dicté avec sagesse.

Qui l'eût dit au commencement de l'année derniere,
et dans cette même saison où nous sommes, lorsqu'on
voyoit de toutes parts tant de haines éclater, tant de ligues se former, et cet esprit de discorde et de défiance
qui souffloit la guerre aux quatre coins de l'Europe, qui
l'eût dit, qu'avant la fin du printemps tout seroit calme?
Quelle apparence de pouvoir dissiper sitôt tant de ligues? Comment accorder tant d'intérêts si contraires?
Comment calmer cette foule d'états et de princes, bien
plus irrités de notre puissance, que des mauvais traite-
ments qu'ils prétendoient avoir reçus? N'eût-on pas cru
que vingt années de conférences ne suffiroient pas pour
terminer toutes ces querelles? La diete d'Allemagne,

qui n'en devoit examiner qu'une partie, depuis trois ans
qu'elle y étoit appliquée n'en étoit encore qu'aux pré-
liminaires. Le roi cependant, pour le bien de la chré-
tienté, avoit résolu dans son cabinet qu'il n'y eût plus
de guerre. La veille qu'il doit partir pour se mettre à
la tête d'une de ses armées, il trace six lignes, et les
envoie à son ambassadeur à la Haie. Là-dessus les provinces délibèrent; les ministres des hauts-alliés s'assem-
blent; tout s'agite, tout se remue; les uns ne veulent
rien céder de ce qu'on leur demande; les autres rede-
mandent ce qu'on leur a pris; et tous ont résolu de ne
point poser les armes. Mais lui, qui sait bien ce qui en
doit arriver, ne semble pas même prêter d'attention à
leurs assemblées; et, comme le Jupiter d'Homère, après
avoir envoyé la terreur parmi ses ennemis, tournant les
yeux vers les autres endroits qui ont besoin de ses regards, d'un côté il fait prendre Luxembourg, de l'autre
il s'avance lui-même aux portes de Mons; ici il envoie
des généraux à ses alliés; là, il fait foudroyer Gênes; il
force Alger à lui demander pardon; il s'applique même
à régler le dedans de son royaume, soulage ses peuples, et les fait jouir par avance des fruits de la paix; et
enfin, comme il l'avoit prévu, voit ses ennemis, après
bien des conférences, bien des projets, bien des plain-
tes inutiles, contraints d'accepter ces mêmes conditions
qu'il leur a offertes, sans avoir pu en rien retrancher, y

rien ajouter, ou, pour mieux dire, sans avoir pu, avec tous leurs efforts, s'écarter d'un seul pas du cercle étroit qu'il lui avoit plu de leur tracer.

Quel avantage pour tous tant que nous sommes, messieurs, qui, chacun selon nos différents talents, avons entrepris de célébrer tant de grandes choses! Vous n'aurez point, pour les mettre en jour, à discuter, avec des fatigues incroyables, une foule d'intrigues difficiles à développer. Vous n'aurez pas même à fouiller dans le cabinet de ses ennemis : leur mauvaise volonté, leur impuissance, leur douleur est publique à toute la terre. Vous n'aurez point à craindre enfin tous ces longs détails de chicanes ennuyeuses qui sechent l'esprit de l'écrivain, et qui jettent tant de langueur dans la plupart des histoires modernes, où le lecteur qui cherchoit des faits, ne trouvant que des paroles, sent mourir à chaque pas son attention, et perd de vue le fil des événements. Dans l'histoire du roi, tout vit, tout marche, tout est en action : il ne faut que le suivre, si l'on peut, et le bien étudier lui seul. C'est un enchaînement continuel de faits merveilleux, que lui-même commence, que lui-même acheve, aussi clairs, aussi intelligibles quand ils sont exécutés, qu'impénétrables avant l'exécution. En un mot, le miracle suit de près un autre miracle : l'attention est toujours vive, l'admiration toujours tendue; et l'on n'est pas moins frappé de la grandeur et de la promptitude avec laquelle se fait la paix, que de la rapidité avec laquelle se font les conquêtes.

Heureux ceux qui, comme vous, monsieur, ont l'honneur d'approcher de près ce grand prince, et qui, après l'avoir contemplé avec le reste du monde dans ces importantes occasions où il fait le destin de toute la terre, peuvent encore le contempler dans son particulier, et l'étudier dans les moindres actions de sa vie, non moins grand, non moins héros, non moins admirable, plein d'équité, plein d'humanité, toujours tranquille, toujours maître de lui, sans inégalité, sans foiblesse, et enfin le plus sage, le plus parfait de tous les hommes!

EXTRAIT

DU TRAITÉ DE LUCIEN,

Intitulé : *Comment il faut écrire l'histoire.*

L'HISTOIRE est toute différente de la poésie. Le poète a besoin de tous les dieux : quand il veut peindre Agamemnon, il lui faut la tête et les yeux de Jupiter, la poitrine de Neptune, le bouclier de Mars. L'historien peint Philippe borgne, comme il étoit.

Alexandre jetta dans l'Hydaspe l'histoire d'Aristobule, qui lui faisoit faire des actions merveilleuses qu'il n'avoit point faites, et lui dit qu'il lui faisoit grace de ne l'y pas faire jetter lui-même.

Il y a des historiens qui croient faire grand plaisir à un prince en ravalant le mérite de ses ennemis. Achille seroit moins grand s'il n'avoit pas défait un Hector. D'autres invectivent contre les chefs des ennemis, comme s'ils vouloient les défaire la plume à la main.

Un autre remplira son histoire de petits détails et de mots de l'art, comme feroit un soldat ou un ouvrier qui auroit travaillé dans le camp : un autre emploiera tout son temps à faire d'ennuyeuses descriptions de l'habillement ou des armes du général, ou d'un bois; et quand ils viennent aux grandes affaires, ils y sont tout neufs. Ils pensent attraper le merveilleux, en écrivant

des choses contre le vraisemblable, des blessures prodigieuses, des morts incroyables.

L'un se sert quelquefois de phrases belles et magnifiques, comme pourroit faire un poète, et tombe tout-
à-coup dans de basses expressions. C'est un homme
qui a un pied chaussé d'un brodequin et une sandale à
l'autre pied.

Un autre décrit curieusement et fort au long les petites choses, et passe légèrement sur les grandes.

Voilà les principales fautes où peut tomber un historien. Voici les principales qualités qu'il doit avoir.

Les deux plus nécessaires, ce sont un bon sens pour
les choses du monde, et une agréable expression. La
premiere est un don du ciel; l'autre se peut acquérir
par un grand travail et une grande lecture des anciens.

Il faut qu'un historien ait vu une armée, des soldats
rangés en bataille, ce que c'est qu'une aile, un front,
des bataillons, des machines de guerre, &c. et qu'il
ne s'en rapporte pas aux yeux d'autrui.

Sur-tout il doit être libre, n'espérant ni ne craignant
rien; inaccessible aux présents et aux récompenses, ne
faisant grace à personne, juge équitable et indifférent,
sans pays, et sans maître, ἀϐασίλευτος. Qu'il dise les choses comme elles sont, sans les farder ni les déguiser;
car il n'est pas poète, il est narrateur, et par conséquent
n'est point responsable de ce qu'il raconte: en un mot,

il faut qu'il sacrifie à la seule vérité, et qu'il n'ait pas devant les yeux des espérances aussi courtes que celles de cette vie, mais l'estime de toute la postérité. Qu'il imite cet architecte du phare d'Égypte, qui mit sur du plâtre le nom du roi qui l'employoit, mais dessous ce plâtre son propre nom, sachant bien que le plâtre tomberoit, et que son nom se verroit éternellement sur la pierre.

Alexandre a dit plus d'une fois : « Ô que ne puis-je « revenir dans trois ou quatre cents ans, pour entendre « de quelle maniere les hommes parleront de moi ! »

Il ne faut pas se mettre en tête d'avoir un style si magnifique, il faut s'y prendre plus familièrement. Que le sens à la vérité soit pressé, qu'il y ait du sens et des choses par-tout, mais que l'expression soit claire, et comme parlent les honnêtes gens. Car, comme l'historien ne doit avoir dans l'esprit que la liberté et la vérité, il faut aussi qu'il n'ait pour but dans son style que la netteté, et de représenter les choses telles qu'elles sont. En un mot, que tout le monde l'entende, et que les savants le louent : ce qui arrivera, s'il se sert d'expressions qui ne soient point trop recherchées, ni aussi trop communes.

Il faut pourtant que l'historien ait quelque chose du poëte dans les pensées, sur-tout lorsqu'il viendra à décrire une bataille, des armées qui se vont choquer, des vaisseaux prêts à combattre : c'est alors qu'il a besoin, pour ainsi dire, d'un vent poétique qui enfle les voiles, et qui fasse grossir la mer. Il faut pourtant que l'expression ne s'éleve guere de terre.

N'avoir point trop soin de l'harmonie et du son, mais aussi ne pas écorcher les oreilles.

Il faut bien prendre garde de qui on prend des mémoires, et ne consulter que des gens non suspects ou de haine ou de complaisance, soit pour eux-mêmes, soit pour les autres.

Quand on a fait provision de bons mémoires, alors il faut les coudre, et faire comme un corps d'histoire, sec et décharné d'abord, pour y mettre ensuite la chair et les couleurs.

Il faut, comme le Jupiter d'Homere, que l'historien porte les yeux de tous côtés, et qu'il voie aussi bien ce qui se passe dans le parti ennemi que dans l'autre parti.

Il doit être comme un miroir pur et sans tache, qui reçoit les objets tels qu'ils sont, ne mettant rien du sien qu'une expression naïve, sans se mettre en peine de quelle nature est ce qu'il dit, mais de quelle maniere il le doit dire.

Sa narration ne doit pas être décousue : non seulement les choses doivent se suivre, mais se tenir les unes aux autres.

Il faut savoir ne point s'étendre dans les descrip-

tions : témoin Homere, qui en a pu faire de si belles,
et qui a si souvent passé par-dessus courageusement.
Ne croyez point que Thucydide soit long dans la des-
cription de la peste ; songez de quelle importance est
tout ce qu'il dit : il fuit les choses, mais les choses l'ar-
rêtent malgré lui.

On peut s'élever et être orateur dans les harangues,
pourvu qu'elles conviennent à celui qui parle.

Il faut être court et circonspect dans les jugements,
jamais calomniateur. Il faut toujours être appuyé de
preuves. L'historien n'est point devant des juges pour
faire le procès à ceux dont il parle : il ne doit point être
accusateur, mais historien.

FRAGMENTS
HISTORIQUES.

QUAND le cardinal Mazarin sortit de France, il demanda un homme de confiance à M. le Tellier, qui lui donna Colbert, en priant le cardinal que quand il recevroit de lui des lettres secretes, il ne les gardât point, mais les rendît à Colbert. Un jour le cardinal en voulut garder une ; Colbert lui résista, jusqu'à le mettre en colere.

Le cardinal Mazarin dit à Villeroi quatre jours avant sa mort : « On fait bien des choses en cet état, qu'on « ne fait pas se portant bien ». Le lendemain il vit M. le prince, lui parla long-temps, et fort affectueusement. M. le prince reconnut après qu'il ne lui avoit pas dit un mot de vrai.

Il recommanda au roi trois hommes ; Colbert, Lescot jouaillier, et Ratabon des bâtiments.

M. Colbert disoit qu'au commencement que le roi prit connoissance des affaires, ce prince lui dit et aux autres ministres : « Je vous avoue franchement que j'ai « un fort grand penchant pour les plaisirs ; mais si vous « vous appercevez qu'il me fasse négliger mes affaires, « je vous ordonne de m'en avertir. »

La reine mere savoit qu'on arrêteroit M. Fouquet.

On l'avoit dit à Laigues, pour le dire à madame de Che-
vreuse, afin qu'elle y disposât la reine; ce qui se fit à
Dampierre. Villeroi le sut aussi. Le roi vouloit le faire
arrêter dans Vaux : « Quoi ! au milieu d'une fête qu'il
« vous donne ? lui dit la reine. »

Le roi, peu avant le jugement de M. Fouquet, dit à
la reine dans son oratoire, qu'il vouloit qu'elle lui pro-
mît une chose qu'il lui demandoit; c'étoit, si Fouquet
étoit condamné, de ne lui point demander sa grace.
Le jour de l'arrêt, il dit chez mademoiselle la Valliere :
« S'il eût été condamné à mort, je l'aurois laissé mou-
« rir ». Il avoit dit à M. de Turenne très fortement de
ne plus se mêler de cette affaire.

Le roi se nettoyant les pieds, un valet-de-chambre
qui tenoit la bougie lui laissa tomber sur le pied de la
cire toute brûlante; il dit froidement : « Tu aurois aussi
« bien fait de la laisser tomber à terre. »

A un autre valet-de-chambre qui en hiver apporta
sa chemise toute froide, il dit encore sans gronder : « Tu
« me la donneras brûlante à la canicule. »

Un portier du parc, qui avoit été averti que le roi
devoit sortir par cette porte, ne s'y trouva pas, et se fit
long-temps chercher. Comme il venoit tout en courant,
c'étoit à qui lui diroit des injures. Le roi dit : « Pour-
« quoi le grondez-vous ? Croyez-vous qu'il ne soit pas
« assez affligé de m'avoir fait attendre ? »

Le nonce lui dit que si le doge de Gênes et quatre des principaux sénateurs venoient, la république demeureroit sans chefs pour la gouverner. Il répondit: « Ils apprendront à mieux gouverner. »

En donnant l'agrément et la dispense d'âge à M. Chopin pour la charge de lieutenant-criminel, le roi lui dit: « Je vous exhorte à suivre plutôt les maximes de vos an-« cêtres, que les exemples de vos prédécesseurs. »

L'évêque de Metz, revenant de son séminaire, où il avoit passé dix jours, parloit devant le roi avec exagération du désintéressement de tous ses ecclésiastiques, qui ne faisoient aucun cas, disoit-il, ni de bénéfices, ni de richesses, et qui même s'en moquoient : « Vous « vous moquez donc bien d'eux, lui dit le roi. »

A son lever, l'archevêque d'Embrun louoit beaucoup la harangue de l'abbé Colbert. Le roi dit à M. de Maulevrier : « Promettez-moi de ne pas dire un mot « à Colbert de tout ce que va dire l'archevêque d'Em-« brun ». Et ensuite il dit à l'archevêque : « Continuez « tant qu'il vous plaira. »

Le chevalier de Lorraine, obligé de se retirer, dit au roi, en prenant congé de lui, qu'il ne vouloit plus songer qu'à son salut. Quand il fut sorti, le roi dit: « Le « chevalier de Lorraine songe à faire une retraite, et « emmene avec lui le pere Nantouillet. »

Quand je lui eus récité mon discours, il me dit: « Je

« vous louerois davantage, si vous ne m'aviez pas tant
« loué. »

On prétend que les remontrances que lui faisoit
M. Colbert, au sujet des bâtiments, l'avoient chagriné
jusques-là qu'il dit une fois à Mansard : « On me donne
« trop de dégoût, je ne veux plus songer à bâtir. »

Il écrivit à M. Colbert peu de jours avant la mort de
ce ministre, pour lui commander de manger et de prendre soin de lui. M. Colbert ne dit pas un mot après qu'on
lui eut lu cette lettre. On lui apporta un bouillon, et il
le refusa. Madame Colbert lui dit : « Ne voulez-vous
« pas répondre au roi » ? Il lui dit : « Il est bien temps de
« cela ! c'est au roi des rois que je songe à répondre. »
Comme elle lui disoit une autre fois quelque chose de
cette nature, il lui dit : « Madame, quand j'étois dans
« ce cabinet à travailler pour les affaires du roi, ni vous
« ni les autres n'osiez y entrer ; et maintenant qu'il faut
« que je travaille aux affaires de mon salut, vous ne
« me laissez point en repos ». Le vicaire de saint Eusta-
che vint lui dire qu'il avertiroit ses paroissiens de prier
Dieu pour sa santé. « Non pas cela, dit M. Colbert,
« qu'ils prient Dieu de me faire miséricorde. »

TAILLES.

En 1658,	56 millions.	En 1680,	32 millions.
En 1678,	40.	En 1681,	35.
En 1679,	34.	En 1685,	35.

La dépense des bâtiments, en 1685, a monté à 16 millions.

Le nonce Roberti disoit : « Bisogna infarinarsi di « teologia, e far un fondo di politica. »

Le même nonce disoit à M. l'abbé le Tellier, depuis archevêque de Reims, qui lui soutenoit l'autorité du concile au-dessus du pape : « Ou n'ayez qu'un bé-« néfice, ou croyez à l'autorité du pape. »

M. l'archevêque de Reims répondit à l'évêque d'Autun, qui lui montroit un beau buffet d'argent, en lui disant qu'il étoit pour les pauvres : « Vous pouviez leur « en épargner la façon. »

Quand il fut coadjuteur sous le titre de Nazianze, les RR. PP...... lui vinrent demander sa protection. Il leur dit : « Je n'ai point de pouvoir à Reims; mais à « Nazianze, tant que vous voudrez. »

On dit qu'à Strasbourg, quand le roi y fit son entrée, les députés des Suisses l'étant venus voir, l'archevêque de Reims, qui vit parmi eux l'évêque de Bâle, dit à son voisin : « C'est quelque misérable, apparem-« ment, que cet évêque. Comment! lui dit l'autre, il a « cent mille livres de rente. Oh! oh! dit l'archevêque, « c'est donc un honnête homme. Et il lui fit mille ca-« resses. »

Mylord Roussel, qui a eu depuis peu le cou coupé à Londres, en montant à l'échafaud donna sa montre

au ministre qui l'exhortoit à la mort : « Tenez, dit-il,
« voilà qui sert à marquer le temps ; je vais compter par
« l'éternité ». Ce ministre étoit M. Burnet.

Dikfeld a avoué à un Danois, nommé M. Schell,
que ce Grandval qui fut exécuté en Hollande pour
avoir voulu assassiner le prince d'Orange, avoit déclaré en mourant que jamais le roi de France n'avoit eu
connoissance de son dessein ; et que s'étant même voulu adresser à M. de Louvois, celui-ci lui dit que si le roi
savoit qu'il eût une pareille pensée, il le feroit pendre.

On pensa commencer la guerre dès 1666. Le roi en
avoit fort envie ; mais il n'y avoit rien de prêt. Lorsqu'on la commença, l'artillerie n'étoit pas prête ; et ce
fut une des raisons qui fit qu'on s'arrêta à réparer Char-
le roi : de là le roi alla à Avesnes, où on fit venir la reine
et madame de Montespan.

En 1672, le roi voulut que messieurs de Malte se
déclarassent aussi contre les Hollandois ; ils dirent qu'ils
ne se déclaroient jamais que contre les Turcs.

VITRY. Affection des habitants, feux de joie, lanter-
nes à toutes les fenêtres. Ils arracherent de l'église où
le roi devoit entendre la messe, la tombe d'un de leurs
gouverneurs qui avoit été dans le parti de la ligue, de
peur que le roi ne vît dans leur église le nom et l'épi-
taphe d'un rebelle.

SERMAISE, vilain lieu. Le fauteuil du roi pouvoit à
peine tenir dans sa chambre.

COMMERCI. Le bruit de la cour ce jour-là étoit qu'on retourneroit à Paris.

TOUL. On séjourna un jour. Le roi fit le tour de la ville, visita les fortifications, et ordonna deux bastions du côté de la riviere.

METZ. On séjourna deux jours. Le maréchal de Créqui s'y rendit, et eut ordre de partir le lendemain. Quantité d'officiers eurent ordre de marcher vers Thionville. Le roi visita encore les fortifications, qu'il fit réparer. Grand zele des habitants de Metz pour le roi.

VERDUN. Le roi y trouva Monsieur, qui avoit une grosse fievre. Il alla visiter la citadelle.

STENAY. Le roi y arriva avant la reine, et alla voir les fortifications de la citadelle. Le roi quitta la reine, et partit le matin à cheval. Il ne trouva point son dîné en chemin ; il mangea sous une halle, et but d'un très mauvais vin.

AUBIGNY, méchant village. Le roi coucha dans une ferme ; il vouloit aller le lendemain à Landrecies, mais tout le monde cria que c'étoit trop loin. Il envoya les maréchaux des logis à Guise : il dîna le lendemain à une abbaye, et fit jaser un moine pour se divertir.

GUISE. Grand nombre de charités qu'il faisoit en chemin. Une vieille femme demanda où étoit le roi : on le lui montra ; et elle lui dit : « Je vous avois déja vu une « fois, vous êtes bien changé ». Le roi approchant de

Valenciennes reçut la nouvelle que Gand étoit investi. A une lieue de Valenciennes le roi m'a montré sept villes tout d'une vue, qui sont maintenant à lui; il me dit: « Vous verrez Tournai, qui vaut bien que je hasarde « quelque chose pour le conserver ». Le roi en arrivant à Valenciennes se trouva si las, qu'il ne pouvoit se résoudre à monter jusqu'à sa chambre.

GAND, 4 *mars.* Le roi trouva Gand investi par le maréchal d'Humieres. Il dîna, et alla donner les quartiers, et faire le tour de la place. Le quartier du roi étoit depuis le petit Escaut jusqu'au grand Escaut; M. de Luxembourg depuis le grand Escaut jusqu'au canal du Sas-de-Gand; M. Schomberg entre ce canal et le canal de Bruges; M. de Lorges entre le canal de Bruges et le petit Escaut. La Lis passoit au travers de son quartier. M. le maréchal d'Humieres étoit dans le quartier du roi. Les lignes de circonvallation étoient communes, et le roi les fit achever; elles étoient de sept lieues de tour. On commença dès le soir à préparer la tranchée. M. de Maran fit faire un boyau, dont on s'est servi depuis, et qui a été l'attaque de la droite, qu'on a appellée l'*attaque de Navarre.* Le lendemain 5, la tranchée fut ouverte sur la gauche par le régiment des Gardes.

Le roi a dit après la prise de Gand, qu'il y avoit plus de trois mois que le roi d'Angleterre avoit mandé à Villa-Hermosa qu'il avoit sur-tout à craindre pour Gand.

Misérable état des Espagnols : ils se rendirent faute de pain. Le gouverneur, vieil et barbu, ne dit au roi que ces paroles : « Je viens rendre Gand à votre majesté, c'est tout ce que j'ai à lui dire. »

Pendant que les armes du roi prospéroient en Allemagne, ses forces maritimes s'accroissoient considérablement, jusqu'à donner déja de l'inquiétude à ses alliés. Ils s'étoient moqués de tous les projets qu'on faisoit en France pour se rendre puissant sur la mer, s'imaginant qu'on se rebuteroit bientôt par les difficultés qui se rencontreroient dans l'exécution, et par les horribles dépenses qu'il falloit faire. Ils ne voyoient dans les ports que deux galeres, et une douzaine de vaisseaux, dont plus de la moitié tomboit, pour ainsi dire, par pieces, les arsenaux et les magasins entièrement dégarnis, &c.

Prédiction de Campanella sur la grandeur future du Dauphin (depuis Louis XIV). Présages sur la même chose. Grotius. La constellation du Dauphin composée de neuf étoiles : les neuf Muses, suivant les astrologues, environnées de l'Aigle, grand génie; du Pégase, puissant en cavalerie; du Sagittaire, infanterie; de l'*Aquarius*, puissance maritime; du Cygne, poètes, historiens, orateurs qui le chanteront. Le Dauphin touche l'équateur, justice. Né le dimanche, jour du soleil. *Ad solis instar beaturus suo calore ac lumine Galliam, Gal-*

*liaeque amicos. Delphinus jam nonam nutricem sugit:
aufugiunt omnes, quod mammas earum malè tractet.*
Premier janvier 1639.

Le parlement complimenta par députés le roi Henri
IV sur la mort de madame Gabrielle. Le premier prési-
dent de Harlay, rendant compte de sa députation, dit:
Laqueus contritus est, et nos liberati sumus.

Plusieurs choses extravagantes trouvées après la mort
de Mézerai dans son inventaire, entre autres, dans un
sac de mille francs, ce billet [1] : « C'est ici le dernier ar-
« gent que j'ai reçu du roi; aussi depuis ce temps-là n'ai-
« je jamais dit de bien de lui. »

Dans un sac d'écus d'or, il y avoit un écu d'or enveloppé seul dans un papier où étoit écrit : « Cet écu d'or
« est du bon roi Louis XII; et je l'ai gardé pour louer
« une place d'où je puisse voir pendre le plus fameux
« financier de notre siecle ». On lui trouva plus de cinquante mille francs en argent derriere des livres, et de
tous côtés. Il fit un cabaretier de la Chapelle son léga-
taire universel.

M. Feuillet regardoit Monsieur faire collation en ca-
rême. Monsieur, en sortant de table, lui montra un petit biscuit qu'il prit encore sur la table, en disant : « Cela
« n'est pas rompre le jeûne, n'est-il pas vrai »? Feuillet
lui répondit : « Mangez un veau, et soyez chrétien. »

_____

(1) On lui avoit ôté sa pension.

Alexandre VIII, n'étant encore que monsignor Ottobon, et ayant grande envie d'être cardinal, sans qu'il lui en coûtât rien, avoit un jardin près duquel la Dona Olimpia venoit souvent. Il avoit à la cour de cette dame un ami, par le moyen duquel il obtint d'elle qu'elle viendroit un jour faire collation dans son jardin. Il l'attendit en effet avec une collation fort propre, et un beau buffet tout aux armes d'Olimpia. Elle s'apperçut bientôt de la chose, et compta déja le buffet pour elle; car c'étoit la mode de lui envoyer des fleurs ou des fruits dans des bassins de vermeil, qui lui demeuroient aussi. Au sortir de chez Ottobon, l'ami commun dit à ce prélat, qu'Olimpia comprenoit bien son dessein galant, et en étoit charmée. Celui-ci mena son ami dans son cabinet, et lui montra un très beau collier de perles, en disant : « Ceci ira encore avec la *credenza* (le buffet) ». Quinze jours après il y eut une promotion dans laquelle Ottobon fut nommé, et il renvoya aussitôt le collier de perles chez le marchand, et fit ôter de sa vaisselle les armes d'Olimpia.

M. Pignatelli, maintenant pape, au retour de sa nonciature de Pologne, n'étoit guere mieux instruit des affaires de ce pays-là que s'il n'eût jamais sorti de Rome. Un jour qu'on parloit du siege de Belgrade, le pape Innocent X, qui avoit fort à cœur la guerre du Turc, dit à M. Pignatelli qu'il vînt l'après-dîner l'entretenir sur

la situation de Belgrade. Le bon prélat, fort embarrassé,
se confia à un capitaine suisse de la garde du pape, qui
avoit servi quelques années en Hongrie. Ce capitaine
fit ce qu'il put pour lui faire comprendre la situation de
cette place; et, lui ouvrant les deux doigts de la main,
lui disoit, *Eccovi la Sava, ecco il Danuvio;* et dans la
fourche des deux doigts, *ecco Belgrada.* Pignatelli s'en
alla à l'audience, tenant ses deux doigts ouverts, et ré-
pétant la leçon du Suisse; mais sur le point d'entrer, il
oublia lequel de ses deux doigts étoit la Save et le Da-
nube, et revint au Suisse lui demander la position de
ces deux rivieres : du reste, pape de grande piété, et ai-
mant fort l'église.

Le courier de l'évêque de Marseille, Fourbin, qui
apporta en France la nouvelle de l'élection de Sobieski
pour roi de Pologne, alla descendre chez M. le Tellier,
et fut renvoyé en Pologne avec une lettre du cardinal
de Bonzi pour la reine. Ce cardinal lui mandoit que,
si le roi son mari vouloit, on lui donneroit cent mille
écus pour nommer au cardinalat un sujet qui auroit tout
l'appui qu'on pouvoit desirer pour faire réussir cette nomination; et ce sujet étoit M. l'archevêque de Reims.

Le roi de Pologne Sobieski ne songeoit point à reconnoître le prince d'Orange pour roi d'Angleterre,
n'ayant ni besoin en Hollande de lui, ni affaire à lui.
Un Polonois qui avoit besoin d'une recommandation

auprès du prince d'Orange, donna 300 pistoles à un religieux qui étoit auprès du roi de Pologne, et le roi se laissa gagner par ce religieux.

Comme le roi de Pologne fut monté à cheval pour aller secourir Vienne, la reine le regardoit en pleurant, et embrassant un jeune fils qu'elle avoit. Le roi lui dit: « Qu'avez-vous à pleurer, madame »? Elle répondit: « Je pleure de ce que cet enfant n'est pas en état de vous « suivre comme les autres ». Le roi, s'adressant au nonce, lui dit : « Mandez au pape que vous m'avez vu à che- « val, et que Vienne est secourue ». Après la levée du siege il écrivit au pape : « Je suis venu, j'ai vu, Dieu a « vaincu ». Il avoit mandé à l'empereur qu'il n'y avoit qu'à ne point craindre les Turcs, et aller à eux.

J'ai oui dire à M. le prince, aux premieres nouvelles de ce siege, que si la tête n'avoit pas entièrement tourné aux Allemands, le plus grand bonheur pour l'empereur étoit que les Turcs eussent assiégé Vienne.

Insolence des bourgeois d'Anvers, qui, dans un feu d'artifice, représenterent le Grand-Turc, un prince de l'Europe, et le diable, ligués tous trois, qu'on faisoit sauter en l'air.

Les cardinaux ont envoyé à l'empereur cent mille écus, les dames romaines autant, et le pape deux fois autant.

Le roi, dès qu'il eut reçu la nouvelle du siege levé, l'envoya dire au nonce.

Le roi de Pologne joue tous les soirs à Colin-maillard : on le fait jouer de peur qu'il ne s'endorme.

La raison pourquoi le cardinal Mazarin différoit tant à accorder les graces qu'il avoit promises , c'est qu'il étoit persuadé que l'espérance est bien plus capable de retenir les hommes dans le devoir, que non pas la reconnoissance. Siri dit que les secrets de ce cardinal étoient souvent trahis et révélés aux ennemis par des domestiques infideles et intéressés. Il fermoit les yeux pour ne pas voir leur fripponnerie ; et c'étoit là la plus grande récompense dont il payoit leurs services, comme il punissoit leur infidélité en ne leur payant point leurs gages.

Il ne donna rien au courier qui lui apporta la nouvelle de la paix de Munster , et ne lui fit pas même payer son voyage ; au lieu que l'empereur donna un riche présent et mille écus de pension à celui qui la lui apporta. La reine de Suede fit noble son courier. Servien étoit au désespoir. Siri, qui dit encore que ce cardinal étoit maître de toutes ses passions, excepté de l'avarice, ajoute qu'il avoit l'artifice de trouver toujours quelques défauts aux plus belles actions des généraux d'armée, non pas tant pour les rendre plus vigilants à l'avenir, que pour diminuer leurs services, et délivrer le roi de la nécessité de les récompenser.

Dans le premier volume des *Memorie recondite* ,

Siri charge Frà Paolo de n'avoir pas été bon catholique. J'ai relu avec attention cet endroit de son histoire; sa narration m'a paru fort embarrassée; et de tout ce qu'il dit, je ne vois pas qu'on puisse tirer aucune démonstration contre la pureté de la foi de Frà Paolo.

Il dit même deux choses qui semblent se contredire; l'une, que dans le cœur Frà Paolo étoit luthérien; l'autre, qu'il étoit en commerce avec des huguenots de France. Il avance le premier fait sur un simple oui-dire; il appuie le second sur des dépêches de M. Brulart, ambassadeur de France à Venise, qui sont dans la bibliotheque du roi. Ces dépêches portent, dit Siri, que le nonce du pape en France, ayant surpris des lettres de Frà Paolo à des huguenots, forma le dessein de le déférer à l'inquisition de Venise, et en même temps d'en donner avis au sénat, afin que la république connût de quel théologien elle se servoit; car Frà Paolo avoit la qualité de théologien de la république. Mais le nonce, ayant fait réflexion qu'étant ministre du pape le sénat n'auroit pas grand égard à son témoignage, s'adressa à M. Brulart, pour le prier de se charger de la chose, et de se plaindre tant au nom du roi son maître, que pour l'intérêt de la religion, des cabales que Frà Paolo faisoit avec les calvinistes de France. M. Brulart, connoissant à quel point la république étoit prévenue pour Frà Paolo, ne jugea pas à propos d'intenter cette accusation. Cet

ambassadeur, en arrivant à Venise, dit Siri, avoit eu la
curiosité de voir un homme aussi fameux, et voulut lui
rendre visite : mais Frà Paolo, qui se tenoit toujours
sur ses gardes, fit dire à l'ambassadeur qu'étant théologien de la république il ne lui étoit pas permis d'a-
voir commerce avec les ministres des princes, sans permission de ses supérieurs, c'est-à-dire du sénat. Siri
ajoute que l'ambassadeur, sachant d'ailleurs que c'étoit
un homme sans foi, sans religion, sans conscience, et
qui ne croyoit pas l'immortalité de l'ame, ne se soucia
plus de le connoître, et que la chose en demeura là. Il
dit encore que l'ambassadeur avoit apporté pour Frà
Paolo des lettres de M. de Thou et de M. l'Échassier,
avocat au parlement, comme voulant insinuer que c'é-
toient des calvinistes. Tout cela, ce me semble, ne
prouve pas grand'chose. Il faudroit avoir rapporté quelques unes de ces lettres, pour juger si elles étoient hérétiques. Un homme peut écrire à des huguenots, sans
être huguenot lui-même ; d'autant plus que Siri, comme
j'ai déja remarqué, l'accuse d'avoir été de la confession
d'Ausbourg. Siri auroit mieux fait, ou de bien prouver
la chose, ou de ne pas noircir légèrement la mémoire
d'un homme qui vaut infiniment mieux que lui, et qui
peut-être avoit plus de religion que Siri même. Je ne
sais si ce n'est pas même faire tort à la religion, de dire
qu'un homme si généralement estimé n'a point eu de
religion. Les impies peuvent abuser de cet exemple.

C'étoit sur le pensionnaire Wit que rouloit la principale conduite des états, homme zélé pour la république, et ennemi de la maison d'Orange, qu'il tenoit le plus bas qu'il pouvoit. Il avoit hérité ces sentiments de son pere, vieux magistrat de Dort, qu'on regardoit autrefois comme le chef du parti opposé au prince Guillaume. Ce prince, jeune et entreprenant, fier de l'alliance du roi d'Angleterre, qui lui avoit donné sa fille, regardoit le titre de gouverneur et de capitaine général des états, comme trop au-dessous de lui, et aspiroit assez ouvertement à la monarchie. Il fit arrêter Wit dans son hôtel à la Haie, et l'envoya prisonnier, avec cinq des principaux de ce parti, dans son château de Louvestein. En même temps il marcha vers Amsterdam, qu'il avoit fait investir, et ne manqua que de quelques heures la prise de cette grande ville. On peut dire, avec assez de certitude, qu'il n'y avoit plus de république en Hollande, si la mort de ce prince, qu'on croit même avoir été avancée par quelque breuvage, n'eût interrompu tous ses desseins. Il laissa sa femme enceinte du prince qui vit aujourd'hui, dont elle accoucha deux mois après la mort de son mari. La Zélande et quelques autres provinces vouloient qu'il succédât à toutes les dignités de son pere; mais la province de Hollande, où la faction de Wit étoit la plus forte, empêcha que cette bonne volonté n'eût aucun effet. La charge de gouverneur et de capitaine général ne fut point remplie, et les états s'emparerent, et de la nomination des magistrats, et de tous les autres privileges attachés à cette charge. On prétend que le vieil Wit, avant que de mourir, ne cessoit d'encourager son fils à l'abaissement de cette maison, dont il regardoit l'élévation comme la ruine de la liberté, et qu'il lui répétoit souvent ces paroles : « Sou-« viens-toi, mon fils, de la prison de Louvestein ».

Au siege de Cambrai, Vauban n'étoit pas d'avis qu'on attaquât la demi-lune de la citadelle. Du Metz, brave homme, mais chaud et emporté, persuada au roi de ne pas différer davantage. Ce fut dans cette contestation que Vauban dit au roi : « Vous perdrez peut-être à « cette attaque tel homme qui vaut mieux que la place ». Du Metz l'emporta; la demi-lune fut attaquée et prise : mais les ennemis y étant revenus avec un feu épouvantable, ils la reprirent, et le roi y perdit plus de 400 hommes et 40 officiers. Vauban, deux jours après, l'attaqua dans les formes, et s'en rendit maître, sans y perdre que trois hommes. Le roi lui promit qu'une autre fois il le laisseroit faire.

C'étoit M. d'Épernau, que M. le prince et M. de Turenne firent gouverneur de Philisbourg, et qui, dans le temps même qu'ils lui déclaroient qu'ils l'avoient choisi pour cela, et qu'ils lui recommandoient de bien faire son devoir, les interrompit pour aller chasser une chevre qui mangeoit un chou sur un bastion.

Depuis l'année 1689, jusqu'au 10 octobre 1695, on a fait pour quatre cents soixante et dix millions d'affaires extraordinaires.

Le roi avoit cette année près de 100 mille chevaux, et 450 mille hommes de pied : c'étoit 40 mille chevaux de plus qu'il n'avoit dans la guerre de Hollande.

M. de Feuquieres avoit parlé tout l'hiver de l'avantage qu'on trouveroit à porter le fort de la guerre en Allemagne. Lorsqu'on fut arrivé au Quesnoi, et qu'on sut la prise d'Heidelberg, ces discours furent remis sur le tapis. Le roi demanda à Chanlai un mémoire où il expliquât les raisons pour la Flandre et pour l'Allemagne. Chanlai avoue qu'il appuya un peu trop pour l'Allemagne. Ainsi on résolut dès-lors de pousser de ce côté-là ; et le détachement de monseigneur fut résolu. Le roi apprit cette résolution à M. de Luxembourg près de Mons.

M. le maréchal de Lorges dit qu'il avoit proposé tout l'hiver le siege de Maïence, comme beaucoup plus important et plus aisé même que celui de Heidelberg. Il prétend aussi que monseigneur lui ayant demandé au-delà du Rhin ce qu'il y avoit à faire, il lui répondit qu'il falloit faire ce que César avoit fait en Espagne contre les lieutenants de Pompée ; c'est-à-dire, faire périr l'armée de M. de Bade, en lui coupant les vivres et les fourrages. M. de Boufflers fut de son avis. M. de Choiseul dit, « cela me passe ». La chose auroit pourtant été exécutée ; mais les nouvelles d'Italie firent prendre d'autres résolutions.

Dans le commencement, Turenne étoit fort haï des ministres, qu'il bravoit tous les jours. M. le Tellier envoyoit toujours demander à d'Humieres où l'on alloit camper. Il avoit décrié dans l'esprit du roi plusieurs maréchaux, sur-tout le maréchal de Gramont, qui étoit au désespoir, et qui monta la tranchée à la tête des gardes. Il poussoit Duras, et le favorisoit en toutes rencontres. Il voulut faire attaquer le château de Tournai par Lauzun, déja favori, quoique d'Humieres fût de jour. Bellefonds, qui étoit aussi fort favorisé du roi et de M. de Turenne, ne vouloit point du gouvernement de Lille, pour ne pas quitter la cour ; et Turenne le fit donner à d'Humieres, qui se remit en grace avec lui. Après la paix, Turenne eut bien du dessous ; il demanda quartier au comte de Gramont, qui l'accabloit de plaisanteries devant le roi, et disoit que M. le prince entendoit bien mieux les sieges que Turenne.

Le cardinal Mazarin destinoit à Turenne, s'il eût voulu se faire catholique, les plus grands emplois et les premieres dignités du royaume, avec une de ses nieces : mais mademoiselle de Bouillon, que la conversion de son frere aîné avoit mortellement affligée, fit son possible pour traverser cette seconde conversion.

Le brevet qui fit messieurs de Bouillon princes ne fut point enregistré, comme l'échange l'a été. Ce fut depuis ce brevet, que M. de Turenne ne voulut plus prendre la qualité de maréchal de France; et ce fut mademoiselle de Bouillon sa sœur qui l'en détourna. Il ne se trouva plus aux assemblées des maréchaux, et envoyoit même leur recommander les affaires pour lesquelles on le sollicitoit. Les maréchaux furent sur le point de le citer; mais ils n'oserent.

Vesselini étoit d'abord chef des mécontents. Après lui, Tekeli : puis, celui-ci s'étant tiré adroitement d'affaire, Tekeli prit sa place, homme de fort bonne maison, seigneur d'Huniade, et des descendants du fameux Huniade. Son pere étoit chevalier de la toison. Il étoit tout jeune quand on fit le procès à Nadasti et au comte de Serin, et s'enfuit de Vienne pour se retirer en Transilvanie.

Le Grand-seigneur ne songeoit à rien moins qu'à la réduction des Cosaques, quand ils lui envoyerent demander sa protection. Il étoit à la chasse à Larisse, vers la fin du siege de Candie. Ce fut le général Tetera, chef des Cosaques, qui s'y en alla, pour se venger des Polonois qui avoient pris le parti de son secrétaire révolté contre lui. Le Grand-seigneur leur donna un étendard pour marque qu'il les prenoit en sa protection.

Vers le même temps les Hongrois, irrités de la mort

du comte de Serin, envoyerent aussi demander au grand-
seigneur sa protection.

L'empereur, pour ramener les mécontents, leur écrivoit pour les exhorter à venir partager avec lui les grands
butins qu'il faisoit en France.

Catherine de Médicis étoit fille de Laurent de Médicis, Duc d'Urbin, et de Magdeleine de la Tour, de
la maison de Boulogne. Le pape Clément VII son oncle
la dota, en la mariant, d'une somme de cent mille écus
comptant; et Magdeleine de la Tour déclara dans son
contrat de mariage qu'elle lui donnoit et substituoit
son droit de succession aux comtés d'Auvergne et de
Lauraguais, baronnie de la Tour, et autres terres possédées alors par Anne de la Tour sa sœur aînée, laquelle
n'avoit point d'enfants. En effet, après la mort de cette
Anne, Catherine, comme unique héritiere de la maison de Boulogne, entra en possession de toutes ces terres en l'année 1559. Le roi Henri II son mari étant mort,
le duché de Valois lui fut assigné. En 1582 elle détacha
de ce duché la terre de la Ferté-Milon, et l'engagea à
madame de Sauve, depuis marquise de Noirmoutier,
pour une somme de dix mille écus d'or, que la reine
Catherine lui avoit accordée pour récompense de ses
services. Le roi Henri III son fils continua depuis et là
donation et l'engagement. Catherine mourut en 1589,
et le roi Henri III lui survécut de huit ou neuf mois.

Ainsi ce prince a été ou a dû être son héritier. Il est vrai
que Catherine fit don par son testament des comtés
d'Auvergne et de Lauraguais à feu M. le duc d'Angou-
lême, qui en prit même alors le nom de comte d'Auvergne. Mais en 1606 la fameuse reine Marguerite,
restée seule des enfants, fit déclarer ce testament nul,
et en vertu de la donation par forme de substitution,
stipulée dans le contrat de mariage de Catherine, se fit
adjuger par le parlement de Paris toutes les terres que
la reine sa mere avoit possédées, et aussitôt en fit présent au Dauphin, qui depuis a été Louis XIII ; de telle
façon que ces comtés et cette baronnie ont été réunis
à la couronne.

M. de Schomberg. Son grand-pere amena des troupes au service de Henri IV, lorsque le prince Casimir
en amena ; et M. de Schomberg prétend qu'il lui en est
encore dû de l'argent.

Son pere fut gouverneur de l'électeur Palatin, depuis roi de Boheme, celui qui alla en Angleterre négo-
cier le mariage avec la princesse Elisabeth.

Il eut beaucoup de part aux partis qui se formerent
en Boheme pour l'électeur, et mourut à trente-trois
ans, avant que ce prince fût élu roi.

M. de Schomberg n'avoit que sept ou huit mois à la
mort de son pere. Il dit que l'électeur voulut être son
tuteur, et nomma quatre commissaires pour adminis-

trer son bien. Il prétend de grandes sommes de M. l'électeur palatin, pour cette administration, dont on ne lui a pas rendu compte.

Il se trouva à seize ans à la bataille de Nortlingue; il se trouva aussi à la fameuse retraite de Maïence; il se trouva à la retraite de devant Dole sous M. de Rantzau, qui lui avoit donné une compagnie dans son régiment.

Hermenstein ayant été pris par les ennemis, le cardinal de Richelieu, piqué au vif de cette perte, donna ordre à M. de Rantzau de lever en Allemagne douze mille hommes. Rantzau fit cette levée fort lentement, s'amusa vers Hambourg, se maria à sa cousine, et se laissa enlever un quartier. Pour avoir sa revanche, il envoya Schomberg avec des troupes pour enlever un quartier des ennemis qui étoient dans Northausen. Il tomba sur une garde de dragons qui étoient hors de la place, et entra dedans pêle-mêle avec les fuyards.

Schomberg se maria; et parceque l'empereur avoit fait confisquer tous ses biens, il quitta le service de la France. Ennuyé d'être sans rien faire, il alla en Hollande, où le prince Henri Frédéric lui donna une compagnie de cavalerie. M. de Turenne avoit alors un régiment d'infanterie. Il entra dans la confidence du prince Guillaume, qui lui communiqua son dessein sur Amsterdam, qui fut entrepris de concert avec la France et la Suede. Schomberg donnoit avis de toutes choses à

Servien. Ce fut lui qui arrêta dix ou douze membres des états, du nombre desquels étoit le pere de Wit.

Le prince Guillaume mourut. Schomberg avoit promis de mener des troupes en Écosse au service du roi d'Angleterre; mais ce prince, ayant perdu la bataille de Worcester, vint à Paris, où il conseilla à Schomberg, qu'on regardoit comme anglois, et dont la mere étoit angloise en effet, d'acheter la compagnie des Gardes Écossoises du comte de Grey. Schomberg en donna vingt mille francs, avec six cents écus de pension viagere.

Au commencement des guerres civiles, le cardinal Mazarin l'envoya en Poitou; de là il vint au siege de Réthel, où M. de Turenne lui donna le commandement de l'infanterie, en l'absence des officiers généraux qui n'étoient pas encore arrivés.

Au secours d'Arras, il commandoit la gendarmerie. Le cardinal lui avoit donné une commission de lieutenant général pour l'expédition de Gueldres. Il servit en cette qualité au siege de Landrecies, puis au siege de Saint-Guilain, où il fut blessé: il eut le gouvernement de la place. Il servit encore au siege de Valenciennes en qualité de lieutenant général. Son fils aîné fut tué tout roide dans la tranchée à sa vue et comme il lui commandoit de poser une fascine à un endroit découvert: il commanda qu'on l'emportât, et continua à donner ses ordres.

Il étoit de jour, lorsque M. le prince attaqua les lignes; il pensa être prisonnier, et fit enfin sa retraite jusqu'au Quesnoi avec un bon nombre de régiments, M. de Turenne n'ayant donné aucun ordre pour la retraite.

A la bataille des Dunes il commandoit la seconde ligne de l'aile gauche : comme il vit que les Anglois de la premiere ligne étoient maltraités sur les Dunes par les Espagnols, il vint prendre le second bataillon des Anglois dans la seconde ligne, et les mena au secours des autres, qui chasserent et défirent les Espagnols.

Ensuite on assiégea Berg, dont il eut le gouvernement; de là il fut commandé pour les sieges d'Oudenarde et de Gravelines. Il employoit volontiers Vauban dans tous ces sieges, parceque le chevalier de Cherville n'alloit point lui-même voir les travaux, et que Vauban se trouvoit par-tout.

Après la défaite du prince de Ligne, Schomberg eut ordre de marcher vers la Knoque, et d'investir Ypres. On lui avoit promis que toutes les places qu'on prendroit de ce côté-là seroient de son gouvernement de Berg. Cependant M. de Turenne fit donner Ypres à M. d'Humieres, qui étoit dans ses bonnes graces. Schomberg sut encore que M. de Turenne avoit écrit à la cour pour faire que M. Lillebonne commandât en qualité de capitaine général ; ainsi il n'auroit été que subalterne. Voilà les premiers mécontentements qu'il eut de M. de Turenne, &c.

PIERRE DE MARCA. Il fut nourri de lait de chevre les quatre premiers mois. Il se maria, eut plusieurs enfants, et demeura veuf en 1632. Il étoit alors conseiller au conseil de Pau ; et lorsqu'en 1640 Louis XIII érigea ce conseil en parlement, il fit Marca président.

On disoit que le cardinal de Richelieu, dans le dessein de se faire patriarche en France, avoit fait faire par M. Dupuy le livre des libertés de l'église gallicane. Il parut un livre intitulé *Optatus Gallus,* contre le livre de M. Dupuy. Marca répondit à ce livre par ordre du cardinal, et ce fut le sujet qui lui fit faire son livre *de Concordia Sacerdotii et Imperii* l'an 1641. La même année le roi le nomma à l'évêché de Conserans. On lui refusa assez long-temps ses bulles, à cause de ce livre, dont plusieurs endroits avoient choqué la cour de Rome. Après la mort d'Urbain VIII, Innocent X fit encore examiner ce livre, et apportoit bien des longueurs aux bulles de Marca, qui en ce temps-là même fit un écrit pour expliquer son dessein sur la publication du livre *de Concordia,* &c. le soumettre à l'autorité et à la censure du saint siege, et prouver que les rois étoient les défenseurs et non pas les auteurs des canons ; que les libertés de l'église gallicane consistoient dans la pratique des canons et des décrétales ; et beaucoup d'autres choses peu

avantageuses aux rois. Il envoya ce dernier livre à Innocent X, avec une lettre où il désavouoit beaucoup de
choses qu'il avoit avancées dans le premier, demandoit
pardon des fautes où il y étoit tombé, et déclaroit qu'à
l'avenir il soutiendroit de toute sa force les droits de l'é-
glise : tout cela, comme il l'avouoit lui-même dans une
autre lettre, pour avoir ses bulles, qu'il eut en 1647. Il
n'étoit que tonsuré, il se fit ordonner prêtre, après avoir
reçu ses bulles à Barcelone, où autrefois saint Paulin fut
ordonné prêtre, mais malgré lui.

Peu de temps après il écrivit *de singulari Primatu Pe-
tri,* pour faire plaisir à Innocent X, ensuite une lettre sur
l'autorité des papes envers les conciles généraux.

En 1644 il avoit été fait visiteur général de la Cata-
logne, avec une jurisdiction sur les troupes, et avec le
soin des finances. En 1651 il partit de Barcelone, et fit
son entrée à Conserans. L'année d'après il fut nommé
à l'archevêché de Toulouse. Il écrivit fort humblement
à Innocent X pour avoir ses bulles, et se comparoit à
un Exupere qui, ayant été, disoit-il, président en Espagne, fut élevé par Innocent I à l'évêché de Toulouse.
Sur quoi Baluze remarque que son Mécénas (car c'est
ainsi qu'il appelle toujours Marca) fit un mensonge de
dessein formé pour chatouiller les oreilles du pape : car
l'Exupere qui fut évêque de Toulouse n'étoit point
l'Exupere qui exerça la magistrature en Espagne. Baluze

rapporte qu'ayant appris qu'un auteur l'avoit accusé de s'être trompé sur ce fait d'histoire, il rioit de la simplicité de cet auteur, qui n'avoit pas pris garde qu'il s'agissoit d'avoir ses bulles, et qu'il falloit tromper le pape, qui ne lui étoit pas d'ailleurs fort favorable.

Le pape le soupçonnoit fort mal-à-propos d'être janséniste, et ne lui envoyoit point ses bulles : mais heureusement ce pape ayant publié alors sa constitution contre Jansénius, et Marca l'ayant reçue avec grande joie, on lui envoya ses bulles.

En 1656 il fut député à l'assemblée du clergé, où il soutint si vigoureusement les intérêts du saint siege, que le pape Alexandre VII l'en remercia par un bref. C'étoit lui qui écrivoit toutes les lettres du clergé au pape.

Comme il avoit honte d'être si long-temps absent de son diocese, pour lever son scrupule on le fit ministre d'état. Durant les conférences de la paix, il fut un des commissaires pour régler les limites des deux royaumes du côté des Pyrénées. Ses décisions furent suivies ; c'est-à-dire que les comtés de Roussillon, de Conflans, le Capsir et le Val de Quérol, avec une grande partie de la Cerdagne, demeurerent à la France. Après la mort du cardinal, le roi le mit de son conseil de conscience avec l'archevêque d'Auch, l'évêque de Rhodez, et le pere Annat. Peu de temps après il fit un traité de l'infaillibilité du pape, qui est son dernier ouvrage.

Le 25 février 1662, la duchesse de Retz apporta au roi la démission du cardinal de Retz pour l'archevêché de Paris, qu'il avoit signée à Commerci le 13 février. Le jour même le roi appella Marca dans son cabinet, lui dit qu'il le faisoit archevêque de Paris, et écrivit lui-même au pape pour avoir ses bulles. Il tomba malade le 10 mai suivant, reçut le 12 juin des lettres de Rome qui l'assuroient de sa translation à l'archevêché de Paris, en témoigna une grande joie, et mourut le 28 juillet, laissant un fils qui avoit sa charge de premier président, et l'abbaye de saint Albin d'Angers. Marca mourut à 68 ans, et fut enterré dans le chœur de Notre-Dame, au-dessous du trône archiépiscopal.

RÉFLEXIONS PIEUSES

SUR QUELQUES PASSAGES

DE L'ÉCRITURE SAINTE.

Ps. 77. *Adhuc escae erant in ore ipsorum, et ira Dei ascendit super eos.* Combien de gens, ayant travaillé toute leur vie pour parvenir à quelque fortune, à une charge, &c. meurent dans le moment qu'ils esperent en jouir, ayant encore le morceau dans la bouche!

Ps. 105. *Et dedit eis petitionem ipsorum,* &c. C'est dans sa colere que Dieu accorde la plupart des choses qu'on desire dans ce monde avec passion.

Isaïe, 54. *Quare appenditis argentum non in panibus,* &c. Pourquoi se donner tant de peine pour des choses qui nous rassasient si peu, et qui nous laissent mourir de faim? L'enfant prodigue souhaitoit au moins pouvoir se rassasier de gland, et encore ne peut-on parvenir à avoir de ce gland. *Venite, emite absque argento,* dit Isaïe. Nous n'avons qu'à nous tourner vers Dieu, il nous donnera de quoi nous nourrir en abondance.

Filius hominis non venit ministrari, sed ministrare. Matth. 20. Belle leçon pour nous faire souffrir toutes les négligences de nos domestiques. Il n'y a qu'à se bien mettre dans l'esprit qu'on n'est point né pour être servi, mais pour servir.

Jean, 11, v. 9. *Nonne duodecim sunt horæ diei,* &c. Jésus-Christ entend parler du temps que son pere a prescrit à sa vie mortelle, et la compare à une journée, comme s'il disoit : Tant que le jour luit, on peut marcher sans péril ; mais quand la nuit est venue, on ne peut marcher sans tomber : ainsi les Juifs ont beau me vouloir perdre, ils n'ont aucun pouvoir de me faire du mal, jusqu'à ce que la nuit, c'est-à-dire le temps des ténebres, soit venue.

Idem, c. 18, v. 1. *Trans torrentem Cedron.* Grotius croit qu'il étoit ainsi nommé à cause qu'il y avoit eu des cedres dans cette vallée. En grec c'est le torrent des cedres. Jésus-Christ accomplit ici ce qui le figura en la personne de David, quand ce roi, fuyant Absalon, passa ce torrent, étant trahi par Achitophel.

V. 6. *Abierunt retrorsum.* David a dit, ps. 35, *Avertantur retrorsum;* et Isaïe, 37, *Cadant retrorsum.* Quelle terreur n'imprimera-t-il point quand il viendra juger, s'il a été si terrible étant près d'être jugé !

Responsum non dedit ei, c. 19, v. 9. Il lui en avoit assez dit, en lui disant que son royaume n'étoit pas de ce monde ; et d'ailleurs Pilate, en faisant maltraiter un homme qu'il croyoit innocent, s'étoit rendu indigne qu'on l'éclaircît davantage : ne s'étoit-il pas même rendu indigne que Jésus-Christ lui répondît maintenant, lui qui, lui ayant demandé ce que c'étoit que la vérité, n'a-

voit pas daigné attendre la réponse? Les gens qui ont
négligé de savoir la vérité, quand ils la pouvoient apprendre, ne retrouvent pas toujours l'occasion qu'ils
ont perdue.

Nescis quia potestatem habeo, &c. v. 10. Puisqu'il
est en son pouvoir de le sauver, il se reconnoît donc
coupable de sa mort, à laquelle il ne souscrit que par
une lâche complaisance.

Non habemus regem, &c. v. 15. Les Juifs reconnois-
sent donc que le temps du messie est venu, puisque le
sceptre n'est plus dans Juda, et en même temps ils re-
noncent à la promesse du messie.

Quod scripsi, scripsi. C'étoit comme la sentence du
juge à laquelle on ne pouvoit plus rien changer. D'ailleurs Philon a remarqué que Pilate étoit d'un esprit inflexible. Dieu se sert de tout cela pour faire triompher
la vérité en dépit des Juifs.

Miserunt sortem, v. 24. Cette tunique, qui n'est point
déchirée, est l'unité qu'on ne doit jamais rompre.

Stabat, v. 25. La sainte Vierge étoit debout, et non
pas évanouie, comme les peintres la représentent. Elle
se souvenoit des paroles de l'ange, et savoit la divinité
de son fils. Et dans le chapitre suivant, ni dans aucun
évangéliste, elle n'est point nommée entre les saintes
femmes qui allerent au sépulcre : elle étoit assurée que
Jésus-Christ n'y étoit plus.

Separatim involutum, c. 20, v. 7. Les linges ainsi placés, et séparés les uns des autres, marquoient que le corps n'avoit point été enlevé par des voleurs. Ceux qui volent font les choses plus tumultuairement.

Ad fratres meos, v. 17. Il les appelle freres, pour les consoler du peu de courage qu'ils ont témoigné. *Narrabo nomen tuum fratribus meis.* Il semble que Jésus-Christ ait eu ce verset en vue en les appellant ses freres, comme tout ce qui précede dans ce même psaume a été une prédiction de ses souffrances.

OUVRAGES

ATTRIBUÉS

A M. RACINE.

DISCOURS

Prononcé, à la tête du clergé, par M. l'abbé
COLBERT, coadjuteur de Rouen.

SIRE,

LE clergé de France, qui ne s'approchoit autrefois
de ses souverains que pour leur retracer de tristes images de la religion opprimée et gémissante, vient aujourd'hui, la reconnoissance et la joie dans le cœur,
faire paroître à VOTRE MAJESTÉ cette même religion
toute couverte de la gloire qu'elle tient de votre piété.

Elle a paru durant plus d'un siecle sur le penchant
de sa ruine; on l'a vue déchirée par ses propres enfants, trahie par ceux qui devoient la soutenir et la défendre, en proie à ses plus cruels ennemis : enfin, après
une longue et funeste oppression, elle respira peu de
temps avant votre naissance heureuse. Avec vous elle
commença de revivre; avec vous elle monta sur le trône.
Nous comptons les années de son accroissement par les
années de votre regne; et c'est sous le plus florissant
empire du monde, que nous la voyons aujourd'hui plus
florissante que jamais.

Si elle se souvient encore de ses troubles et de ses malheurs passés, ce n'est plus que pour mieux goûter le parfait bonheur dont vous la faites jouir ; elle est sans agitation et sans crainte à l'ombre de votre autorité ; elle est même, si j'ose ainsi dire, sans desirs, puisque votre zele ne lui laisse pas le temps d'en former, et que votre bonté va si souvent au-delà de ses souhaits.

Ce zele ardent pour la foi, cette bonté paternelle dans tous les besoins de l'église, qualités si rares dans les princes, font, Sire, le véritable sujet de nos éloges.

Nous laissons à vos sujets assez d'autres vertus à admirer en vous. Les uns vous représenteront comme un monarque bienfaisant, libéral, magnifique, fidele dans ses promesses, ferme et inflexible contre toutes sortes d'injustice, droit et équitable jusqu'à prononcer contre ses propres intérêts, véritablement maître de ses peuples, et plus maître encore de lui-même.

Les autres vous respecteront comme un roi toujours sage et toujours victorieux, dont les impénétrables desseins sont plutôt exécutés que connus ; qui ne regne pas seulement sur ses sujets par son autorité souveraine, mais sur son conseil par la supériorité de son génie, mais sur les cœurs de ses voisins par la pénétration de son esprit, et par la sagesse dont il sait instruire ses ministres ; qui, pouvant tout par lui-même, sait se passer des plus grands hommes, et, sans eux, résoudre, entreprendre,

exécuter; qui donne la loi sur la mer aussi-bien que sur
la terre; qui lance, quand il lui plaît, la foudre jusques
sur les bords de l'Afrique; qui sait à son gré humilier
les nations superbes, et réduire des souverains à venir
au pied de son trône reconnoître son pouvoir et implorer sa clémence.

Vos ennemis mêmes, SIRE, ne peuvent s'empêcher
de louer vos actions héroïques; ils sont contraints d'a-
vouer que rien n'est capable de vous résister : et le mérite du vainqueur adoucit en quelque sorte le malheur
des vaincus.

Ce n'est pas à nous, SIRE, à parler des progrès
étonnants de vos armes triomphantes; nous ne devons
pas confondre l'éclat d'une valeur qui n'est que l'objet
de l'admiration des hommes, avec ces œuvres saintes
qui sont en estime devant Dieu. Le clergé, SIRE, s'at-
tachera sur-tout à louer en vous cette piété qui, toujours attentive aux intérêts de la religion, n'omet rien
de ce qui peut être nécessaire pour la relever dans les
lieux où elle est abattue, pour l'étendre, au-delà des
mers, dans les lieux où elle est inconnue, pour la faire
triompher dans l'un et l'autre monde.

Mais que dis-je? L'église ne doit-elle pas elle-même
consacrer des victoires que vous avez si heureusement
fait servir à la propagation de la foi et à l'extinction
de l'hérésie? Il semble que vous n'ayez combattu et

triomphé que pour Dieu, et le fruit que vous avez tiré de la paix nous fait assez connoître quel étoit le principal but de vos victoires. C'est par ces victoires que vous avez établi cette redoutable puissance, qui, tenant désormais vos voisins en bride, ôte aux hérétiques de votre royaume, et l'audace de se révolter, et l'espoir de se maintenir par de séditieux commerces avec les ennemis de l'état.

Si c'eût été la seule ambition qui vous eût armé, jusqu'où n'auriez-vous point étendu votre empire! Vous vous êtes hâté de finir la guerre, lorsque vous en pouviez tirer de plus grands avantages. Ne sait-on pas que ce n'a été que par l'empressement que vous aviez de donner tous vos soins aux progrès de la religion? La conversion de tant d'ames engagées dans l'erreur vous a paru la plus belle de toutes les conquêtes, et le triomphe le plus digne d'un roi très chrétien.

Mais quelle que soit votre puissance, elle avoit encore besoin du secours de votre bonté: c'est en gagnant le cœur des hérétiques, que vous domtez l'obstination de leur esprit; c'est par vos bienfaits que vous combattez leur endurcissement; et ils ne seroient peut-être jamais rentrés dans le sein de l'église par une autre voie que par le chemin semé de fleurs que vous leur avez ouvert.

Aussi faut-il l'avouer, SIRE; quelque intérêt que

nous ayons à l'extinction de l'hérésie, notre joie l'emporteroit peu sur notre douleur, si, pour surmonter cette hydre, une fâcheuse nécessité avoit forcé votre zele à recourir au fer et au feu, comme on a été obligé de faire dans les regnes précédents. Nous prendrions part à une guerre qui seroit sainte, et nous en aurions quelque horreur, parcequ'elle seroit sanglante : nous ferions des vœux pour le succès de vos armes sacrées; mais nous ne verrions qu'avec tremblement les terribles exécutions dont le Dieu des vengeances vous feroit l'instrument redoutable : enfin nous mêlerions nos voix aux acclamations publiques sur vos victoires, et nous gémirions en secret sur un triomphe qui, avec la défaite des ennemis de l'église, envelopperoit la perte de nos freres.

Aujourd'hui donc que vous ne combattez l'orgueil de l'hérésie que par la douceur et par la sagesse du gouvernement, que vos loix, soutenues de vos bienfaits, sont vos seules armes, et que les avantages que vous remportez ne sont dommageables qu'au démon de la révolte et du schisme, nous n'avons que de pures actions de graces à rendre au ciel, qui a inspiré à VOTRE MAJESTÉ ces doux et sages moyens de vaincre l'erreur, et de pouvoir, en mêlant avec peu de sévérité beaucoup de graces et de faveurs, ramener à l'église ceux qui s'en trouvoient malheureusement séparés.

Nous le confessons, SIRE, c'est à VOTRE MAJESTÉ seule que nous devrons bientôt le rétablissement entier de la foi de nos peres : aussi ne falloit-il pas que, l'état vous devant déja son salut et sa gloire, l'église dût à un autre qu'à vous sa victoire et son triomphe ; sans cela votre regne, que le ciel a voulu qui fût un regne de merveilles, auroit manqué de son plus bel ornement. On auroit bien dit un jour de VOTRE MAJESTÉ ce que l'écriture dit de plusieurs grands rois de Juda : Il a terrassé ses ennemis, et relevé la monarchie ; il a autorisé et réformé les loix, il a fait régner la justice. Mais on auroit ajouté ce que le Saint Esprit reproche à ces princes : Il n'a pas aboli les sacrifices qui se faisoient sur la montagne.

Que votre nom, SIRE, sera éloigné de ce reproche ! Ce que votre zele a déja fait, la postérité le regardera toujours comme la source de vos prospérités et le comble de votre gloire.

Mais ce n'est pas au rétablissement des temples et des autels que se borne votre zele ; vous avez entrepris de faire revivre la piété et les bonnes mœurs ; et c'est à quoi VOTRE MAJESTÉ travaille avec succès, autant par son exemple que par ses ordres. C'est un honneur maintenant de pratiquer la vertu ; et si le vice n'est pas tout-à-fait détruit, au moins est-il réduit à se cacher ; et les voiles dont il se couvre épargnent aux gens de bien un fâcheux scandale, et sauvent les ames foibles du péril d'une contagion funeste.

Ne pensons plus à ces jours de ténebres où la plupart de ceux qui étoient encore dans le sein de l'église sembloient n'y être demeurés que pour l'outrager de plus près, où les blasphêmes et les railleries de ce qu'il y a de plus saint éclatoient avec audace : ces monstres d'infidélité ont disparu sous votre regne heureux; et si les remontrances tant de fois réitérées sur ce sujet ne nous donnoient connoissance de ce désordre, nous l'ignorerions à jamais.

Qu'est devenu cet autre monstre produit par l'esprit de vengeance, toujours altéré du sang des hommes, mais plus encore de celui de la noblesse françoise? Nous n'avons qu'à le laisser dans l'oubli éternel où depuis tant de temps vous l'avez enseveli : vous l'avez étouffé, tout indomtable qu'il paroissoit. Votre Majesté a su renverser les fausses maximes de l'honneur et de la honte; et autant qu'une détestable erreur avoit mis de fausse gloire à se venger, autant y auroit-il d'ignominie à ne vous pas obéir : c'est ainsi que votre volonté seule l'emporte sur la coutume invétérée du mal, et sur le penchant criminel des hommes.

Le clergé ne se dispose plus qu'à être le spectateur de la fin de toutes vos saintes entreprises : après en avoir admiré de si heureux commencements, il cesse d'user de remontrances : s'il a encore quelques besoins, vous les connoissez, cela lui suffit. Il vient encore de ressentir en cette assemblée d'insignes effets de votre protection royale ; et persuadé que vous lui avez destiné une longue suite de graces dans d'autres temps, et avec les circonstances dont vous seul les savez si bien accompagner, il craindroit par ses demandes, ou de troubler l'ordre que votre sagesse y a établi, ou peut-être de mettre des bornes où votre zele n'en a point mis.

L'unique affaire qui nous occupe, c'est l'obligation de rendre à Votre Majesté de très humbles actions de graces. Après un si juste devoir, assurés que nous sommes de votre puissante protection, nous pouvons nous séparer sans inquiétude. Nous allons dans les provinces de votre royaume faire retentir les louanges que l'église doit à votre zele. Chaque pasteur aura la joie de retrouver par vos soins son troupeau plus nombreux qu'il ne l'avoit laissé, et chacun de nous redoublera ses vœux pour obtenir du ciel qu'il redouble ses bénédictions en faveur d'un prince qui se les attire par des actions si glorieuses et si utiles à la religion.

RELATION

DE CE QUI S'EST PASSÉ

AU SIEGE DE NAMUR.

Il y avoit près de quatre ans que la France soutenoit la guerre contre toutes les puissances, pour ainsi dire, de l'Europe, avec un succès bien différent de celui dont ses ennemis s'étoient flattés. Elle avoit non seulement renversé tous les projets de la fameuse ligue d'Ausbourg, mais même, par la sagesse de sa conduite et par la vigueur de sa résistance, elle avoit réduit les confédérés, d'agresseurs qu'ils étoient, à la honteuse nécessité de se défendre. Tout le monde voyoit avec étonnement qu'une nation attaquée par tant de peuples conjurés contre elle, et dont ils avoient par avance partagé la dépouille, eût si heureusement fait retomber sur eux les malheurs qu'ils lui préparoient; qu'elle eût vaincu dans tous les lieux où ils l'avoient obligée de porter ses armes; et qu'enfin tant de puissances réunies pour l'accabler n'eussent fait que fournir par-tout de la matiere à ses conquêtes et à ses triomphes.

En effet, depuis cette derniere guerre, sans parler des célebres journées de Fleurus, de Stafarde et de

Leuse, où ils avoient perdu leurs meilleures troupes, sans compter aussi plusieurs de leurs places prises et rasées, ils avoient vu passer sous la domination de la France, Philisbourg en Allemagne, Nice et Montmélian en Savoie, et enfin Mons dans les Pays-bas.

Mais, malgré les avantages continuels que le roi remportoit sur eux, ils se flattoient tous les ans de quelque révolution en leur faveur. Ils croyoient que la fortune se lasseroit de suivre toujours le même parti; et qu'enfin la France seroit contrainte de succomber, et à la force ouverte qu'ils lui opposoient au-dehors, et aux atteintes secretes qu'ils tâchoient de lui porter au-dedans.

La principale espérance de leur ligue étoit fondée sur la haute opinion que tous ceux qui la composent avoient du grand génie du prince d'Orange, qui en est comme le chef et le premier mobile; et lui-même ne manquoit pas de les flatter par toutes les illusions dont il les croyoit capables de se laisser prévenir. Il leur avoit fait espérer d'abord que le premier effet de son établissement sur le trône d'Angleterre seroit l'abaissement de la France. Il s'étoit depuis excusé du peu de secours qu'ils avoient reçu de lui, sur la nécessité où il s'étoit vu d'employer à la réduction de l'Irlande la meilleure partie de ses forces. Mais enfin se voyant paisible possesseur des trois royaumes, et en état de se donner tout entier à la cause commune, il avoit marqué l'année 1692 comme l'année fatale à la France, et où les révolutions si long-temps attendues devoient arriver. Pour joindre l'exécution aux promesses, il employoit aux grands apprêts de la campagne prochaine les sommes excessives qu'il tiroit des Anglois et des Hollandois; et, à son exemple, ses alliés faisoient aussi tous les efforts possibles pour profiter d'une si favorable conjoncture.

Le roi, vers la fin de l'année 1691, instruit de leurs préparatifs, jugea qu'il falloit non seulement opposer la force à la force pour parer les coups dont ils le menaçoient, mais qu'il falloit même leur en porter auxquels ils ne s'attendissent pas, et les forcer par quelque entreprise éclatante, ou à faire la paix, ou à ne pouvoir faire la guerre qu'avec d'extrêmes difficultés. Il étoit exactement informé de l'état de leurs forces tant de terre que de mer. Il n'ignoroit pas que le prince d'Orange dans les Pays-bas pouvoit, avec ses troupes et avec celles de ses alliés, mettre ensemble jusqu'à six vingts mille hommes. Mais connoissant ses propres forces, il crut que ce nombre, quelque grand qu'il fût, ne seroit pas capable d'arrêter ses progrès; et résolu d'ailleurs de combattre ses ennemis, s'ils se présentoient, il ne douta point de les vaincre.

Il ne crut pas même devoir se borner à une médiocre conquête; et Namur étant la plus importante place qui leur restât, et celle dont la prise pouvoit le plus contribuer à les affoiblir et à rehausser la réputation de ses armes, il résolut d'en former le siege.

Namur, capitale de l'une des dix-sept provinces des Pays-bas, à laquelle elle a donné le nom, avoit été regardée de tout temps par nos ennemis comme le plus fort rempart, non seulement du Brabant, mais encore du pays de Liege, des provinces-unies, et d'une partie de la basse Allemagne. En effet, outre qu'elle assuroit la communication de toutes ces provinces, on peut dire que par sa situation au confluent de la Sambre et de la Meuse, qui la rend maîtresse de ces deux rivieres, elle étoit également bien placée, et pour arrêter les entreprises que la France pourroit faire contre les pays que je viens de nommer, et pour faciliter celles qu'on pourroit faire contre la France même. Ajoutez à ces avantages l'assiette merveilleuse de son château escarpé et fortifié de toutes parts, et estimé imprenable ; mais surtout la disposition du pays, aussi inaccessible à ceux qui voudroient attaquer la place, que favorable pour les secours ; et enfin le grand nombre de toutes sortes de provisions que les confédérés y avoient jettées, et qu'ils avoient dessein d'y jetter encore pour la subsistance de leurs armées.

Le roi, après avoir examiné toutes les difficultés qui se présentoient dans cette entreprise, donna ses ordres, tant pour établir de grands magasins de vivres et de munitions le long de la Meuse et dans ses places frontieres des Pays-bas, que pour faire hiverner commodément dans les provinces voisines de grands corps de troupes, sous prétexte d'observer celles des ennemis, qui y grossissoient continuellement. Il fit aussi des augmentations considérables de cavalerie et d'infanterie, et disposa enfin toutes choses avec sa prévoyance ordinaire. Mais en même temps il préparoit une puissante diversion du côté de l'Angleterre, où il prenoit des mesures pour y rétablir sur le trône le légitime souverain.

Les alliés de leur côté ne formoient pas, comme j'ai dit, de petits projets. Le prince d'Orange, en passant la mer, l'avoit aussi fait repasser à ses meilleures troupes, et en assembloit de toutes parts un grand nombre d'autres qu'il établissoit dans toutes les places de son parti les plus proches de celles de France. Il avoit soin surtout d'en remplir les places des Espagnols, desquelles par ce moyen il se proposoit de se rendre insensiblement le maître.

Il se tenoit de continuelles conférences à la Haie entre lui et les autres confédérés, sur l'emploi qu'ils devoient faire de leurs forces, ne se promettant pas moins que de faire une irruption en France au commencement du printemps. Dans cette vue ils faisoient travailler à un prodigieux amas de tout ce qui est nécessaire pour une grande expédition, et se tenoient tellement sûrs du suc-

cès, qu'ils ne daignoient pas même cacher les délibéra-
tions qui se prenoient dans leurs assemblées.

Ces conférences finies, le prince d'Orange s'étoit retiré à Loô, maison de plaisance qu'il a dans le pays de
Gueldres, lieu solitaire et conforme à son humeur sombre et mélancolique, où d'ailleurs il trouvoit le plus de
facilité pour entretenir ses correspondances secretes.
Le déplaisir qu'il avoit eu l'année précédente de voir
prendre Mons en sa présence, sans avoir pu rien faire
pour le secourir, donnoit lieu de croire qu'il prendroit
des mesures pour se mettre hors d'état de recevoir un
pareil affront. Et en effet, il prétendoit avoir si bien disposé toutes choses, qu'il pouvoit assembler en peu de
jours toutes les forces de son parti, ou pour tomber sur
les places dont il jugeroit à propos de faire le siege, ou
pour courir au secours de celles que la France entre-
prendroit d'attaquer.

Ainsi, en attendant la saison propre pour agir, il af-
fectoit de mener à Loô une vie fort tranquille, y prenant
presque tous les jours le divertissement de la chasse, et
paroissant aussi peu ému de tous les avis qu'il recevoit
des grands préparatifs de la France sur mer et sur terre,
que si elle eût été hors d'état de rien entreprendre, ou
qu'il eût été le maître des événements. Cette tranquillité
apparente, à la veille d'une campagne si importante
pour les deux partis, étoit fort vantée par ses admira-

teurs, qui l'attribuoient à une grandeur d'ame extraor-
dinaire; et ses alliés, la croyant un effet de sa pénétration et de la justesse des mesures qu'il avoit prises pour
assurer le succès de ses desseins, se moquoient eux-mêmes de toutes les inquiétudes qu'on leur vouloit donner, et demeuroient dans une pleine confiance qu'il ne
leur pouvoit arriver aucun mal.

Au commencement du mois de mai ils apprirent
que le roi, suivi de toute sa cour, étoit arrivé auprès
de Mons, où étoit le rendez-vous de ses armées de
Flandre. En même temps ils surent qu'une autre armée
étoit sur les côtes de Normandie, prête à passer la mer
avec le roi d'Angleterre; qu'un grand nombre de bâtiments de charge étoient à la Hogue avec toutes les
provisions nécessaires pour faire une descente dans ce
royaume; et qu'enfin une flotte de soixante gros vaisseaux, destinée pour appuyer le passage et le débar-
quement des troupes, n'attendoit à Brest et dans les
autres ports qu'un vent favorable pour entrer dans la
Manche.

Le prince d'Orange commença alors à se repentir de
sa fausse confiance. D'un côté, il prévit l'orage qui alloit
fondre dans les Pays-bas, et jugea dès-lors qu'il lui seroit fort difficile de l'empêcher : de l'autre, il n'ignoroit pas que tous les ports d'Angleterre étoient ouverts;
qu'il n'avoit encore ni flottes pour couvrir les côtes du

royaume, ni armée pour combattre les François à la descente; qu'il leur seroit aisé d'aller jusqu'à Londres, où ils trouveroient la plupart des seigneurs mécontents de lui, et les peuples fatigués des grandes sommes qu'il exigeoit d'eux. En un mot, il appréhendoit que le roi son beau-pere ne trouvât autant de facilité à se rétablir sur le trône qu'il lui avoit été facile de l'en chasser. Dans cet embarras il feignit pourtant de ne songer qu'à sauver la Flandre, et assembla en diligence et avec grand bruit un corps de troupes sous Bruxelles. Mais en même temps il dépêcha le lord Portland à Londres, pour concerter avec la princesse d'Orange et avec son conseil les moyens de garantir l'Angleterre de l'invasion des François. Il donna ordre qu'on armât toutes les milices du royaume, et qu'on y fît repasser les troupes restées en Écosse et en Irlande; qu'on arrêtât toutes les personnes soupçonnées d'intelligence avec les ennemis; et qu'enfin on assemblât la plus nombreuse armée qu'on pourroit, tant pour contenir le dedans du royaume, que pour border les côtés où l'on soupçonnoit que les François voudroient tenter la descente. Sur-tout il pressa l'armement de ses flottes, et voulut qu'on y travaillât nuit et jour, n'épargnant pour cela ni l'argent des Anglois et des Hollandois, ni celui de tous ses alliés. Non content de ces précautions, il fit remarcher à Willemstadt, entre l'embouchure de l'Escaut et de la Meuse, une

partie des régiments qu'il avoit amenés d'Angleterre,
pour être en état d'y repasser au premier ordre, et commanda qu'on lui tînt un vaisseau tout prêt pour y repasser lui-même. Toutes ces précautions étoient un peu
tardives, et couroient risque de lui être absolument inutiles, si les vents eussent été alors aussi favorables aux
François, qu'ils leur étoient contraires.

Sur ces entrefaites, le roi durant cinq jours ayant
assemblé ses armées dans les plaines de Gevries, entre
les rivieres de Haine et de Trouille, il en fit le vingt-
unieme de mai la revue générale. Il les trouva comple-
tes, et dans le meilleur état qu'il pouvoit souhaiter. Il
trouva aussi que, conformément à ses ordres, on avoit
chargé à Mons, de munitions de guerre et de bouche,
plus de six mille chariots tirés des pays conquis, tellement qu'il se vit en état de se mettre en marche deux
jours après cette revue.

L'armée destinée pour faire le siege de Namur, et
qu'il avóit résolu de commander en personne, étoit de
quarante bataillons et de quatre-vingt-dix escadrons.
L'autre armée, commandée par le maréchal duc de Luxembourg, composée de soixante-six bataillons et de
deux cents neuf escadrons, devoit tenir la campagne,
et observer les ennemis, qui, à cause de cela, l'ont depuis appellée l'armée d'observation.

Les lieutenants généraux de l'armée du roi étoient

le duc de Bourbon, le comte d'Auvergne, le duc de
Villeroi, le prince de Soubise, les marquis de Tilladet
et de Boufflers, et le sieur de Rubentel. Le marquis
de Boufflers étoit nommé aussi pour commander une
autre armée, que dans ce temps-là même il assembloit
dans le Condros. Les maréchaux de camp étoient le
duc de Roquelaure, le marquis de Montrevel, le sieur
de Congis, les comtes de Montchevreuil, de Gassé et
de Guiscar, et le baron de Bressé. Au reste, le Dauphin
de France, le duc d'Orléans, le prince de Condé et le
maréchal d'Humieres, avoient le principal commandement sous le roi. Le sieur de Vauban, lieutenant général, étoit chargé de la direction des attaques.

Le maréchal de Luxembourg avoit pour lieutenants
généraux le prince de Conti, le duc du Maine, le duc
de Vendôme, le duc de Choiseul, le comte de Montal,
et le comte de Roses, mestre-de-camp général de la
cavalerie légere; et pour maréchaux de camp, le chevalier de Vendôme, grand-prieur de France, les marquis de la Valette et de Coigny, les sieurs de Vatteville
et de Polastron. Le baron de Busca, aussi maréchal de
camp, commandoit particulièrement la maison du roi.
Le corps de réserve étoit commandé par le duc de
Chartres.

Ces deux armées partirent donc le vingt-troisieme
de mai. Celle du maréchal, qui étoit campée le long du

ruisseau des Estines, alla passer la Haine entre Marlanwelz sous Marimont et Mouraige, et campa le soir à Feluy et à Arquennes, proche de Nivelle. Celle du roi traversa les plaines de Binche, et ayant passé la Haine à Carnieres, alla camper à Capelle d'Herlaimont le long du ruisseau de Piéton. Le roi menoit avec lui une partie de son artillerie et de ses munitions : l'autre partie, accompagnée d'une grosse escorte, alla passer la Sambre à la Bussiere, pour marcher à Philippeville, et de là au siege qui devoit être formé.

Le lendemain vingt-quatrieme, le maréchal alla camper entre l'abbaye de Villey et Marbais, proche de la grande chaussée; et le roi dans la plaine de Saint-Amand, entre Ligny et Fleurus.

La nuit suivante il détacha le prince de Condé avec six mille chevaux et quinze cents hommes de pied, pour aller investir Namur, entre le ruisseau de Risnes et la Meuse, du côté de la Hesbaye. Le sieur Quadt, avec sa brigade de cavalerie, l'investit depuis ce ruisseau jusqu'à la Sambre. Le marquis de Boufflers, avec quatorze bataillons et quarante-huit escadrons, faisant partie de l'armée qu'il assembloit, parut en même temps devant la place de l'autre côté de la Meuse. Et enfin le sieur Ximénès, avec les troupes qu'il venoit de tirer de Philippeville et de Dinant, auxquelles le marquis de Boufflers ajouta encore douze escadrons, investit la place du côté du château, occupant tout le terrein qui est entre la Sambre et la Meuse. En telle sorte que Namur se trouva en même temps entouré de tous côtés.

Le vingt-cinquieme, l'armée du maréchal de Luxembourg alla camper sur le ruisseau d'Aurenault dans la plaine de Gemblours, et celle du roi auprès de Milmont et de Golzenne au-delà des Mazis, d'où il envoya ordre au maréchal de détacher le comte de Montal, avec quatre mille chevaux, pour aller se poster au Long-Champ et à Genevoux, proche des sources de la Mehaigne, et le comte de Coigny, avec un pareil détachement, pour aller se poster à Chasselet près de Charleroi. Le premier devoit couvrir le camp du roi du côté du Brabant, et l'autre favoriser les convois de Maubeuge, de Philippeville et de Dinant, et tenir en bride la garnison de Charleroi, et les corps de troupes que les ennemis y pourroient envoyer.

Le vingt-sixieme le roi arriva sur les six heures du matin devant Namur. Il reconnut d'abord les environs de la place depuis la Sambre jusqu'au ruisseau de Wedrin, examina la disposition du pays, les hauteurs qu'il falloit occuper, et les endroits par où il falloit faire passer les lignes. Il donna ses ordres pour la construction des ponts de bateaux sur la Sambre et sur la Meuse, et régla enfin tout ce qui concernoit l'établissement et la sûreté des quartiers. Il choisit le sien entre le village de

Flawine et une métairie appellée la Rouge-Cense, un peu au-dessus de l'abbaye de Salzenne. Ensuite il s'avança sur la hauteur de cette abbaye pour considérer la situation de la place, et les ouvrages qui la couvroient de ce côté-là. En reconnoissant tous ces endroits, il admira sa bonne fortune et le peu de prévoyance des ennemis, et confessa lui-même qu'en postant seulement de bonne heure quinze mille hommes, ou sur les hauteurs du château, ou sur celles du ruisseau de Wedrin, ils auroient pu faire avorter tous ses desseins, et mettre Namur hors d'état d'être attaqué. Il ordonna au comte d'Auvergne de se saisir de l'abbaye de Salzenne et des moulins qui en sont proche; ce qui fut aussitôt exécuté. Le marquis de Tilladet eut aussi ordre de visiter tous les gués qu'il pouvoit y avoir dans la Sambre depuis le quartier du roi jusqu'à la place. Et le marquis d'Alegre, avec un corps de dragons, fut envoyé pour se saisir du passage de Gerbizé, poste important sur le chemin de Huy et de Liege, du côté de la Hesbaye.

Cependant l'alarme étoit parmi les ennemis. Comme ils ignoroient encore où aboutiroit la marche du roi, ils se hâtcrent de renforcer les garnisons de toutes leurs places. Ils craignoient sur-tout pour Charleroi, pour Ath, pour Liege, et pour Bruxelles même. Mais à l'égard de Namur, l'électeur de Baviere, se confiant et à la bonté de la place et à la grosse garnison qui étoit dedans, souhaitoit qu'il prît envie au roi de l'assiéger. Le rendez-vous de leur armée étoit aux environs de Bruxelles, et il y arrivoit tous les jours un fort grand nombre de troupes de toute sorte de nations. Elles faisoient déja près de cent mille hommes, dont le principal commandement et la direction presque absolue étoient entre les mains du prince d'Orange, l'électeur de Baviere n'ayant dans cette armée qu'une autorité comme subalterne. On peut juger combien des forces si prodigieuses enfloient le cœur des confédérés. Ils demandoient qu'on les fît marcher au plus vîte, et se tenoient sûrs de rechasser le roi jusques dans le cœur de son royaume. Il étoit d'heure en heure exactement informé et de leur marche et de leur nombre, et se mettoit de son côté en état de les bien recevoir.

L'armée devant Namur étoit séparée par les deux rivieres en trois principaux quartiers, dont le premier, c'est à savoir celui du roi, occupoit tout le côté du Brabant, depuis la Sambre jusqu'à la Meuse; le second, qui étoit celui du marquis de Boufflers, s'étendoit dans le Condroz, depuis la Meuse, au-dessous de Namur, jusqu'à cette même riviere au-dessus; et le troisieme, sous le sieur de Ximénès, tenoit le pays d'entre la Sambre et la Meuse. Au reste, le quartier du roi étoit divisé en plusieurs autres quartiers : car, outre le Dauphin et le duc d'Orléans qui campoient tout auprès de sa personne, il avoit aussi dans son quartier le prince de Condé, le maréchal d'Humieres, et tous les lieutenants généraux, à la réserve du marquis de Boufflers; et ils y avoient chacun leur poste ou leur quartier le long des lignes de circonvallation.

. Le roi, dès le premier jour, donna ses ordres pour faire tracer les lignes sur un circuit au moins de cinq lieues. Elles commençoient à la Sambre du côté du Brabant, un peu au-dessus du village de Flawine, et, traversant un fort grand nombre de bois, de villages et de ruisseaux, en-deçà et au-delà de la Meuse, passoient dans la forêt de Marlagne, et revenoient finir à la Sambre, entre l'abbaye de Malogne et une espece de petit château qu'on appelloit la Blanche-Maison.

Le vingt-septieme, c'est-à-dire le lendemain de l'arrivée du roi devant la place, il alla visiter le quartier du prince de Condé, entre le ruisseau de Wedrin et la Meuse, et y vit les parcs d'artillerie et de munitions. De là s'étant avancé avec le sieur de Vauban sur la hauteur du Quesne de Bouge, qui commande d'assez près la ville, entre la porte de fer et celle de S. Nicolas, la résolution fut prise d'attaquer cette derniere porte. Ce même jour les ponts de bateaux furent par-tout achevés, et la communication des quartiers entièrement établie.

Il restoit encore les quartiers de Boufflers et de Ximénès à visiter. Le roi s'y transporta donc le vingt-huitieme, et, ayant passé la Sambre à la Blanche-Maison, et la Meuse au-dessous du village de Huépion, reconnut tout le côté de la place qui regarde le Condroz, reconnut aussi le fauxbourg de Jambe, où les ennemis s'étoient retranchés au bout du pont de pierre qu'ils y avoient sur la Meuse; et ayant remarqué le long de cette riviere une petite hauteur d'où on voyoit à revers les ouvrages de la porte de S. Nicolas qui est de l'autre côté, il commanda qu'on y élevât des batteries. Ces derniers jours et les suivants, les convois d'artillerie et de toute sorte de munitions arriverent de Philippeville par terre, et de Dinant par la Meuse, et on commença à cuire le pain dans le camp pour la subsistance des deux armées.

Ce fut vers ce temps-là que plusieurs dames de qualité de la province, qui s'étoient réfugiées dans Namur, et plusieurs des dames mêmes de la ville, firent demander par un trompette la permission d'en sortir; ce qu'on ne jugea pas à propos de leur accorder. Mais ces pauvres dames, se confiant à la générosité du roi, et la peur des bombes l'emportant en elles sur toute autre considération, elles sortirent à pied par la porte du château, suivies seulement de quelques unes de leurs femmes, qui portoient leurs hardes et leurs enfants, et se présenterent à la garde prochaine. Les soldats les menerent d'abord à la Blanche-Maison, près des ponts qu'on avoit faits sur la Sambre, d'où le roi, qui eut pitié d'elles et qui les fit traiter favorablement, les fit conduire le lendemain à l'abbaye de Malogne, et de là à Philippeville.

Vingt mille pionniers, commandés dans les provinces conquises, étant arrivés alors à l'armée, ils furent aussitôt employés aux lignes de circonvallation, aux abattis de bois, et aux réparations des chemins.

Les assiégés avoient encore quelque infanterie dans les bois au-dessus des moulins à papier de S. Servais: mais le roi ayant ordonné qu'on l'en chassât, elle ne tint point, et se renferma fort vîte dans la ville.

La garnison étoit de neuf mille deux cents quatre-vingts hommes en dix-sept régiments d'infanterie de plusieurs nations, savoir, cinq allemands des troupes de Brandebourg et de Lunébourg, cinq hollandois, trois espagnols, quatre wallons, et en un régiment de cavalerie et quelques compagnies franches. Le prince de Barbançon, gouverneur de la province, l'étoit aussi de la ville et du château, et toutes ces troupes avoient ordre de lui obéir. On ne doutoit pas qu'étant pourvue de toutes les choses nécessaires pour soutenir un long siege, et ayant à défendre une place de cette réputation, également bien fortifiée et par l'art et par la nature, une garnison si nombreuse ne se signalât par une vigoureuse résistance, d'autant plus qu'elle n'ignoroit pas les grands apprêts qui se faisoient pour la secourir.

Le roi, pour ne point accabler ses troupes de trop de
travail, n'attaqua d'abord que la ville seule. On y fit
deux attaques différentes; mais il y en avoit une qui n'é-
toit proprement qu'une fausse attaque; et c'étoit celle
qui étoit au-delà de la Meuse. La véritable étoit en-
deçà. Il fut résolu d'y ouvrir trois tranchées qui se rejoin-
droient ensuite par des lignes paralleles; la premiere, le
long du bord de la Meuse; la seconde, à mi-côte de la
hauteur de Bouge; et la troisieme, par un grand fond
qui aboutissoit à la place du côté de la porte de fer.

Toutes choses étant donc préparées, la tranchée fut
ouverte la nuit du vingt-neuvieme au trentieme mai.
Trois bataillons avec un lieutenant général et un briga-
dier monterent à la véritable attaque, et deux à la fausse
avec un maréchal de camp; ce qui fut continué jusqu'à
la prise de la ville. Le comte d'Auvérgne, comme le
plus ancien lieutenant général, monta la premiere garde.
Dès cette nuit on avança le travail jusqu'à quatre-vingts
toises du glacis. On travailla en même temps avec tant
de diligence aux batteries, tant sur la hauteur de Bouge,
que de l'autre côté de la Meuse, que les unes et les autres
se trouverent bientôt en état de tirer et de prendre la
supériorité sur le canon de la place.

La nuit suivante, le travail qu'on avoit fait fut per-
fectionné.

La nuit du trente-unieme mai on travailla à s'étendre

du côté de la Meuse, pour resserrer d'autant plus les assiégés, et les empêcher de faire des sorties.

Le premier de juin on continua les travaux à la sape, l'artillerie ruinant cependant les défenses des assiégés, qui, étant vus du front et à revers de plusieurs endroits, n'osoient déja plus paroître dans leurs ouvrages.

La nuit du premier au deuxieme juin on se logea sur un avant-chemin couvert en-deçà de l'avant-fossé que formoient les eaux des ruisseaux de Wedrin et de Risnes. On tira ensuite une ligne parallele pour faire la communication de toutes les attaques, et on éleva de l'autre côté de la Meuse sur le bord de l'eau deux batteries qui commencerent à tirer dès la pointe du jour contre la branche du demi-bastion et contre la muraille qui regnent le long de cette riviere. Ce même jour, sur les huit heures du matin, le marquis de Boufflers fit attaquer le fauxbourg de Jambe que les ennemis occupoient encore, et s'en rendit maître. Sur le midi l'avant-fossé de la porte de Saint Nicolas se trouvant comblé, et toutes choses disposées pour attaquer la contrescarpe, les gardes suisses et le régiment de Stoppa de la même nation, qui étoient de tranchée sous le marquis de Tilladet, lieutenant général de jour, y marcherent l'épée à la main, et l'emporterent. Ils prirent aussi une petite lunette revêtue, qui défendoit la contrescarpe, et se logerent en très peu de temps sur ces dehors, sans que les ennemis, qui faisoient de leurs autres ouvrages un fort grand feu, osassent faire aucune tentative pour s'y établir. On leur tua beaucoup de monde en cette action.

Le soir du deuxieme juin, le marquis de Boufflers étant de garde à la tranchée, on s'apperçut que les assiégés avoient aussi abandonné une demi-lune de terre qui couvroit la porte de Saint Nicolas. Comme le fossé n'en étoit pas fort profond, il fut bientôt comblé; et quoique la demi-lune fût fort exposée, et que les ennemis tirassent sans discontinuer de dessus le rempart, on se logea encore dans cette demi-lune sans beaucoup de perte.

Les batteries basses de la Meuse continuoient cependant à battre en ruine la branche du demi-bastion et la muraille qui étoient, comme j'ai dit, le long de cette riviere. Comme ses eaux étoient alors assez basses, on s'étoit flatté de pouvoir conduire une tranchée le long d'une langue de terre qu'elle laissoit à découvert au pied du rempart, et on auroit ainsi attaché bientôt le mineur au corps de la place. Mais la Meuse s'étant enflée tout-à-coup par les grandes pluies qui survinrent, et qui ne discontinuerent presque plus jusqu'à la fin du siege, on fut obligé d'abandonner ce dessein, et de s'attacher uniquement aux ouvrages que l'on avoit devant soi.

L'artillerie ne cessa, pendant le troisieme et quatrieme juin, de battre en breche la face et la branche du demi-bastion de la Meuse, et y fit enfin une ouverture considérable. Les assiégés témoignoient à leur air beaucoup de résolution, et travailloient même à se retrancher en dedans. Mais on les voyoit qui, dans la crainte vraisemblablement d'un assaut, transportoient dans le château leurs munitions ét leurs meilleurs effets. A la fin, comme ils virent qu'on étoit déja logé sur la pointe du demi-bastion, le cinquieme de juin au matin, le duc de Bourbon étant de jour, ils battirent tout-à-coup la chamade, et demanderent à capituler. Après quelques propositions qui furent rejettées par le roi, on convint, entre autres articles, que les soldats de la garnison entreroient dans le château avec leurs familles et leurs effets; qu'il y auroit pour cela une treve de deux jours; et que, pendant tout le reste du siege, on ne tireroit point ni de la ville sur le château, ni du château sur la ville, avec liberté aux deux partis de rompre ce dernier article, lorsqu'ils le jugeroient à propos, en avertissant néanmoins qu'ils ne le vouloient plus tenir.

La capitulation signée, le régiment des gardes prit aussitôt possession de la porte de Saint Nicolas. Ainsi la fameuse ville de Namur, défendue par neuf mille hommes de garnison, fut, en six jours d'attaque, rendue à trois ou quatre bataillons de tranchée, ou, pour mieux dire, à un seul bataillon, puisqu'il n'y en eut jamais plus d'un à la tranchée le long de la Meuse, qui fut celle par où la place fut emportée. On peut même remarquer qu'on n'eut pas le temps de perfectionner les lignes de circonvallation, et qu'à peine on achevoit d'y mettre la derniere main, que, la ville étant prise, l'on fut obligé de les raser, pour transporter les troupes de l'autre côté de la Sambre.

Pendant que la ville capituloit, on eut nouvelle qu'enfin les alliés s'avançoient tout de bon pour faire lever le siege. Au premier bruit que le roi étoit devant Namur, ils s'étoient hâtés d'unir ensemble toutes leurs forces. Ils avoient dépêché aux généraux Flemming et Serclaës, dont le premier assembloit les troupes de Brandebourg aux environs d'Aix-la-Chapelle, et l'autre celles de Liege dans le voisinage de cette ville, avec ordre de les venir joindre; et le prince d'Orange avec l'électeur de Baviere, à la tête de l'armée confédérée, ayant passé le canal de Bruxelles, étoit venu camper à Dighom, puis à Lefdaël et à Wossem, de là à l'abbaye du Parc et au château d'Heverle près de Louvain. Il séjourna quelque temps dans ce dernier camp, ou pour donner le temps à toutes ses forces de le joindre, ou n'osant s'engager trop avant dans le pays, ni s'éloigner de la mer, dans l'inquiétude où il étoit de la descente dont l'Angleterre étoit menacée. Il apprit enfin que sa flotte jointe à celle de Hollande, faisant ensemble quatre-vingt-dix vaisseaux de guerre, étoit à la mer avec un vent favorable ; et qu'au contraire le comte de Tourville n'ayant pu être joint par les escadres du comte d'Estrées, du comte de Château-Regnaut, et du marquis de la Porte, n'avoit que quarante-quatre vaisseaux, avec lesquels il s'efforçoit d'entrer dans la Manche. Alors voyant ses affaires vraisemblablement en sûreté de ce côté-là, il feignit de n'y plus songer, et ne parla plus que d'aller secourir Namur.

Il partit des environs de Louvain le cinquieme juin, et vint camper à Meldert et à Bauechem. Il campa le lendemain sixieme auprès de Hougaerde et de Tirlemont, le septïeme entre Orp et Montenackem au-delà de la riviere de Ghete, et enfin le huitieme sur la grande chaussée entre Thinnes et Breff, à la vue du maréchal de Luxembourg. La prise de la ville ayant mis le roi en état de faire des détachements de son armée, il avoit envoyé à ce maréchal le comte d'Auvergne et le duc de Villeroi, lieutenants généraux, avec une partie des troupes qui se trouvoient campées du côté du Brabant.

Pour lui, la treve qu'il avoit accordée aux assiégés étant expirée, il avoit passé de l'autre côté de la Sambre avec ce qui étoit resté de troupes au-delà de cette riviere. C'étoit le septieme de juin, qu'il quitta son premier camp pour en venir prendre un autre, entre Sambre et Meuse, dans la forêt de Marlagne. Voici de quelle maniere ce nouveau camp étoit disposé. Le quartier du roi étoit auprès d'un couvent de Carmes, qu'on appelloit le Désert; il y avoit une ligne de troupes qui s'étendoit depuis l'abbaye de Malogne sur la Sambre, jusqu'au pont construit sur la Meuse à Huépion. Une autre ligne de dix bataillons, qui composoient la brigade du roi, eut son camp marqué sur les hauteurs du château, pour en occuper tout le front, qui est fort resserré par les deux rivieres, et pour rejetter ainsi les ennemis dans leurs ouvrages. Mais il n'étoit pas facile de les déposter de ces hauteurs, et moins encore des retranchements qu'ils y avoient faits à la faveur de quelques maisons, et entre autres d'un hermitage qu'ils avoient fortifié en forme de redoute. Néanmoins la brigade du roi eut ordre de les aller attaquer.

Les troupes, qui avoient cru ce jour-là n'avoir autre chose à faire qu'à s'établir paisiblement dans leur nouveau camp, et qui, dans ce moment-là, portoient leurs tentes et leurs autres hardes sur leurs épaules, jetterent aussitôt à terre tout ce qui les embarrassoit, pour ne garder que leurs armes, et grimpant en bon ordre et sur un même front, malgré l'extrême roideur d'un terrein raboteux et inégal, arriverent sur la crête de la montagne au travers d'une grêle de coups de mousquets, que les ennemis leur tiroient avec tout l'avantage qu'on peut s'imaginer. Le soldat, quoique tout hors d'haleine, renversa leurs postes avancés, et les poursuivit jusqu'à une seconde hauteur, non moins escarpée que la premiere, où leurs bataillons étoient rangés en bon ordre pour les soutenir. Mais rien ne put arrêter la furie des François. Les bataillons furent aussi chassés de ce second poste, et menés battant l'épée dans les reins jusqu'à leurs retranchements, qui même couroient risque d'être forcés, si le prince de Soubise, lieutenant général de jour, et le sieur de Vauban, rappellant les troupes, ne les eussent obligées de se contenter du poste qu'elles avoient occupé. Cette action, qui fut fort vive et fort brillante dans toutes ses circonstances, coûta à la brigade du roi douze ou quinze officiers, et quelque cent ou six vingts soldats, ou tués ou blessés.

Aussitôt on travailla à se bien établir sur cette hauteur, et on y ouvrit une tranchée, laquelle fut, tous les jours, relevée par sept bataillons. Il ne fut pas possible, les jours suivants, d'avancer beaucoup le travail, tant à cause du terrein pierreux et difficile qu'on rencontra en plusieurs endroits, que des orages effroyables et des pluies continuelles qui rompirent tous les chemins, et les mirent presque hors d'état d'y pouvoir conduire le canon. On ne put aussi achever les batte-

ries qu'avec d'extrêmes difficultés. Cependant les assiégés profiterent peu de tous ces obstacles, et firent seulement quelques sorties sans aucun effet.

Enfin, le treizieme juin, les travaux ayant été pous-
sés jusqu'aux retranchements, il fut résolu de les attaquer. La contenance fiere des ennemis, qu'on voyoit
en bataille en plusieurs endroits, derriere ces retranchements, et qui avoient tout l'air de se préparer à une
résistance vigoureuse, obligea le roi de leur opposer
ses meilleures troupes, et de se transporter lui-même
sur la hauteur pour régler l'ordre de l'attaque.

Le signal donné sur le midi, deux cents mousquetaires du roi à la droite, les grenadiers à cheval à la
gauche, et huit compagnies de grenadiers d'infanterie
au milieu, marcherent aux ennemis l'épée à la main,
soutenus des sept bataillons de tranchée, et des dix de
la brigade du roi, qu'il avoit fait mettre en bataille,
sur la hauteur, à la tête de leur camp. Les assiégés,
jusqu'alors si fiers, s'effrayerent bientôt. Ils firent seulement leur décharge, et, abandonnant la redoute et les
retranchements, se retirerent en désordre dans les chemins couverts des ouvrages qu'ils avoient derriere eux.
Ils perdirent plus de quatre cents hommes, la plupart
tués de coups de main, et entre autres plusieurs officiers et plusieurs gens de distinction. Les François eurent quelque cent trente hommes, et quarante, tant
officiers que mousquetaires, tués ou blessés.

Le comte de Toulouse, amiral de France, jeune prince âgé de quatorze ans, reçut une contusion au bras à côté du roi; et plusieurs personnes de la cour furent aussi blessées autour de lui. Le duc de Bourbon, qui étoit lieutenant général de jour, donna ses ordres avec non moins de sagesse que de valeur. Les troupes, animées par la présence du roi, se signalerent à l'envi l'une de l'autre; et les moindres grenadiers de l'armée disputerent d'audace avec les mousquetaires, de l'aveu des mousquetaires mêmes. On accorda aux assiégés une suspension pour venir retirer leurs morts. Mais on ne laissa pas, pendant cette treve, d'assurer le logement, et dans la redoute, et dans tous les retranchements qu'on venoit d'emporter.

Entre ces retranchements et la premiere enveloppe du château, nommé par les Espagnols *Terra nova*, on trouvoit sur le côté de la montagne qui descend vers la Sambre, un ouvrage irrégulier que le prince d'Orange avoit fait construire l'année précédente, et qu'on appelloit, à cause de cela, le fort neuf, ou le fort Guillaume. Il étoit situé de telle façon, que, bien qu'il parût moins élevé que les hauteurs qu'on avoit gagnées, il n'en étoit pourtant point commandé; et il sembloit se dérober et au canon et à la vue des assiégeants, à mesure qu'ils s'en approchoient. Ce fut, de toutes les fortifications de la place, celle dont la prise coûta le plus de temps et de peine, à cause de la grande quantité de travaux qu'il fallut faire pour l'embrasser.

La nuit qui suivit l'attaque dont nous venons de parler, le travail fut avancé plus de cinq cents pas vers la gorge de ce fort. Le quatorzieme, on s'étendit sur la droite, et l'on y dressa deux batteries, tant contre le fort neuf que contre le vieux château. Ce même jour, les assiégés abandonnerent une maison retranchée qui leur restoit encore sur la montagne, et ainsi on n'eut plus rien devant soi que les ouvrages que je viens de dire.

Le quinzieme, les nouvelles batteries démonterent presque entièrement le canon des assiégés, mais elles ne firent que très peu d'effet contre le fort neuf.

La nuit suivante, on ouvrit, au-dessus de l'abbaye de Salzenne, une nouvelle tranchée pour embrasser ce fort par la gauche; et le travail fut poussé environ quatre cents pas.

Pendant qu'on pressoit avec cette vigueur le château de Namur, le prince d'Orange étoit, comme j'ai dit, arrivé sur la Méhaigne. Il donna d'abord toutes les marques d'un homme qui vouloit passer cette riviere et attaquer l'armée du maréchal de Luxembourg, pour s'ouvrir un chemin à Namur. Plusieurs raisons ne laissoient pas lieu de douter qu'il n'eût ce dessein; son intérêt et celui de ses alliés; l'état de ses forces; sa réputation, à laquelle

la prise de Mons avoit déja donné quelque atteinte; en
un mot, les vœux unanimes de son parti, et sur-tout
les pressantes sollicitations de l'électeur de Baviere,
qui ne pouvoit digérer l'affront de se voir, à son arrivée dans les Pays-bas, enlever la plus forte place du
gouvernement qu'il venoit d'accepter.

Ajoutez à toutes ces raisons les bonnes nouvelles
que les alliés avoient reçues de la bataille qui s'étoit
donnée sur mer : car, bien que le combat n'eût pas été
fort glorieux pour les Hollandois et pour les Anglois,
mais sur-tout pour ces derniers, et qu'il fût jusqu'alors
inoui qu'une armée de quatre-vingt-dix vaisseaux, attaquée par une autre de quarante-quatre, n'eût fait, pour
ainsi dire, que soutenir le choc, sans pouvoir pendant
douze heures remporter aucun avantage; néanmoins,
comme le vent, en séparant la flotte de France, leur
avoit en quelque sorte livré quinze de ses vaisseaux qui
avoient été obligés de se faire échouer, et où ils avoient
mis le feu, il y avoit toute sorte d'apparences que le
prince d'Orange saisiroit le moment favorable où il
sembloit que la fortune commençât à se déclarer contre
les François. Il reconnut donc en arrivant tous les environs de la Méhaigne, fit sonder les gués, posta son infanterie dans les villages et dans tous les endroits qui
pouvoient favoriser son passage, et enfin fit jetter une
infinité de ponts sur cette riviere. On remarqua pour-

tant avec surprise que, dans le temps qu'il faisoit construire cette grande quantité de ponts de bois, il faisoit démolir tous les ponts de pierre qui se trouvoient sur la Méhaigne.

Une autre circonstance fit encore mieux voir qu'il n'avoit pas grande envie de combattre. Le roi, qui ne vouloit point qu'on engageât, d'un bord de riviere à l'autre, un combat où sa cavalerie n'auroit point eu de part, manda au duc de Luxembourg de se retirer un peu en arriere, et de laisser le passage libre aux ennemis; et la chose fut ainsi exécutée. C'étoit en quelque sorte les défier, et leur ouvrir le champ pour donner bataille s'ils vouloient. Mais le prince d'Orange demeura toujours dans son premier poste; tantôt s'excusant sur les pluies qui firent déborder la Méhaigne pendant deux jours; tantôt publiant qu'il feroit périr l'armée du maréchal sans la combattre, ou du moins qu'il le réduiroit à décamper faute de subsistance.

Il forma néanmoins un projet qui auroit été de quelque éclat, s'il eût réussi. Il détacha le comte Serclaës de Tilly avec cinq ou six mille chevaux du côté de Huy. Ce général, ayant pris encore dans cette place un détachement considérable de l'infanterie de la garnison, passa la Meuse, qu'il fit remonter à son infanterie, dans le dessein de couper le pont de bateaux qui étoit sous Namur, et qui faisoit la communication de nos deux armées. Lui cependant marcha avec sa cavalerie, pour attaquer le quartier du marquis de Boufflers, et brûler le pont de haute-Meuse, avec toutes les munitions qui se trouveroient sur le port, et qu'on avoit fait descendre par cette riviere. Le roi eut bientôt avis de ce dessein. Il fit fortifier la garde des ponts et le quartier de Boufflers; et ayant rappellé un corps de cavalerie de l'armée du maréchal, il fit sortir ses troupes hors des lignes, et les rangea lui-même en bataille. Mais Serclaës, qui en eut le vent, retourna fort vîte passer la Meuse, et alla rejoindre l'armée confédérée.

Le prince d'Orange, après avoir demeuré inutilement quelques jours sur la Méhaigne, en décampa tout-à-coup, et, remontant le long de cette riviere jusques vers sa source, vint camper, sa droite à la cense de Glinne, près du village d'Asche, et sa gauche au-dessus de celui de Branchon.

Le maréchal de Luxembourg, qui observoit tous les mouvements des ennemis pour régler les siens, ne les vit pas plutôt en marche, que de son côté il remonta aussi la riviere; en telle sorte que ces deux grandes armées, séparées seulement par un médiocre ruisseau, marchoient à la vue l'une de l'autre, éloignées seulement d'une demi-portée de canon. Celle de France campa, la droite à Hanrech, la gauche à Temploux, ayant à-peu-près dans son centre le village de Saint-Denis.

Le prince d'Orange fit encore en cet endroit des démonstrations de vouloir décider du sort de Namur par
une bataille. Il fit élargir les chemins qui étoient entre
les deux armées, et envoya l'électeur de Baviere pour
reconnoître lui-même le camp des François. L'électeur
passa la riviere à l'abbaye de Bonneffe, et se mit en devoir d'observer l'armée du maréchal. Mais on ne lui
laissa pas le temps de satisfaire sa curiosité, et il fut
obligé de repasser fort brusquement la Méhaigne à l'approche de quelques troupes de carabiniers, qu'on avoit
détachées pour l'éloigner de la vue des lignes.

A dire vrai, le maréchal ne fut pas fâché d'ôter aux
ennemis la connoissance de la disposition de son camp,
coupé de plusieurs ruisseaux et de petits marais, qui
rendoient la communication de ses deux ailes fort difficile, et d'ailleurs commandé de la hauteur de Saint-
Denis, d'où les ennemis auroient pu incommoder de
leur canon le centre de son armée, et engager enfin,
dans un pays serré et embarrassé de bois, un combat
particulier d'infanterie, où ils auroient eu tout l'avantage du lieu. Le roi, qui sut l'inquiétude où il étoit,
lui envoya proposer un autre poste, que le maréchal
alla reconnoître; et il le trouva si avantageux, que,
sans attendre de nouveaux ordres, il y fit aussitôt marcher son armée. Il n'attendit pas même son artillerie,
dont les chevaux se trouvoient alors au fourrage, et se

contenta de laisser une partie de son infanterie pour la garder. Il plaça sa gauche au château de Milmont, la couvrant du ruisseau d'Aurenault, et étendit sa droite par Temploux et par le château de la Falize, jusqu'auprès du ruisseau de Wedrin, au-delà duquel il jetta son corps de réserve : de sorte qu'il se trouvoit tout proche de l'armée du roi, et tout proche aussi de la Sambre et de la Meuse, d'où il tiroit la subsistance de sa cavalerie, couvroit entièrement la place, et réduisoit les ennemis à venir l'attaquer dans son front par des plaines ouvertes et propres à faire mouvoir sa cavalerie, qui étoit supérieure en toutes choses à celle des ennemis.

Il fit en plein jour cette marche, sans qu'ils se missent en devoir de l'inquiéter, et sans qu'ils se présentassent seulement pour charger son arriere-garde. Le prince d'Orange décampa quelques jours après. Il passa, le vingt-deuxieme de juin, le bois des Cinq-Étoiles ; et, ayant fait faire à ses troupes une extrême diligence, alla se poster la droite à Sombreff, et la gauche proche de Marbais sur la grande chaussée.

Cette démarche, qui le mettoit en état de passer en un jour la Sambre pour tomber sur le camp du roi, auroit pu donner de l'inquiétude à un général moins vigilant et moins expérimenté. Mais comme il avoit pensé de bonne heure à tous les mouvements que les ennemis pourroient faire pour l'inquiéter, il ne les vit pas plutôt la tête tournée vers Sombreff, qu'il envoya le marquis de Boufflers avec un corps de troupes dans le pays d'entre Sambre et Meuse : et après avoir fait reconnoître les plaines de Saint-Gérard et de Fosse, qui étoient les seuls chemins par où ils auroient pu venir à lui, il ordonna à ce marquis de se saisir du poste d'Auveloy sur la Sambre. Il fit en même temps jetter un pont sur cette riviere, entre l'abbaye de Floreff et Jemeppe, vers l'embouchure du ruisseau d'Aurenault, où la gauche du maréchal de Luxembourg étoit appuyée. Par ce moyen il mettoit ce général en état de passer aisément la Sambre, dès que les ennemis voudroient entreprendre la même chose du côté de Charleroi et de Farsiennes. La seule chose qui étoit à craindre, c'est que le corps de troupes qu'il avoit donné au marquis de Boufflers ne fût pas suffisant pour disputer aux ennemis le passage de la Sambre, et que, s'ils le tentoient si près de lui, on n'eût pas le temps de faire passer d'autres troupes pour le soutenir.

Pour obvier à cet inconvénient, le maréchal eut ordre de lui envoyer son corps de réserve, qui fut suivi peu de temps après des brigades d'infanterie de Champagne et de Bourbonnois, et enfin de l'aile droite de la seconde ligne commandée par le duc de Vendôme: Toutes ces troupes furent postées sur le bord de la Sambre proche des ponts de bateaux, à portée, ou de passer en très peu de temps dans les plaines de Fosse et de Saint-Gérard, ou de repasser à l'armée du maréchal, selon le parti que prendroient les ennemis.

Pendant ces différents mouvements des armées, les attaques du château de Namur se continuoient avec toute la diligence que les pluies pouvoient permettre, les troupes ne témoignant pas moins de patience que de valeur. Depuis le seizieme de juin, les assiégés se trouvoient extrêmement resserrés dans le fort neuf, où ils commençoient même d'être enveloppés. Le matin du dix-septieme, ils firent une sortie de quatre cents hommes de troupes espagnoles et du Brandebourg sur l'attaque gauche, et y causerent quelque désordre. Mais les Suisses, qui y étoient de garde, les repousserent aussitôt, et rétablirent en très peu de temps le travail. Il y eut quarante ou cinquante hommes tués de part et d'autre. Le dix-huitieme et le dix-neuvieme, les communications du fort neuf avec le château furent presque entièrement ôtées aux assiégés, et leur artillerie rendue inutile ; et enfin, le vingtieme, toutes les communications des tranchées étant achevées, on se vit en état d'attaquer tout-à-la-fois et le fort et le château. Mais, comme vraisemblablement on y auroit perdu beaucoup de monde, le roi voulut que les choses se fissent plus sûrement. Ainsi on employa toute la nuit du vingtieme et le jour suivant à élargir et perfectionner les travaux. Et le soir du vingt-unieme, toutes choses étant prêtes pour l'attaque, on résolut de la faire, mais seulement au dehors de l'ouvrage neuf.

Huit compagnies de grenadiers commandées, avec les sept des bataillons de la tranchée, commencerent sur les six heures à occuper tous les boyaux qui enveloppoient les deux ouvrages. Le duc de Bourbon se trouvoit encore à cette attaque lieutenant général de jour, se croyant fort obligé à la fortune de ce qu'en un même siege elle lui donnoit tant d'occasions de s'exposer. Le signal donné un peu avant la nuit, il fit avancer les détachements soutenus des corps entiers. Ils marcherent en même temps au premier chemin couvert; et en ayant chassé les assiégés, les forcerent encore dans le second, et, le fossé n'étant pas fort profond, les poursuivirent jusqu'au corps de l'ouvrage, dans lequel même quelques soldats étant montés par une fort petite breche, les ennemis battirent à l'instant la chamade, et leurs ôtages furent envoyés au roi. Mais pendant qu'ils faisoient leur capitulation, on ne laissa pas de travailler dans les dehors de l'ouvrage, et d'y commencer des logements contre le château.

Le lendemain ils sortirent du fort, au nombre de quatre-vingts officiers et de quinze cents cinquante soldats, en cinq régiments, pour être conduits à Gand. De ce nombre étoit un ingénieur hollandois, nommé

Coehorne, sur les dessins duquel le fort avoit été construit, et il en sortit blessé d'un éclat de bombe. Quelques officiers des ennemis demanderent à entrer dans
le vieux château, pour y servir encore jusqu'à la fin du
siege. Mais cette permission ne fut accordée qu'au seul
Wimberg qui commandoit les troupes hollandoises.

Le fort Guillaume pris, on donna un peu plus de relâche aux troupes, et la tranchée ne fut plus relevée
que par quatre bataillons. Mais le château n'en fut pas
moins vivement pressé, et les attaques allerent fort vîte,
n'étant plus inquiétées par aucune diversion.

Dès le vingt-troisieme on éleva dans la gorge du
fort neuf des batteries de bombes et de canon.

Le vingt-quatrieme et le vingt-cinquieme on embras-
sa tout le front de l'ouvrage à cornés, qui faisoit, comme
j'ai dit, la premiere enveloppe du château; et on acheva
la communication de la tranchée, qu'on avoit conduite
par la droite sur la hauteur qui regarde la Meuse, avec
la tranchée qui regardoit la gauche du côté de la Sambre. Le roi alla le vingt-cinquieme visiter le fort neuf
et les travaux. Comme il avoit remarqué que sa présence
les avançoit extrêmement, il fit la même chose presque
tous les jours suivants, malgré les incommodités du
temps et l'extrême difficulté des chemins, s'exposant
non seulement au mousquet des ennemis, mais encore
aux éclats de ses propres bombes qui retomboient sou-

vent de leurs ouvrages avec violence, et qui tuerent ou blesserent plusieurs personnes à ses côtés et derriere lui.

Le vingt-sixieme les sapes furent poussées jusqu'au pied de la palissade du premier chemin couvert. A mesure qu'on s'approchoit, la tranchée devenoit plus dangereuse, à cause des bombes et des grenades que les ennemis y faisoient rouler à toute heure, sur-tout du côté du fond qui alloit tomber vers la Sambre, et qui séparoit les deux forts.

Le vingt-septieme, les travaux furent perfectionnés. On dressa deux nouvelles batteries, pour achever de ruiner les défenses des assiégés, pendant que les autres battoient en ruines les pointes et les faces des deux demi-bastions de l'ouvrage : et on disposa enfin toutes choses pour attaquer à la fois tous leurs dehors. Tant d'attaques qui se succédoient de si près auroient dû, ce semble, lasser la valeur des troupes ; mais plus elles fatiguoient, plus il sembloit qu'elles redoublassent de vigueur : et en effet, cette derniere action ne fut pas la moins hardie ni la moins éclatante de tout le siege. Le roi voulut encore y être présent, et se plaça entre les deux ouvrages. Ainsi le vingt-huitieme, à midi, le signal donné par trois salves de bombes, neuf compagnies de grenadiers commandées, avec quatre des bataillons de la tranchée, marcherent avec leur bravoure ordinaire, l'épée à la main, aux chemins couverts des assiégés. Le premier de ces chemins se trouvant presque abandonné, elles passerent au second sans s'arrêter, tuerent tout ce qui osa les attendre, et poursuivirent le reste jusqu'à un souterrain qui les déroba à leur furie. Les ennemis ainsi chassés reparurent en grand nombre sur les breches ; quelques uns même avec l'épée et le bouclier s'efforcerent, à force de grenades et de coups de mousquet, de prendre leur revanche sur nos travailleurs. Cependant quelques grenadiers de la compagnie de Saillant du régiment des gardes ayant été commandés pour reconnoître la breche qui étoit au demi-bastion gauche, ils monterent jusqu'en haut avec beaucoup de résolution. Il y en eut un, entre autres, qui y demeura fort long-temps, et y rechargea plusieurs fois son fusil avec une intrépidité qui fut admirée de tout le monde. Mais la breche se trouvant encore trop escarpée, on se contenta de se loger dans les chemins couverts, dans la contre-garde du demi-bastion gauche, dans une lunette qui étoit au milieu de la courtine vis-à-vis du chemin souterrain, et en un mot dans tous les dehors. La perte des assiégés monta à quelque trois cents hommes, partie tués dans les dehors, partie accablés par les bombes dans l'ouvrage même. Les assiégeants n'eurent guere moins de deux ou trois cents, tant officiers que soldats, tués ou blessés ; la plupart après l'action, et pendant qu'on travailloit à se loger.

Peu de temps après, les sapeurs firent la descente du fossé ; et dès le soir les mineurs furent attachés en plusieurs endroits ; et on se mit en état de faire sauter tout-à-la-fois les deux demi-bastions, la courtine qui les joignoit et la branche qui regardoit le fort neuf, et de donner un assaut général.

Néanmoins comme on se tenoit alors sûr d'emporter la place, on résolut de ne faire jouer qu'à la dernière extrémité les fourneaux, qui, en ouvrant entièrement le rempart, auroient obligé à y faire de fort grandes réparations. On espéra qu'il suffiroit que le canon élargît les breches qu'il avoit déja faites aux deux faces et aux pointes des demi-bastions ; et c'est à quoi on travailla le vingt-neuvieme.

La nuit du trentieme, le sieur de Rubentel, lieutenant général de jour, fit monter sans bruit au haut de la breche du demi-bastion gauche quelques grenadiers du régiment Dauphin, pour épier la contenance des ennemis. Ces soldats ayant remarqué qu'ils n'étoient pas fort sur leurs gardes, et qu'ils s'étoient même retirés au-dedans de l'ouvrage, appellerent quelques autres de leurs camarades, qui étant aussitôt montés, ils chargerent avec de grands cris les assiégés, et s'emparerent d'un retranchement qu'ils avoient commencé à la gorge du demi-bastion, où ils commencerent à se retrancher eux-mêmes. Ceux des ennemis qui gardoient le demi-bastion de la droite, voyant les François dans l'ouvrage, et craignant d'être coupés, chercherent, comme les autres, leur salut dans la fuite, et laisserent les assiégeants entièrement maîtres de cette premiere enveloppe. Il restoit encore deux autres ouvrages à-peu-près de même espece, non moins difficiles à attaquer que les premiers, et qui avoient de grands fossés très profonds et taillés dans le roc. Derriere tout cela on trouvoit le corps du château, capable lui seul d'arrêter long-temps un ennemi, et de lui faire acheter bien cher les derniers pas qui lui resteroient à faire.

Mais le gouverneur, qui vit sa garnison intimidée, tant par le feu continuel des bombes et du canon, que par la valeur infatigable des assiégeants, reconnoissant d'ailleurs le peu de fonds qu'il y avoit à faire sur les vaines promesses de secours dont le prince d'Orange l'entretenoit depuis un mois, ne songea plus qu'à faire sa composition à des conditions honorables, et demanda à capituler.

Le roi accorda sans peine toutes les marques d'honneur qu'on lui demanda ; et, dès ce jour, une porte fut livrée à ses troupes. Le lendemain, premier jour de juillet, la garnison sortit, partie par la breche, qu'on accommoda exprès pour leur en faciliter la descente, partie par la porte vis-à-vis du fort neuf. Elle étoit d'environ deux mille cinq cents hommes en douze ré-

giments d'infanterie, un de cavalerie, et quelques compagnies franches de dragons ; lesquels, joints aux seize
cents qui sortirent du fort neuf, faisoient le reste de
neuf mille deux cents hommes, qui, comme j'ai dit, se
trouvoient dans la place au commencement du siege.
Ils prétendoient qu'ils en avoient perdu huit ou neuf
cents par la désertion ; tout le reste avoit péri par l'artillerie, ou dans les attaques.

Quelques jours avant que les assiégés battissent la
chamade, les confédérés étoient partis tout-à-coup de
Sombreff ; et, au lieu de faire un dernier effort, sinon
pour sauver la place, au moins pour sauver leur réputation, ils avoient en quelque sorte tourné le dos à Namur, et étoient allés camper dans la plaine de Brune-
hault, la droite à Fleurus, et la gauche du côté de Frasce
et de Liberchies. Pendant le séjour qu'ils y firent, le
prince d'Orange ne s'étoit appliqué qu'à ruiner les environs de Charleroi ; comme si dès lors il n'avoit plus
pensé qu'à empêcher le roi de passer à de nouvelles conquêtes.

Enfin, le soir du dernier jour de juin, ils apprirent
par trois salves de l'armée du maréchal de Luxembourg
et de celle du marquis de Boufflers, la triste nouvelle
que Namur étoit rendu. Ils en tomberent dans une consternation qui les rendit comme immobiles durant plusieurs jours, jusques-là que le maréchal de Luxembourg

s'étant mis en devoir de repasser la Sambre, ils ne son-
gerent ni à le troubler dans sa marche, ni à le charger
dans sa retraite. Il vint donc tranquillement se poster
dans la plaine de Saint-Gérard, tant pour favoriser les
réparations les plus pressantes de la place, et les remi-
ses d'artillerie, de munitions et de vivres qu'il y falloit
jetter, que pour donner aux troupes fatiguées par des
mouvements continuels, par le mauvais temps, et par
une assez longue disette de toutes choses, les moyens
de se rétablir.

Le roi employa les deux jours qui suivirent la red-
dition du château à donner tous les ordres nécessaires
pour la sûreté d'une si importante conquête. Il en visita
tous les ouvrages, et en ordonna les réparations. Il alla
trouver à Floreff le maréchal de Luxembourg, qu'il laissoit avec une puissante armée dans les Pays-bas, et lui
expliqua ses intentions pour le reste de la campagne.
Il détacha différents corps pour l'Allemagne, et pour
assurer ses frontieres de Flandres et de Luxembourg. Il
avoit déja quelque quarante escadrons dans le pays
de Cologne, sous les ordres du marquis de Joyeuse;
et il les y avoit fait rester pendant tout le siege de Namur, tant pour faire payer le reste des contributions qui
étoient dues, que pour obliger les souverains de ce pays-
là à y laisser aussi un corps de troupes considérable : ce
qui diminuoit d'autant l'armée du prince d'Orange.

Enfin, tous les ordres étant donnés, il partit de son camp le troisieme juillet, pour retourner, à petites journées, à Versailles : d'autant plus satisfait de sa conquête, que cette grande expédition étoit uniquement son ouvrage ; qu'il l'avoit entreprise sur ses seules lumieres, et exécutée, pour ainsi dire, par ses propres mains, à la vue de toutes les forces de ses ennemis ; que par l'étendue de sa prévoyance il avoit rompu tous leurs desseins, et fait subsister ses armées ; et qu'en un mot, malgré tous les obstacles qu'on lui avoit opposés, malgré la bizarrerie d'une saison qui lui avoit été entièrement contraire, il avoit emporté en cinq semaines une place que les plus grands capitaines de l'Europe avoient jugée imprenable ; triomphant ainsi non seulement de la force des remparts, de la difficulté des pays et de la résistance des hommes, mais encore des injures de l'air, et de l'opiniâtreté, pour ainsi dire, des éléments.

On a parlé fort diversement, dans l'Europe, sur la conduite du prince d'Orange pendant ce siege ; et bien des gens ont voulu pénétrer les raisons qui l'ont empêché de donner bataille dans une occasion où il sembloit devoir hasarder tout pour prévenir la prise d'une ville si importante, et dont la perte lui seroit à jamais reprochée. On en a même allégué des motifs qui ne lui font pas d'honneur. Mais à juger sans passion d'un prince en qui l'on reconnoît de la valeur, on peut dire qu'il y

a eu beaucoup de sagesse dans le parti qu'il a pris, l'ex-
périence du passé lui ayant fait connoître combien il
étoit inutile de s'opposer à un dessein que le roi con-
duisoit lui-même; et il a jugé Namur perdu, dès qu'il a
su qu'il l'assiégeoit en personne. Et d'ailleurs, le voyant
aux portes de Bruxelles avec deux formidables armées,
il a cru qu'il ne devoit point hasarder un combat, dont
la perte auroit entraîné la ruine des Pays-Bas, et peut-
être sa propre ruine, par la dissolution d'une ligue qui
lui a tant coûté de peine à former.

F I N.

TABLE DES PIECES

TOME III.

Esther, tragédie.

Athalie, tragédie.

Œuvres diverses, en vers et en prose.

Cette édition in-4°. a été imprimée au nombre de 200 exemplaires, avec les nouveaux caracteres de la fonderie de Didot l'aîné, sur papier-vélin, de la manufacture de M^{rs}. Johannot pere et fils, d'Annonai, premiers fabricants en France de cette sorte de papiers.

Le prix de l'exemplaire est de 102 livres les trois volumes brochés en carton.

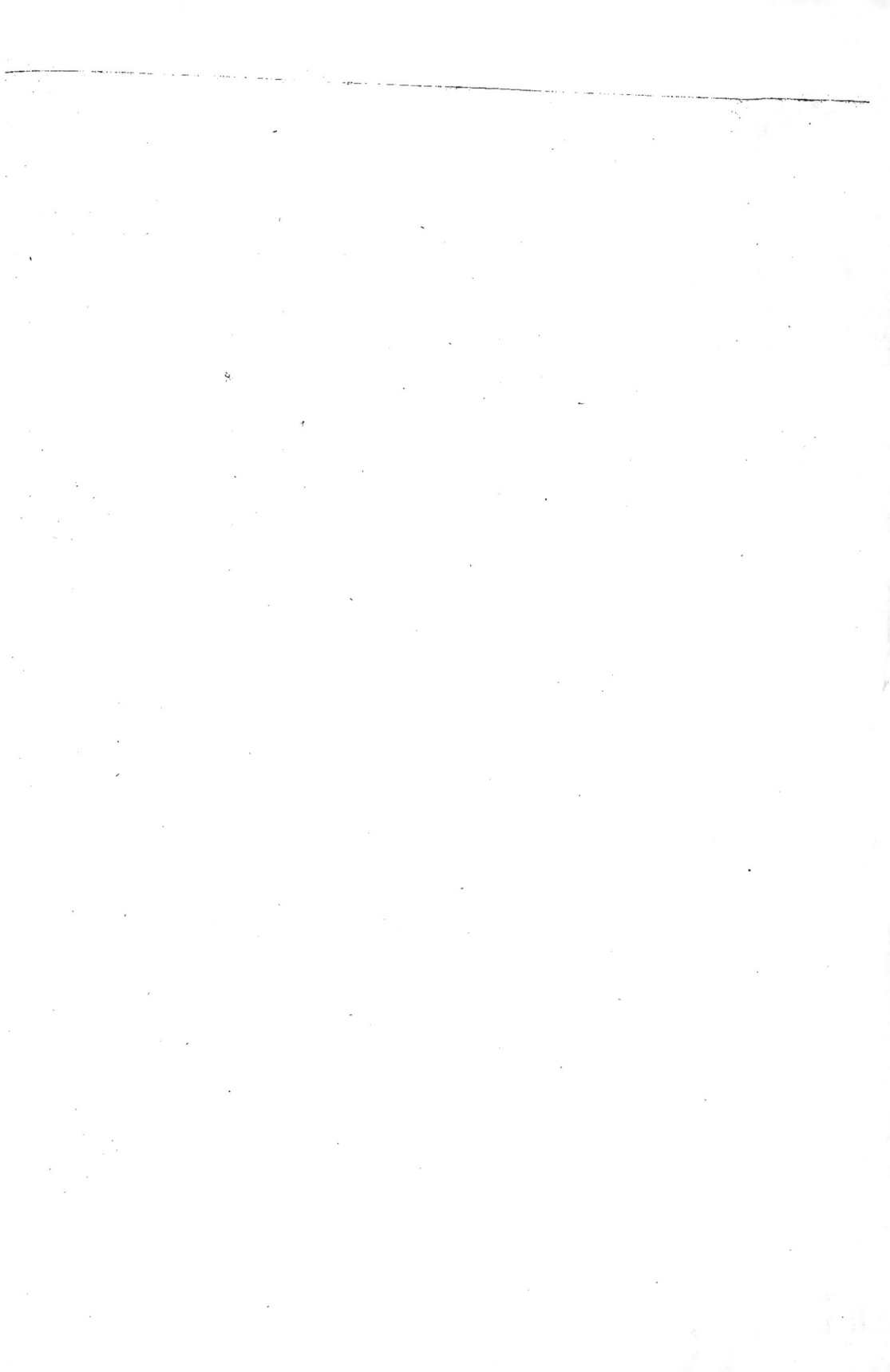

www.ingramcontent.com/pod-product-compliance
Lightning Source LLC
Chambersburg PA
CBHW061104220326
41599CB00024B/3911